厚生労働省認定教材	
認 定 番 号	第59029号
認 定 年 月 日	平成10年9月28日
改定承認年月日	平成21年2月20日
訓 練 の 種 類	普通職業訓練
訓 練 課 程 名	普通課程

改訂
造園概論とその手法

独立行政法人 高齢・障害・求職者雇用支援機構
職業能力開発総合大学校 基盤整備センター 編

は　し　が　き

　本書は職業能力開発促進法に定める普通職業訓練に関する基準に準拠し，園芸サービス系の関連科目のための教科書として作成したものです。
　作成に当たっては，内容の記述をできるだけ平易にし，専門知識を系統的に学習できるように構成してあります。
　このため，本書は職業能力開発施設で使用するのに適切であるばかりでなく，さらに広く知識・技能の習得を志す人々にも十分活用できるものです。
　なお，本書は次の方々のご協力により作成したもので，その労に対して深く謝意を表します。

　　　　＜監修委員＞
　　　　　小　林　　　章　　東京農業大学

　　　　＜改定執筆委員＞
　　　　　入　江　彰　昭　　東京農業大学
　　　　　内　田　　　均　　東京農業大学
　　　　　佐　藤　　　敦　　神奈川県立平塚高等職業技術校

　　　　　　　　（委員名は五十音順，所属は執筆当時のものです）

　平成２２年２月

　　　　　　　　　　　　　　　　　　　独立行政法人　高齢・障害・求職者雇用支援機構
　　　　　　　　　　　　　　　　　　　職業能力開発総合大学校　基盤整備センター

目　次

第1章　造園の意義と考え方 ……………………………………………………… *1*
　第1節　造園の必要性……………………………………………………………… *2*
　第2節　造園の発達と研究………………………………………………………… *3*

第2章　造園の歴史と様式 ………………………………………………………… *5*
　第1節　造園様式と手法…………………………………………………………… *5*
　　1.1　日本の時代別造園様式と手法(*5*)　1.2　外国の造園様式と手法(*14*)
　第2節　公園の発生と展開………………………………………………………… *28*
　　2.1　都市公園の成立(*28*)　2.2　自然公園の成立(*28*)　2.3　公園の種別(*29*)
　　2.4　その他の公共造園施設(*30*)

第3章　造園計画・設計 …………………………………………………………… *37*
　第1節　造園の対象………………………………………………………………… *37*
　　1.1　庭　園(*38*)　1.2　都市公園(*38*)　1.3　自然公園(*39*)
　第2節　造園計画…………………………………………………………………… *39*
　　2.1　都市公園計画(*41*)　2.2　自然公園計画(*46*)　2.3　その他の公共造園計画(*52*)
　第3節　造園設計…………………………………………………………………… *52*
　　3.1　都市公園の設計(*53*)　3.2　自然公園の設計(*54*)
　第4節　作庭技法…………………………………………………………………… *55*
　　4.1　庭園美の要素(*55*)
　第5節　計画・設計の表現手法…………………………………………………… *56*
　　5.1　図面の種類(*57*)　5.2　工事に伴う作図(*59*)　5.3　平面図の種類と表現方法(*60*)
　　5.4　プレゼンテーションの方法(*64*)

第4章　造園植物材料と植栽技術 ………………………………………………… *75*
　第1節　植物材料の役割と特性…………………………………………………… *75*
　　1.1　植物材料の特性(*75*)　1.2　造園材料としての条件(*76*)
　　1.3　造園樹木の規格(*77*)　1.4　植物材料の種類(*79*)　1.5　樹木の見分け方(*83*)
　　1.6　樹種の特性と選定(*86*)　1.7　樹木の美しさ(*89*)
　第2節　植栽による環境の造成…………………………………………………… *93*
　　2.1　自然式植栽(*93*)　2.2　整形式植栽(*100*)　2.3　植栽効果(*101*)

2.4　造園樹木の移植技術(*103*)　2.5　樹木の風除養生(*111*)

　第3節　植物管理……………………………………………………………………… *113*

　　3.1　樹木の管理の目的(*113*)　3.2　造園樹木の樹形(*123*)　3.3　管理用器工具(*125*)

　　3.4　芝生地管理(*126*)　3.5　コケ類の生育と管理(*128*)

第5章　造園施工・管理 ……………………………………………………………… *131*

　第1節　造園設計と施工……………………………………………………………… *131*

　　1.1　設計図と工事(*131*)　1.2　設計図書と見積書(*132*)

　　1.3　設計図，施工図と竣工図(*133*)

　第2節　造園施工……………………………………………………………………… *133*

　　2.1　造園工事の特徴(*133*)　2.2　造園工事の心がまえ(*134*)　2.3　造園工事業(*134*)

　　2.4　造園工事業の資格(*134*)　2.5　施工の準備(*136*)　2.6　丁張り(*136*)

　　2.7　工作物・施設(*141*)　2.8　工作物・施設の施工(*142*)　2.9　植栽の施工(*169*)

　　2.10　施工管理(*171*)

参考資料 ……………………………………………………………………………… *179*

造園の用語 …………………………………………………………………………… *199*

練習問題の解答 ……………………………………………………………………… *211*

索　　　引 …………………………………………………………………………… *213*

造園技術者として進むために

　この教科書は，職業能力開発施設などで使用されるように編集したものである。

　本書を通じて，「造園概論及び造園の手法」について学ぶが，さらに造園を自分の仕事として計画，設計，施工，管理などについて深く理解するために，次のことを念頭におき，多くの造園作品に接し，感性を養うようにすることが必要である。

　① 常に植物をはじめ，自然景観に目を向けること。
　② 計画から設計，施工の具体的事例を多数追求すること。
　③ 歴史的経過と同時に，古いものにも関心を持つこと。
　④ 基本的なものに視野を広げる努力をすること。
　⑤ 専門に徹する心構えと，ものの見方を持つこと。

　以上のほか実技として，フィールド（屋外空間）を通じて計画，設計の演習を行って技術・技能を身につけ，造園製図及び積算によって適切なプレゼンテーションが行えるよう訓練することが望まれる。

　造園作業を，計画・設計コンサルタント業務，建設・施工業務，維持管理業務に分け，それぞれに対応した基礎概念を理解し，技法を修得することによって即戦力，完成へと近づくものである。

　日本の庭園は，世界に誇ることができる優れた文化である。造園を志す私達は，このことを深く認識し，造園の仕事に誇りを持って，よき伝統を発展継承していくことが必要である。

　なお，造園分野で使用される用語には難解なものが多いので，巻末にこれに関する基礎用語を取りまとめた。感性を養うとともに，併せて知識・教養を深めるよう「用語集」を活用されたい。

第1章

造園の意義と考え方

　庭園をつくる意味の，作庭，築庭，造庭などの言葉は，我が国では古くから使われていた。約1,000年以前の平安時代の貴族の住宅形式であった寝殿造り*1には，この建物にふさわしい庭園がつくられ，これらの作庭手法が，のちに作庭記*2という書物にまとめられた。日本独得の庭園様式は，時代によって中国などから影響を受けながら，茶の湯，絵画，宗教などを通じて江戸時代までにほぼその様式が完成し，今日まで数多くの庭園が残されていて直接見ることができる。

　明治時代以降（1868～），藩政の崩壊などにより体制が変わり，諸外国から新しい文化が入ってくるようになると，それまで造家と呼ばれていたものが，建築と呼ばれるようになった。

　庭園は大正5年（1916）ごろから，庭園を含んだ広い分野を造園と呼ぶようになり，今日に至っている。庭園は狭い分野を指すのに対して，造園は公共緑地を含んだ広範囲な地域を対象とするようになった。さらに近年は，都市地域の拡大や公害発生対策などによって広範囲となりますますその重要さを増してきている。

　最近，都市環境の悪化が進んでいる中で，その緩和対策として都市公園を中心とする公園緑地などが発達した。

　自然環境の破壊対策には，自然公園，自然環境保全地域が指定され，また身近な緑にも注意が払われるようになってきた。自然景観そのものを保護し，公園として利用しようとする国立公園の創設は，我が国では昭和6年（1931）からであり，比較的最近のことである。

　造園の取り扱う対象は拡大し，多様化し，身近な安らぎを求める生活環境から，国土レベルの広範囲にわたる快適環境までを求めるようになった。したがって，これらに対処す

---

*1　寝殿造り：平安・鎌倉時代の貴族住宅の形式。寝殿を中心に東・西又は北に対の屋がつき，それぞれが渡殿，中門廊でつながれ，寝殿の南に広い庭と釣殿，泉殿，中島を備えた池を持っていた。

*2　作庭記：日本古来の作庭秘伝書。寝殿造り庭園の地割から，立石・池泉・島・滝・遣水・配植などの技法を詳述している。鎌倉時代には「前栽秘抄」と称されていた。

るための造園技術は，複雑多岐にわたってきている。

　都市の緑が減少したり，田園環境の荒廃が認められている現在，単に植生の環境を保存するだけでなく，緑の量と質を計画的，段階的に改善し，土地及び各施設を編成し，整備していくことが，造園の現代的意義としてさらに重要になりつつある。

第1節　造園の必要性

　造園の対象となる空間は緑地＊である。緑地とは，本来オープンスペースであって建蔽（けんぺい）（建物などで覆われている状態）されない空間で，多様な機能を持っているが，その主なものには次のものがあげられる。

〔存在効果〕

① 都市の拡大防止

② 災害時の延焼阻止と避難救急地

③ 自然災害の防止

④ 大気の浄化，気温の緩和

⑤ 生物多様性の確保

⑥ 自然保護及び生態系の確保

⑦ 風致保護

⑧ 季節変化による美しい景観の演出

〔利用効果〕

① 保険，休養，教化，スポーツ，レクリエーション用地の確保

② 生物，生産地域，人間性回復の緑のオープンスペースの利用

③ その他適正配置による安全性，便利性の確保

以上の中から具体例をあげると次のようである。

(1)　災害時の延焼阻止と避難救急地（存在効果②）

　平成7年（1995）1月17日未明，淡路島北部を震源として阪神地域にかけて発生した大地震（M＝7.2）は直下型のため都市に壊滅的な被害をもたらしたが，緑地が火災の焼け止まりと樹木による防火効果の実例が数多く報告されており，組織的にネットワーク化した公園緑地の設置が必要であることを教訓として残した。

＊　緑地：昭和8年（1933）に示された東京緑地計画協議会の概念「緑地とはその本来の目的が空地にして宅地商工業用地及び頻繁なる交通用地の如く建蔽せられざる永続的のものをいう。」

(2) 大気の浄化，気温の緩和（存在効果④）

　この実例の1つとして屋上緑化やバルコニーの緑化などがあげられる。個人住宅の屋上やバルコニーに植栽空間を設けることで，潤いを高め都市のヒートアイランド現象*の緩和に役立てようとするもので，この効果を高めるためにこの事業の緑化奨励策として助成する自治体が次第に増加している。

第2節　造園の発達と研究

　日本では，伝統的作庭技術を基礎として，公園緑地計画，自然風景式の保護と利用，環境保全問題まで含めた近代造園学が芽生えたのは最近のことである。

　造園は，庭園，公園や広く緑地（オープンスペース）などを造成することから出発して，都市や自然環境，道路や広場などを含む対象物を，自然との調和を図りながら快適な生活空間と環境の整備を目標として，景観を創造するための計画学に発展してきた。

　このような内容の近代造園学をまとめると，

　「本来生物的であり，他方機械的である人間に対して，主として自然ないし自然要素との共存を基調としながら，合理的でしかも快適な広義の生活環境を保護・造成し，精神的，肉体的，動的，静的の多様性な人間に応えるための環境計画学」

であるという定義となり，造園学における研究の方法は極めて多岐にわたっている。

　従来の造園学の研究内容には，次のようなものが取り上げられている。

① 造園空間の成立過程
② 歴史的側面からの研究
③ 計画学的研究
④ 施工技術的研究
⑤ 管理の技術
⑥ 経済的波及効果などの研究

　近代造園学に見られる特色は，我が国古来の伝統的作庭技術を母体として，都市の公園緑地計画，自然風景地計画，さらには国土全域の環境保全に関するまで，広く含められていることである。今後は造園学の体系化を目指して，各部門間，相互の連絡を意識した研

---

*　ヒートアイランド現象：等温線を描くと，都市部が周辺地域に比べて気温が高く，島状に描けるのでこの名がついた。原因としては建物の密集，冷暖房器具の集中利用，道路の舗装，人口の集中などがあげられる。地球の温暖化にもつながると指摘されている。

究分野が望まれている。

> **第1章の学習のまとめ**
>
> 　造園を学ぼうとするとき，造園家の能力としては，社会計画的な面とともに，科学的に見た植物植栽の知識が必要になる。このうち，まず現代社会の造園に対する考え方が重要になる。この意義や考え方及び特色を理解する。
> ・造園の必要性は，人間生活に欠かすことのできない生活環境に必要な緑を保護し，また，植栽管理して快適な環境をつくることである。ここでは，そのうちの緑の存在効果と利用効果について理解することが必要である。
> ・造園学の研究が進められている。大別して歴史的分野からの研究，計画学的分野からの研究，施工技術分野からの研究が見られる。環境計画的な総合性を持った方向に変わろうとしていることを理解すること。

第2章

造園の歴史と様式

　古来からの庭園の技法は，それぞれの国で土地の風土に根差した文化（歴史的背景），当時の社会状況によって変化し，洗練され，伝承されてきた。

　ここにその経過をたどり，様式と手法を中心として，日本と諸外国とを時代別に分けて示すとともに，公園の発生と展開について述べる。

第1節　造園様式と手法

　日本及び外国の造園の様式は，その国や土地の風土，地形，気候，歴史，宗教，社会状況に根差した様々な手法によってできている。

1.1　日本の時代別造園様式と手法

　日本の造園の様式は，時代によって特色ある石組の構成に変化が見られる。ここでは，それぞれの時代の造園様式と手法について述べる。

(1)　飛鳥・奈良時代

　日本庭園の形式は，中国大陸から朝鮮半島を経て伝えられたのが初めといわれている。当時の帰化人が須弥山*1，呉橋*2を構えたことが，日本書記に記され，また同書には蘇我馬子の死去の際，庭園の立派さが記されていた。当時の庭の表現を「島」と呼んでいたことから，池を掘り，島を築いた住宅の原型の寝殿造りに近いものといわれている。

　「懐風藻*3」や「万葉集」にも見られる大陸系統の庭園に，我が国固有の趣味が加わっ

---

*1　須弥山：仏教思想で，世界の中心に立つ最高の山。頂上には帝釈（たいしゃく）の居宅，山腹には四天王の居所がある。この構想で庭内につくる石組。

*2　呉橋：古事記の路子工（みちのこのたくみ）の条に，推古天皇20年（612）に百済から来た帰化人。彼がつくった庭園の一部といわれているが，工法など詳細は不明である。

*3　懐風藻：奈良朝にできた日本最古の漢詩集，作者不明。書名は先哲の遺風を追懐することから生まれ，内容は近江朝から奈良朝まで120編の詩を収め，当時の造園や樹木について記されている。

て大規模になったことが想像される。また，奈良の平城京左京三条二坊宮跡庭園の遺構の発見により，蛇行して流れる池跡が見られ，曲水の宴に用いられていたと想像される。

(2) 平安時代（794〜1192）

平安時代の後期の庭園は，貴族の住宅として庭と一体となった形式の寝殿造りがしっかりと定着し，中庭風の庭園に遣水（やりみず）の流れ，池，中の島などがつくられた。しかし，今日に伝わるものはほとんどない。

平安時代後期になると，社会不安から逃れようとする浄土教の流行，末法（まっぽう）思想（しそう）の影響で浄土式庭園が発達した。この様式は，寝殿造りの庭園に極楽浄土の考えを取り入れた庭園で岩手県平泉の毛越寺庭園（もうつうじ）*1（図2－1），京都府宇治の平等院庭園などがある。また，この時代に日本最古の作庭秘伝書「作庭記」が橘俊綱（たちばなのとしつな）によって編纂（へんさん）

図2－1　毛越寺庭園（岩手）

され，今日においても日本庭園を理解する上で重要な書物といえる。毛越寺庭園は近年復元工事が行われたが，この時代の遺構は少ない。

(3) 鎌倉時代（1192〜1333）

この時代は，武家政治が次第に活発化し，夢窓疎石（むそうそせき）（禅僧）により当時流行した水墨画と同様の傾向の残山剰水（ざんざんじょうすい）*2の表現による林泉（りんせん）*3がつくられている。この手法は，周辺の地形，山水を巧みに利用して一層景観効果を高めている。代表的な庭園としては，京都の天龍寺，西芳寺（さいほうじ），鎌倉の建長寺（けんちょうじ），円覚寺（えんかくじ），瑞泉寺（ずいせんじ）庭園，山梨県塩山の恵林寺（えりんじ）庭園などがある。

---

*1　毛越寺庭園：岩手県西磐井郡平泉町，天台宗，平安時代末期嘉祥3年（850）慈覚大師開基，寺域約36,960㎡，一般公開。
*2　残山剰水：山水画の構図法の1つで，全景を描ききらずに，山や川を残して描く方法のこと。その一部分だけを描くことによって，かえって自然の広大な景観を描き出すことができる。省略画的手法。
*3　林泉：中国の古語で庭園の意味。「懐風藻」に庭のことを林泉の名で呼んでいる。

(4) 室町時代（1336〜1573）

　室町時代を代表する庭園に鹿苑寺（金閣寺）庭園，慈照寺（銀閣寺）庭園などがある。いずれも西芳寺庭園の影響を受け，平安時代の寝殿造り，鎌倉時代の浄土式庭園の意匠の上にこの時代の禅宗の思想を取り入れた庭園となっている。この時代，最も特徴的な庭園意匠様式は，禅宗と山水画の影響を受けたものとされる枯山水の技法である。枯山水の庭園は，石組を主体とし，水を白砂に代えて山水を表した自然風景を象徴化した庭園である。代表的な枯山水の庭園として龍安寺庭園＊（図2−2）や大徳寺大仙院庭園がある。

図2−2　龍安寺方丈の庭（京都）

＊　龍安寺庭園：室町時代末期の作で，面積75坪（250㎡）の三方が築地塀で囲まれている。敷地に白砂を敷きしめ，15個の石を東から西に5，2，3，2，3の石組を配置し，塀越しに境内の樹木を背景としているが，塀の内側は砂と景石と苔で構成されている。この庭は，現在いろいろな説があるが，簡素で抽象化された庭で，多くの人々の話題となっている（京都市右京区龍安寺御陵下町　特別名勝指定）。

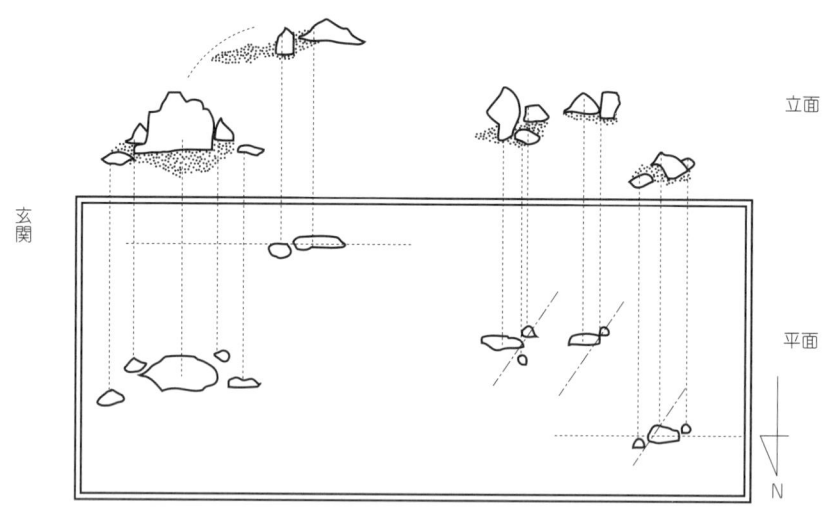

図2－3　龍安寺方丈庭園配置図（101坪≒333㎡）

（5）安土・桃山時代（1573〜1600）

　この時代，武将の力強さを示すかのように大きく珍しい派手な色や形の庭石，植物でつくられた庭が多い。ソテツのような珍しい木が植栽された。代表的な庭園として京都の醍醐寺三宝院庭園，二条城二の丸庭園などがある。

　こうした表面的な華麗さに対し，一方では内面的な精神性の充実を図り，発達したのが茶庭（図2－4）である。茶人の千利休，古田織部らによって素朴な山里の風情をイメージして茶室にいたるアプローチとして露地（茶庭）がつくられた。庭園施設として飛石，蹲踞，灯籠，腰掛待合などが設けられた。

図2－4　定式茶庭全図

（6） 江戸時代（1601〜1867）

　江戸時代に入ると，茶室と書院造りの建築様式が多くなり，これまでの庭園様式，細部構成，施設を組み合わせ，それらを一体とした庭園がつくられた。特に大名が大面積の下屋敷などを利用した池泉回遊式庭園は，大きな池泉の周りに様々な景，施設を配置し，巡りながら楽しめるよう工夫された様式である。

　また，町人階級でも作庭が行えるようになり，大衆化が進んだ。「築山庭造伝（前・後編）」などの作庭書も刊行され，作庭の機会が多くなり技術的な進歩が見られるようになり，数多くの庭師が活躍した。

　江戸時代の代表的な庭園には，京都の桂離宮，修学院離宮，東京の小石川後楽園（図2－5），六義園，岡山の岡山後楽園，石川の兼六園，香川の栗林公園などがある。

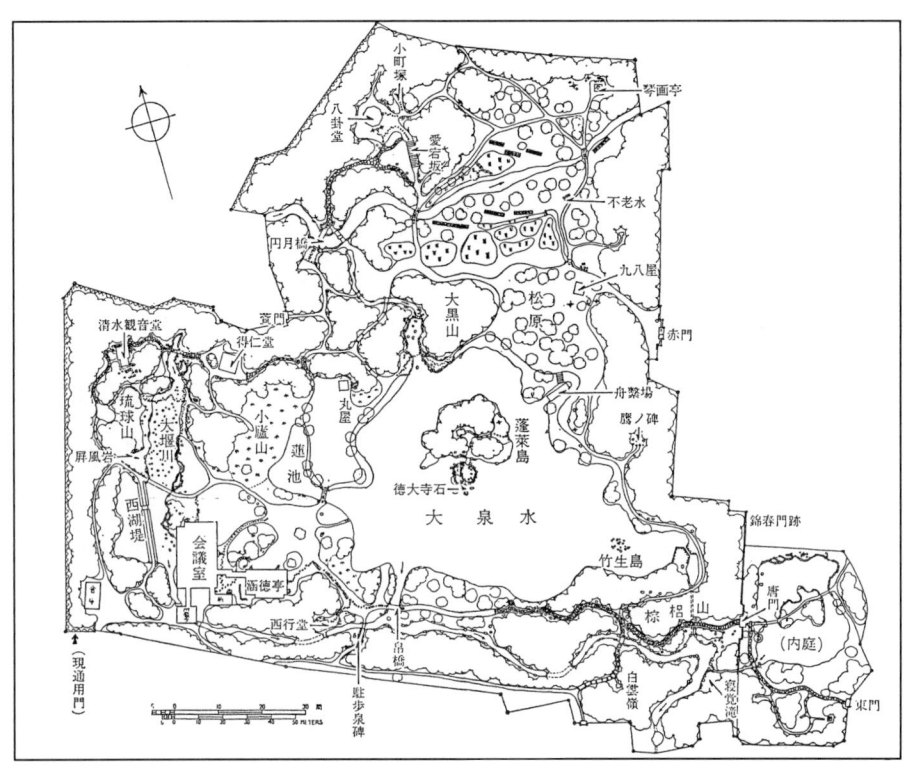

図2－5　小石川後楽園実測図

(7) 明治・大正時代

明治時代に入ると欧化思想の影響を受け，洋風庭園が見られるようになった。代表的な庭園として新宿御苑，旧古河庭園などがある。

京都の無鄰庵(むりんあん)庭園は，東山を借景(しゃっけい)*1とした明るい芝生地に琵琶湖疏水の水を引いた緩やかな流れのある庭園で，山県有朋（軍人・政治家）が京都の庭師「植治(うえじ)（小川治兵衛(おがわじへえ)）」につくらせたものである。植治はほかにも平安神宮神苑，野村氏碧雲荘(へきうんそう)庭園，清風荘庭園（旧西園寺公望(さいおんじきんもち)邸），市田氏対龍山荘庭園などを作庭し明治・大正を代表する庭師である。

一方，明治時代は，庶民のレクリエーションの場としての公園の発祥の時代でもある。明治政府は明治6年（1873）に太政官布達第16号を公布した。我が国最初の公園制度で，これまでの庶民の物見遊山の場所で高外除地（所有権の存在しない免税地）の土地を公園として定めた。代表的な公園に東京の芝・上野・浅草・深川・飛鳥山，京都の八坂神社・嵐山・円山，大阪の住吉・浜寺，石川の兼六園，香川の栗林公園，広島の厳島公園などがある。

また，明治5年（1872）の銀座大火を機に近代都市計画がはじまり銀座煉瓦(れんが)街が誕生し，明治21年（1888）の東京市区改正条例により49公園の計画が決定し，明治36年（1903），東京における近代洋風公園の先駆けとして日比谷公園*2が開設された。林学博士本多清六による設計でドイツの公園を参考にしてつくったとされている。

造園史上画期的な事業として大正4年（1915）に着工された明治神宮内外苑の造営がある。本多清六，上原敬二らが関わり，カシ，シイ，クスを主木としてマツ，ヒノキを混交した人工の森がつくられた。

大正12年（1923）に関東大震災により大きな被害を受けたが，人々の避難場所，火除け地として公園の必要性が認識され，震災復興公園として東京では3つの大公園（浜町公園，錦糸公園，隅田公園）と52の小公園が新設された。

---

*1 借景：庭園外の遠山や樹木をその庭のものであるかのように利用してあること。
*2 日比谷公園：明治中期に策定された東京市区改正設計（都市計画）によって決定され，明治36年（1903）に開設された近代公園。開設当初の面積は15.9haであった。

図2—6　日比谷公園（花壇）

図2—7　日比谷公園（鶴の噴水）

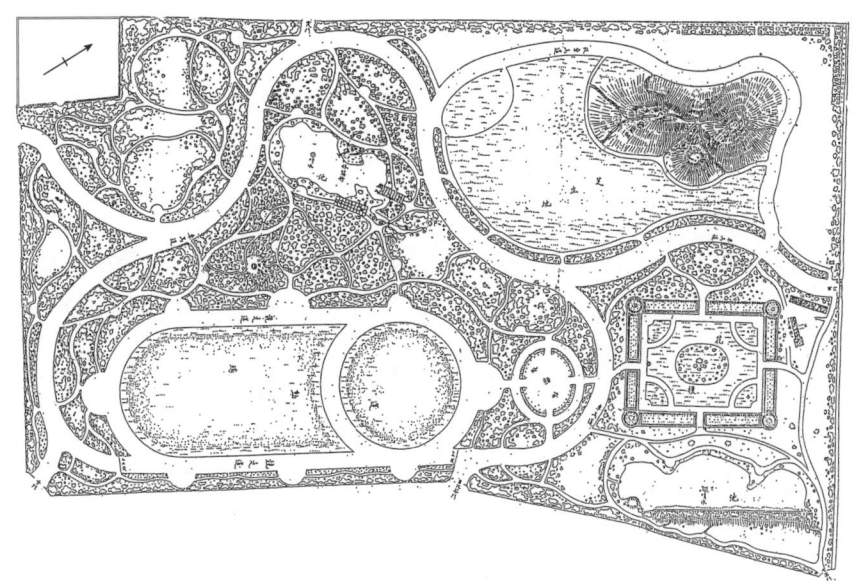
図2—8　開園当時の日比谷公園平面図

(8) 昭和時代

a. 庭　園

　この時代，郊外住宅の小庭園，実業家などの別荘の大庭園，ホテルや美術館などの庭園が数多くつくられ，芝生中心の戸外室的なモダンな庭園が見られた。一方，自然写景の二次林風の雑木の庭が流行し飯田十基，小形研三らが活躍した。雑木の庭は郊外の山野，武蔵野などの農村田園地域に見られる雑木林の自然を取り入れ，新緑から紅葉まで四季を通じて楽しませてくれる樹林や緩やかな流れによって，忙しい日々を送る人々にとってリラックス，リフレッシュさせてくれる庭であった。また海外において日本庭園が多数つくられたこともこの時代の特徴である。ハワイ大学日本庭園・福武書店迎賓館庭園（作庭：

小形研三），玉堂美術館・オーストラリアカウラ市日本庭園（作庭：中島健），足立美術館（作庭：中根金作），蚕糸の森公園・目白庭園（作庭：伊藤邦衛），東池袋公園・大阪ロイヤルホテル（作庭：荒木芳邦），代々木公園（作庭：池原謙一郎），京王プラザホテル（作庭：深谷光軌）など多数の庭園，公園をはじめとする心地よい風景が多くの造園家によってつくられた。

b．公園緑地

この時代，鉄道網，主要道路の整備に伴い都市は延伸的に拡大し，郊外住宅地が造成された。イギリスの田園都市やグリーンベルト，アメリカのパークシステムの影響もあり，我が国でも都市膨張を抑制するためのグリーンベルト計画が検討された。そこで北村徳太郎によって公園・運動場・ゴルフ場・農地・河川などを含む幅広い概念である"Open Space"に対し"緑地"と訳し，昭和14年（1939）に東京緑地計画が策定された。今日，都内に残る砧・神代・小金井・舎人・水元・篠崎などの大公園，井の頭・石神井・善福寺・和田堀・城北などの河川沿いの公園のほとんどがこの東京緑地計画によって決定されたものである。

戦後は公園の荒廃が著しく，公園とはなんら関係のない多くの記念物や建築物が建設されたため，せっかくの公園内のオープンスペースが減少することもあった。そのことから，昭和31年（1956）に「都市公園法」が制定され，公園施設の規定，適正な公園管理ができるように都市公園の設置と管理に関しての整備がなされた。

都市公園法制定以降，各都市で公園整備が進むが，一方で都市への過度な人口集中によって都市環境は悪化し，公害や自然破壊が顕在化するようになった。そこで昭和47年（1972）に都市公園整備緊急措置法が制定され，都市公園整備五箇年計画の策定と実施がなされた。さらに5年後の昭和52年（1977）には「緑のマスタープラン」が策定され，都市緑地の量的拡大が図られ一層の公園整備がなされた。

第2章 造園の歴史と様式　13

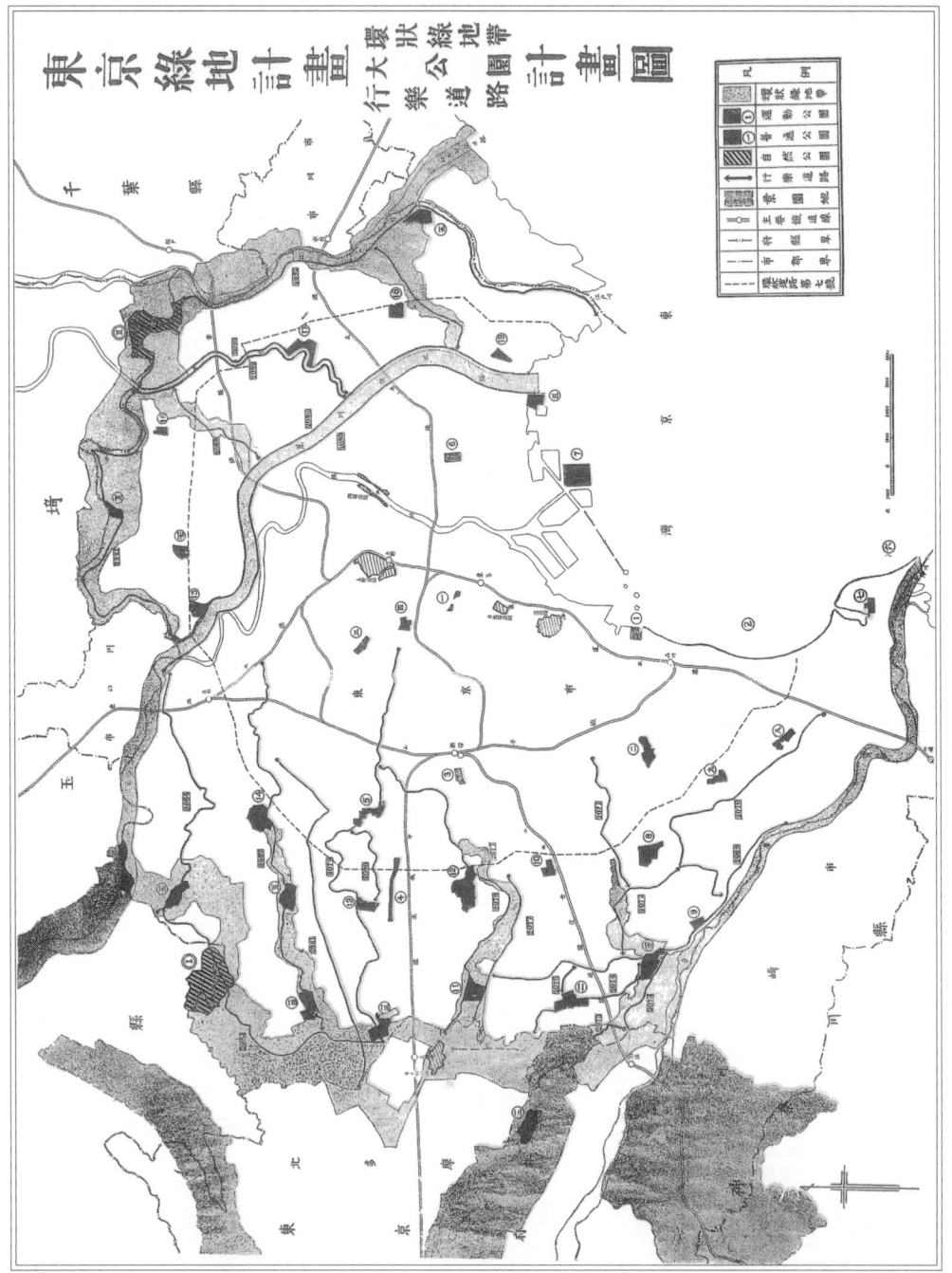

図2−9　東京緑地計画・計画書

（9） 平成時代

　平成6年（1994）には都市緑地保全法が制定され，緑のマスタープランは「緑の基本計画」として法定計画に位置づけられ，現在も各都市で策定とその実施がなされている。

　さらに平成17年（2005）に景観緑三法として景観法，都市緑地法（都市緑地保全法改正），都市公園法（改正）が制定され，建物や地域内での緑化推進を図り，緑の量的拡大だけでなく質的向上が求められるようになってきた。

1.2　外国の造園様式と手法

　諸外国それぞれの環境や歴史，文化などによって，特色ある造園作品が生まれている。

　造園作品は，明治以降日本にも外国の造園様式（手法）が取り入れられた。庭園のデザイン，植物材料，庭園施設の細部に影響を受けている。

　以下に諸外国の代表的様式とその手法について示す。

（1）　エジプトの造園

　囲繞（いにょう），水面，緑陰，鳥や魚，左右対称など西洋庭園の原型的庭園である。壁画などから見ると，塀に囲まれた土地に，池，ブドウ棚，イチジク，アカシア，ナツメヤシを列植したり，幾何学的に配置され，池にはパピルス，睡蓮（すいれん）が植えられ，水鳥も飼われていたようである。

図2—10　アメノフィス3世時代の重臣邸宅の庭園（鳥瞰図）

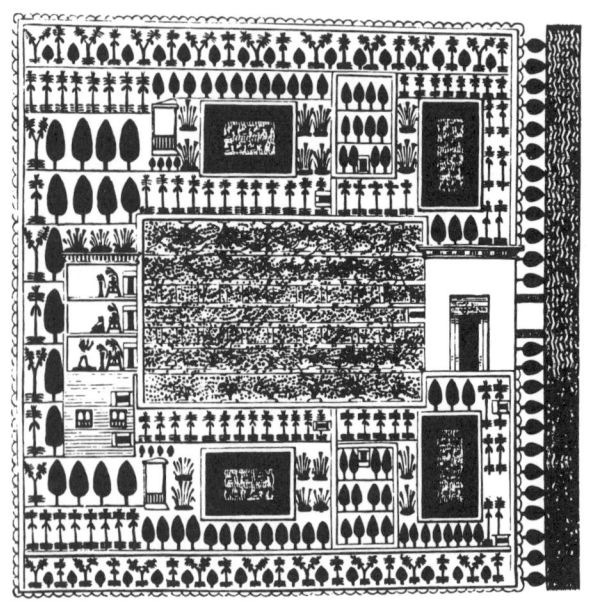

図2—11　アメノフィス3世時代の重臣邸宅庭園壁画

（2） 西アジアの造園

エジプトと同様，古代造園の発祥として西アジアのバビロンのハンギング・ガーデンの存在が推定されている。これも現存しないので詳しくは明らかではないが，暑くて雨量が少なく，乾燥している砂漠の中のオアシスの役割を果たしていたと考えられる。厚い壁で支えられたテラスが幾段か重なって人工地盤となり，大小の樹木が樹林をなし，さながら小さな山のように見えたという。この庭園は，山国（イラン）から嫁いできた王妃のためにつくられたといわれている。

図2—12　ハンギング・ガーデン想像図

（3） ギリシャの造園

ギリシャは山が多く，雨量が少ないため，大規模な農業より，果樹栽培や牧畜に力が注がれた。紀元前750年頃オリンピア神殿の競技場などに緑陰樹が植えられたようである。

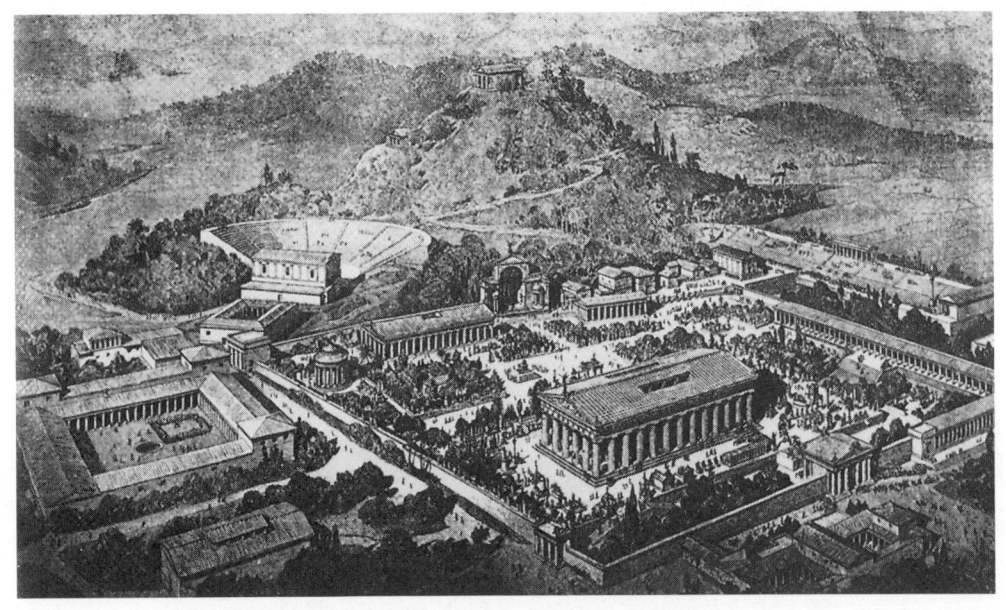

図2—13　オリンピア祭場の復原図

(4) 古代ローマの造園

発掘された遺構からみると，ローマの住宅の庭にはアトリウムとして屋根のない空間，天窓の下には池を中心とする空間があり，またペリスティリウムと呼ばれる周囲を列柱の廊下で囲まれ，どこからでも出入りのできる空間があった。これらの空間には水盤，彫刻，植え込みなどが飾られていた。当時流行した別荘庭園にはツゲなどでつくられたトピアリーが芝生に点々と植え込まれ，プラタナス，サイプレスなどがバラの花壇で囲まれていた。

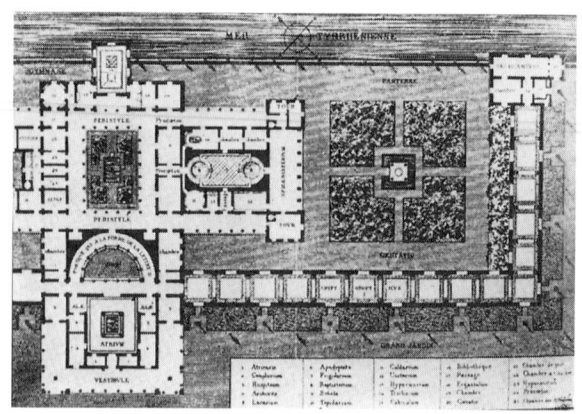

図2—14　フーデブールのラウレンティヌス荘

(5) 西洋中世の造園

キリスト教圏の国々では，城郭や修道院を中心に都市が発達していた。自給自足の生活の修道院では薬草園，野菜園，果樹園がつくられた。中庭は十字形の園路で区画されて，交点には噴泉，井戸，水盤が設けられ，みそぎの場所となっていた。区画部分には芝生，草花，果樹などが植えられていた。

図2—15　モンレアレの修道院中庭

（6） スペイン・サラセン式造園

雨の少ない，そして暑いスペインでは，周囲を囲み陰をつくり，少ない水を効果的に演出する中庭型の庭園，いわゆるパティオ（中庭）式庭園が発達した。アルハンブラ宮苑の「獅子のパティオ」に代表される噴水や水面に美しい塔や建物を映し出す技法はその典型である。噴水，水盤，カナールを中心にタイル・れんがで舗装や壁を装飾し，果樹・花，鉢植えで満たされた装飾性の高い庭園である。代表的な庭園にグラナダのアルハンブラ宮苑，ヘネラリーフェ宮苑，セビリアのアルカサール宮苑がある。

図2—16　獅子のパティオ

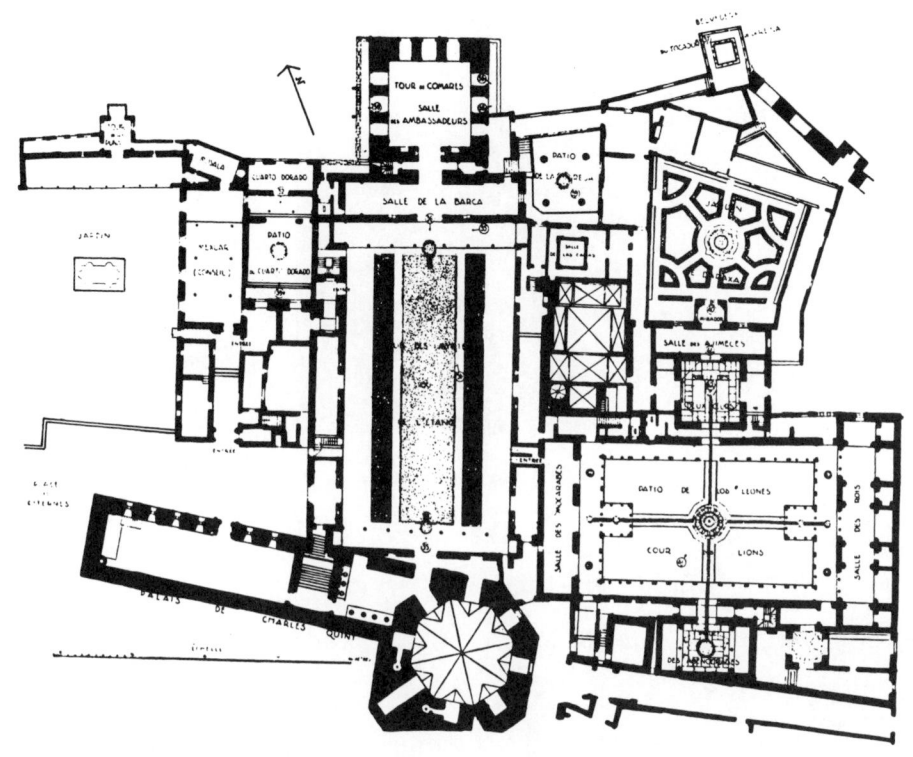

図2—17　アルハンブラ宮苑の平面図

（7） インド・サラセン式造園

インドに領域を広げたサラセン人は，17世紀に王妃のためタージ・マハール霊廟をつくった。南側の庭園は直行するカナールで区切られ，中央には大理石の噴水池がある。

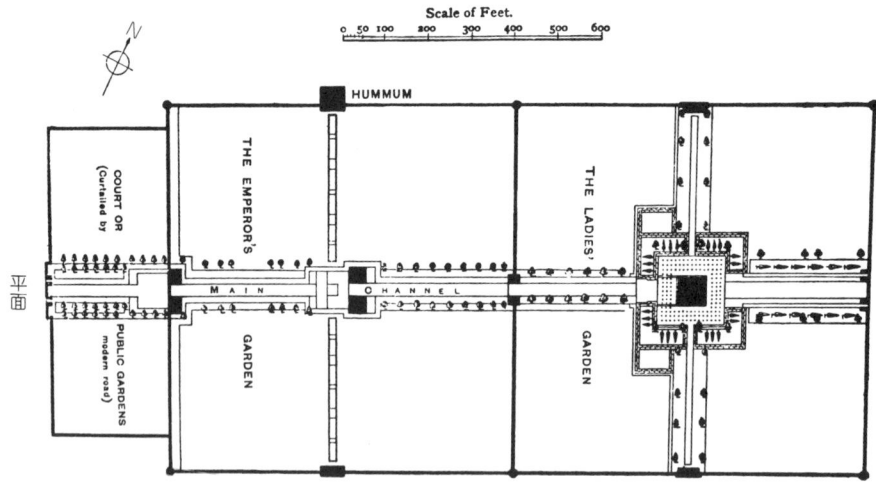

図2—18　アチバル・バーグ平面図

図2—19　ニシャット・バーグ

(8) イタリアの造園

イタリア中世（14～15世紀）の庭園は，王侯貴族のものであったが，富裕階級の人々が別荘を建築しはじめ，その庭園には優れたものがあった。例えば，エステ荘，ラテン荘，ボボリ園などである。

フィレンツェ，ローマなどの都市近郊の眺望のよい傾斜地に幾重にも露壇を重ね，別荘としての様々な装飾的な庭園施設を施したことから，テラス（露壇）式庭園，ビラ（別荘）庭園と呼ばれた。地形を生かして平たん部を階段や斜路で結び，斜面を利用したカスケード*，噴水，壁泉，彫刻，花鉢などを配した。またメイズ（迷路）やウォーターマ

＊　カスケード：イタリア式庭園の斜面に上から水を流す庭園の構造物。

ジック(水魔術)と呼ばれたウォーターシアター(水劇場),ウォーターオルガン(水オルガン),驚愕噴水など高度な技術によって驚きを演出した庭園装置も見られた。整形式庭園はイタリアルネッサンスで発展し,フランスの平たん地での展開を経て,ヨーロッパの庭園に影響を与えた。

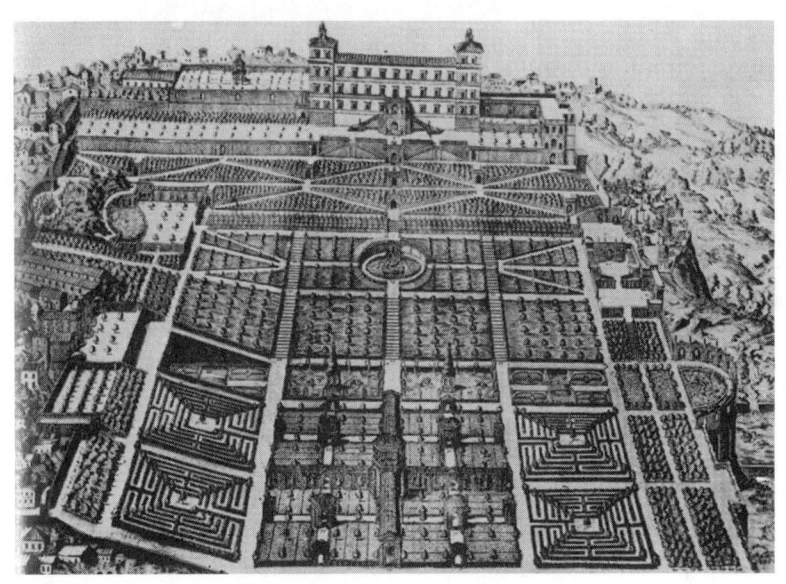

図2—20 エステ荘

(チボリ地方の山々からの湧水をふんだんに使った各種の水景の楽しみがある。イタリアサンプレス(イトスギ)が印象的である。)

図2—21 エステ荘の庭園

（噴水の裏側を通れるおもしろさがある。池，カスケード，オルガンの噴水，百噴水など，水景構造物が集中し，400年以上経た今日でも機能している。）

図2—22　エステ荘の噴水

（9）　フランスの造園

　フランスの平たんな地形，軸線と左右対称による構成上の特徴から平面幾何学式庭園又はその創始者の名前からル・ノートル式庭園と呼ばれる。ル・ノートルが最初に手がけたのが，大蔵大臣フーケのヴォー・ル・ヴィコント庭園である。その美しい庭園を見たルイ14世がねたみ，ル・ノートルに命じてベルサイユ宮苑をつくらせた。

　傾斜地を利用した階段状のイタリアの整形式庭園を，平たん地形に置き換え，それによる変化の乏しさを規模の拡大や壮大な見通し線のビスタ（通景線）やそれを強調するボスケ（森林状に植栽された樹林），大規模なカナール（運河）などで工夫した。主軸線上の宮殿から放射状，格子状に園路を設け，建築物近くはその格子も小さく，刺繍花壇や噴水，トピアリーがあり，遠ざかるにつれて主軸に対する横軸の間隔が広がりタピベール（緑の絨毯，芝生を毛氈状に植栽したもの）やカナールが配された。またアレーと呼ばれる小道が樹林内を通っている。ベルサイユ宮苑を模範として，ウィーンのシェンブルン庭園，ポツダムのサンスーシー庭園，ミュンヘンのニンフェンブルク庭園，ロンドンのハンプトンコート庭園，ナポリ近郊のカゼルタ庭園，ペテルスブルクのペテルホーフ庭園などがつくられた。さらには世界の各都市の構成にも影響を与えた。

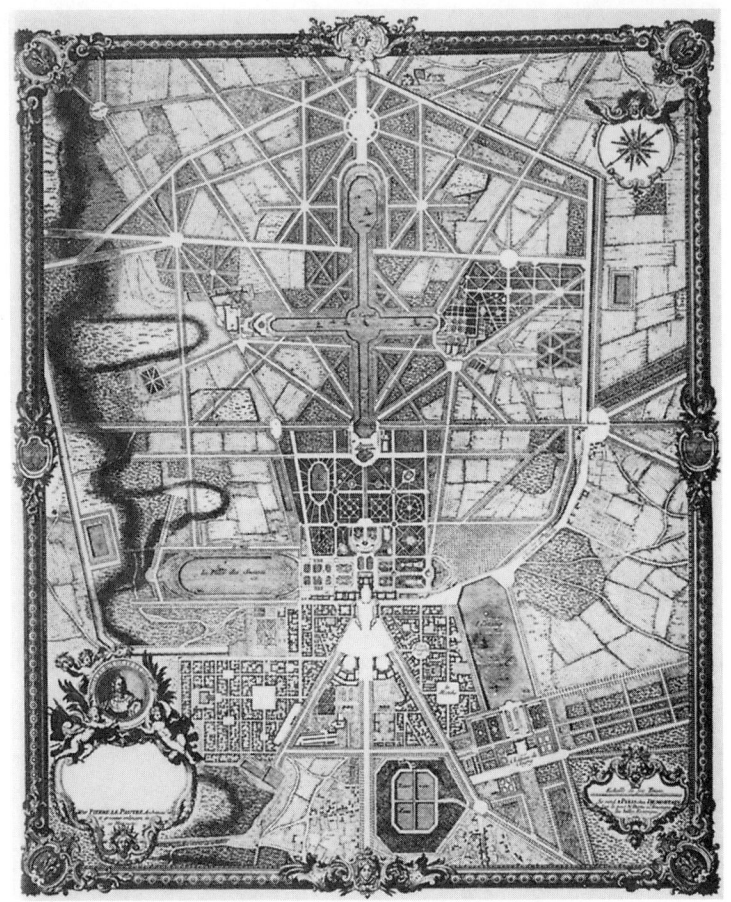

図2—23　ベルサイユ宮苑の平面図

(10) イギリスの造園

　18世紀ごろからイギリスではじまった自然風景式の庭園様式をイギリス風景式庭園という。それまでのイギリスでは，貴族や城館の庭園には主に整形式庭園がつくられていた。17世紀に市民革命を成し遂げたブルジョアジーにとって絶対王政の権力による秩序表現の整形式は好まれず，イギリスの農村では牧場景観が広がっていたこと，多くの風景画家や田園詩人，自然主義の社会啓蒙家が活躍したことなどがきっかけとなり，庭園の直線的構成が薄れて曲線を基調とした庭園に変わっていった。

　庭園周辺に広がる美しい田園風景を取り入れようとハハァといわれる濠を周囲に巡らし工夫し，ブリッジマンによって最初の風景式庭園ストウ園がつくられた。その後ケント，ブラウン，レプトンの3代にわたって風景式庭園は大成した。ケントは「自然は直線を嫌う」と語って庭園をつくり，ブラウンは口癖からキャパビリティ・ブラウンと呼ばれ，その土地の可能性を引き出し，敷地の高低差を利用して芝生の丘や野，茂み，湖や小川を配

した。レプトンは施工前と施工後のスケッチブック（レッドブック）を作成し，200を超える風景式庭園をつくった。

一方，これまで造園の主流は，王侯貴族などの特権階級の私的な庭園であったのに対し，産業革命によって都市に労働を求めて人々が集まり産業の発展に寄与したが，労働者階級の人達にとって生活環境は悪く，スラムが形成され，ロンドンでは伝染病が流行し，スモッグが発生しやすく，太陽のない街といわれるようになっていた。そこで労働者階級の市民にも太陽の光と新鮮な空気が吸えるオープンスペースが求められ，1843年にリバプール郊外にバーケンヘッドパークがJ. パクストンによってつくられ，公園が誕生した。公園は汚れた空気を清浄にし，人々の労働で疲れた体をリフレッシュさせてくれることから，都市の肺臓であると呼ばれ，都市には必要不可欠なものと位置付けられた。また，これまで貴族のための狩猟園であったパーク（Park）は，市民のための公園（Public Park）として開放され，ハイドパーク，リージェントパークなどが代表例である。この市民のための公園の誕生は，各国に影響し，パリのビュットショーモン公園やニューヨークのセントラルパークなどがつくられることになった。

図2-24 ストウ園の鳥瞰図

(11) ドイツの造園

ドイツの庭園は，イギリス風景式庭園の流れを汲み，庭園内の建物周りは，フランス幾何学式庭園としていることが多い。代表的な庭園として，ムスカウ苑，ニンフェンブルク

庭園，ヴィルヘルムスヘーエ庭園などがある。また，19世紀末「庭園には直接人間生活に役立つものを」として，花壇，野菜園などが住宅の戸外室として位置付けられ，庭園を実用的に利用する場として考えられるようになった。都市市民の保健のため，郊外に園芸を楽しむ目的としたクラインガルテン（分区園）をつくり効果をあげた。

図2—25　ドイツの住宅庭園

図2—26　ムスカウ苑全景（ドイツ）

(12) アメリカの造園

　新大陸の発見以降，主にイギリスから移民してきた人々によってアメリカ東海岸を中心に都市が形成されていった。1848年当時，造園家A．J．ドウニングは園芸雑誌の中で，ヨーロッパの大都市には公園や散歩道があるがアメリカの都市には公園がないことを述べ，公園の必要性を訴えた。またニューヨークでは，休日になると田園墓地に遊びに来る市民を見た新聞記者ブライアントは熱心な公園づくりのキャンペーンを行った。それらによって公園建設の気運が高まりセントラルパーク*のコンペ（設計競技）が行われることになり，1858年F．L．オルムステッド，C．ヴォーによる設計案「グリーンスワード

---

*　セントラルパーク：マンハッタン島の中央に840エーカー（4,000m×800m）の公園のデザインを懸賞募集し，1858年自然風のデザインの都市公園をつくった。

（緑の芝原）」プランが一等になった。

設計案の特色は，

① 都市の中に田舎をつくろうとし，森や湖，放牧地をつくりプロムナードは緩やかにカーブさせたこと。

② 立体交差によって車道と歩道を分離し通過交通を可能にしたこと。

③ 土地改良や排水処理がうまくできていたこと。

などである。

　その後セントラルパークの建設の影響を受け，各都市で公園がつくられた。フィラデルフィアのフェアマウントパーク，ブルックリンのプロスペクトパーク，ボストンのフランクリンパークなどである。オルムステッドは自らを Landscape Architect と名乗り，造園の職能を確立した。

図2—27　セントラルパーク（840エーカー）

　さらに1894年，ボストンのパークシステム（公園緑地系統）がつくられ，公園と公園を川でつなぎ，エメラルドネックレス（青い川と緑の公園）といわれ，良好な郊外環境が形成されている。その後パークシステムは，各都市で整備された。カンザスシティ，シアトル，ミネアポリス，シカゴ，クリーブランドなどである。

　一方，1848年のカリフォルニアのサクラメントで金が発見されて以降，ゴールドラッシュによる西部開拓がはじまった。その拠点として西海岸にサンフランシスコ，シアトルなどの都市が形成された。開拓は奥地にまで進み，このままではヨセミテをはじめとする美しい自然環境の破壊が危ぶまれた。ジュンミュアによる精力的な活動によって，1872

年に世界初の国立公園として，イエローストン国立公園が誕生した。1891年にはヨセミテ国立公園が誕生した。

(13) 中国の造園

中国では造園のことを園林(えんりん)という。中国の庭園の歴史は古く，秦（紀元前3世紀）の時代にまでさかのぼる。古くから中国文化と深いかかわりのあった日本の庭園様式に影響を及ぼし，18世紀のイギリス風景式庭園にも影響を与えている。

庭園は幾多の戦乱によって荒廃し，現在残っている庭園は，明，清の時代（1350～1900年）のものが多く，明代の末（1631年）には，中国唯一の作庭技術書「園冶(えんや)」が計成(けいせい)によって著された。

中国庭園は様式上，皇家庭園と私家庭園に分けられる。皇家庭園は豪壮華麗な宮殿に築山や花木を配し，自然の山水を一部改良して風景を構成するというもので，北京の頤和園(いわえん)，故宮の御花園，承徳市の避暑山荘(ひしょさんそう)などがある。私家庭園は個人の住宅庭園に様々な庭園技法を駆使したもので，蘇州(そしゅう)の拙政園(せっせいえん)，留園(りゅうえん)，怡園(いえん)，無錫(むしゃく)の寄暢園(きちょうえん)，上海の豫園(よえん)などがある。多くの庭園が江南地方にあり，風光明媚(ふうこうめいび)，水に恵まれた地域で，池を中心としていくつかの景をつくり，それを周遊する庭園が多い。その特徴は，いくつかの景区を設け，そこに楼，閣，亭，台などの庭園建築が配され，それらが回廊で結ばれている。景区は回廊によって仕切られるが，回廊の壁には漏窓，花窓と呼ばれる装飾的な透かし窓，景区の出入り口は洞門と呼ばれるくりぬき門があり，隣の景区とのつながりを感じることができる。また江南地方の太湖周辺から切り出される太湖石(たいこせき)＊と呼ばれる石灰岩でできた穴の多い複雑な形の奇石が築山や池護岸，景石としてよく用いられている。舗装には装飾的な敷石を用いて，鶴や蓮など様々な図案が描かれている。

＊　太湖石：中国産石灰岩で，洞庭湖(どうていこ)の水底などに産するもの。

26　造園概論とその手法

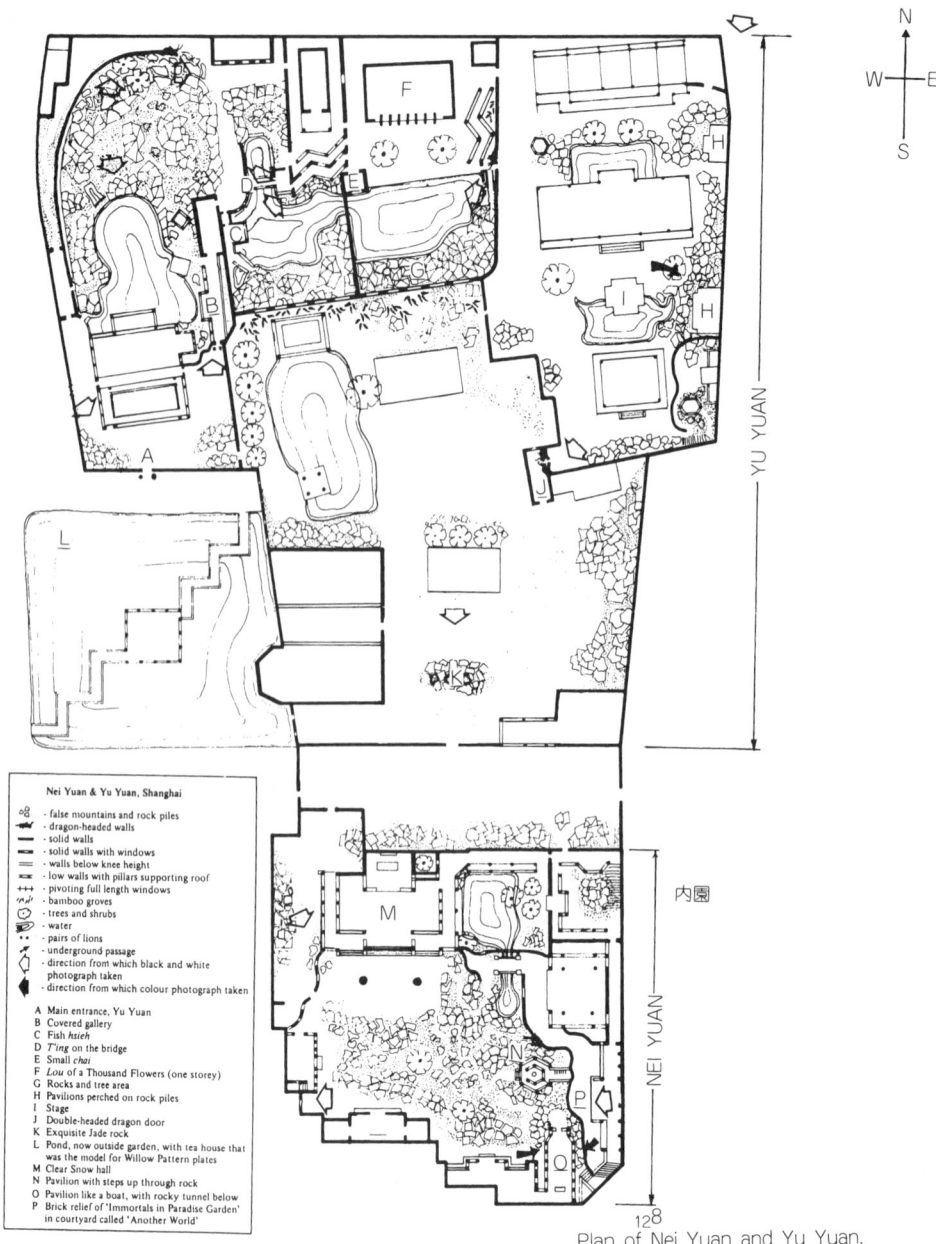

図2−28　上海豫園平面図（明代（1559年）に造園された，黄浦江（こうほこう）のほとりにある名園）

図2―29　塀の入口と窓の装飾（豫園）　　図2―30　庭園の中の太湖石と磚（豫園）

(14) 韓国の造園

　韓国の庭園は，新羅時代には寺院庭園が見られるが，現存するものとしては，慶州の仏国寺*1と通度寺*2の九竜神池がある。

　王宮庭園には，雁鴨池*3と鮑石亭*4があり，鮑石亭には曲水宴*5の遺構の一部がある。

　14～20世紀の李朝時代の代表的なものに，ソウルの景福宮・昌徳宮の後苑があり，自然との調和を図った韓国庭園の特徴がよく表現され，また，整形式の方池円島*6もつくられている。

図2―31　鮑石亭

---

*1　仏国寺：528年創建，751年再興，雄大で華麗な新羅文化の中心となった。
*2　通度寺：646年建立，名刹の1つ。
*3　雁鴨池：668年時代につくられた宮苑で，直線と曲線からなる池や島からできている。
*4　鮑石亭：韓国慶尚北道にあり，新羅王が流觴「曲水の宴」を張ったところで，当時の離宮苑池の一部分。
*5　曲水宴：水に杯を浮かべたものを流して，歌詠を競うもので，鮑石亭には，石造りの曲水溝を中心とする庭園があり，日本でもつくられている。
*6　方池円島：切石で築かれた四角い池の中に円形の島があるもので，四角と丸形の組み合わせが特色となっている。

第2節　公園の発生と展開

　明治維新とともに，欧米の文物制度が我が国に移入され，土地改革に伴って，明治6年（1873）1月の太政官布達により，公園についての調査がはじめられた。これには後に都市公園や自然公園となる性格の地域が含まれていた。これらを公園と称し，免租地とするはじめての通達であった。

　時代の推移とともに人口の都市への集中化が見られ，都市が拡大すると，災害防止や都市美観の確保と向上の必要性が次第に高まっていった。公園設置の目的は，
　① 都市構造，市民の健康と安全で快適な生活に資するもの
　② 自然環境の維持などによって，環境を良好に保とうとするもの
などがある。

　明治21年（1888）8月，東京市の市区改正問題（現在の都市計画）が論ぜられ，東京市区改正条例として動き出した。この市区改正事業によって新たに整備された洋風公園の代表として，明治36年（1903）3月開園の日比谷公園がある。

2.1　都市公園の成立

　明治6年（1873）1月，公園設置に関する太政官布達が施行されてから，日比谷公園の建設，明治神宮内・外苑の造営，関東大震災の復興とその必要性を実感しつつ昭和を迎えた。

　復興のための公園計画，緑地計画を東京，横浜を中心に整備に着手。さらに社会情勢の険悪化によって防空問題が加わり，これらに対処し，体位向上などを目的とした大規模な緑地が都市施設として設けられることになり，次第に数を増しロンドンなどの都市圏の大グリーンベルト構想にも匹敵する計画が推進され，一部実現されるが敗戦と同時に終結された。

　戦後，昭和20年（1945）12月，閣議決定によって従来より進んだ戦災復興計画基本方針を策定し，都市計画面から都市公園の基礎づくりの時代が続いた。昭和31年（1956）4月，都市公園法が公布され，次第に新しい施設の展開が図られるようになった。

2.2　自然公園の成立

　国立公園の思想は，アメリカ合衆国のイエローストーン国立公園（1872）に端を発す

るが，わが国に伝わったのは明治の末期であるといわれている。

我が国では，風景地を保護し，公園として役立てたいとする国会への請願＊と建議の記録としては，明治44年（1911）の「日光山ヲ大日本帝国公園ト為スノ請願」及び「富士山地域ヲ国設大公園ト為スノ建議」などが提出された。

（1）国立公園の経過

昭和6年（1931）10月，国立公園法が施行されて以来，地元の多くの支持者によって関心が高まり，昭和9年（1934）から昭和11年（1936）にわたり，12箇所の国立公園が指定された。その後，次第に戦時下となるが，昭和13年（1938），厚生省（現厚生労働省）が設置され，内務省から移管になるころから順次行政事務組織が縮小されていった。

（2）国定公園の成立

昭和20年（1945），第二次世界大戦の終結とともに，観光立国，地方振興の有力な手段として全国から国立公園の新規指定の要望が提出されたが，国立公園と国定公園に仕分けされた。

昭和24年（1949）5月，国立公園法一部改正により，はじめて琵琶湖国定公園が指定された。以降昭和30年から昭和40年にかけて指定が増加した。

昭和32年（1957），従来の国立公園法は改正され自然公園法となる。その要点は次のとおりである。

① 自然公園を体系化し，国立公園，国定公園，都道府県立自然公園として明確に位置付けられた。

② 特別地域，特別保護地区の内容を強化，明確化した。

2．3 公園の種別

我が国の公園の種類を大別すると，営造物公園と地域制公園に分けられる。図2−32に我が国の公園の種類を示す。

（1）営造物公園

営造物公園とは，国又は地方公共団体が一定区域内の土地の権原を取得し，それに基づいて必要な施設を整備し，直接公の用に供する公園である。

＊ 請願：明治44年（1911），日光町長から帝国議会に対して「日光山ヲ大日本帝国公園ト為スノ請願」がはじめて提出されて以来，各地から国立公園の設置を望む請願，建議が計190件以上も提出された。

都市公園法に基づく都市公園に代表され，その管理主体によって国の営造物公園と地方公共団体の営造物公園に分けられる。国の営造物公園には国営公園[*1]（都市公園）と国民公園があり，地方公共団体の営造物公園には都市公園と児童遊園などがある。

（2） 地域制公園（自然公園）

地域制公園とは，国又は都道府県が優れた風景地の保護又は利用を目的に一定の地域を指定し，その地域内において風致若しくは景観を維持し，公園利用者の障害となるような一定の行為を禁止又は制限をしていく公園である。

営造物公園とは異なり行政主体が必ずしもその地域内の土地の権原を有していなくてもよい。

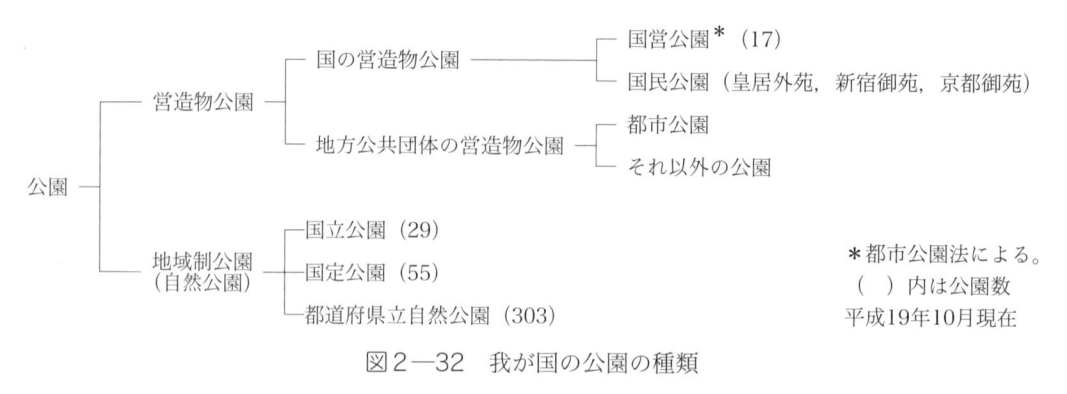

```
                ┌─ 国の営造物公園 ──────┬─ 国営公園* (17)
      ┌─ 営造物公園 ┤                    └─ 国民公園（皇居外苑，新宿御苑，京都御苑）
      │         └─ 地方公共団体の営造物公園 ┬─ 都市公園
公園 ─┤                                      └─ それ以外の公園
      │         ┌─ 国立公園（29）
      └─ 地域制公園 ┼─ 国定公園（55）
         （自然公園）└─ 都道府県立自然公園（303）
```

＊都市公園法による。
（　）内は公園数
平成19年10月現在

図2―32　我が国の公園の種類

2．4　その他の公共造園施設

（1）　道路付帯の造園

道路付帯の造園には，都市の街路樹から高速道路などの総合的な施設まで含まれる。

高速道路は，道路機能の高規格化と同時に周辺環境に配慮した環境施設帯[*2]を含む緑化を図っている。昭和38年（1963），名神高速道路の一部が開通し，以降自動車専用道路とともに道路付帯の造園施設が各地に整備されはじめた。

街路の造園は，街路樹，中央分離帯，緑地帯，アイランド（交通島），法面（のりめん）などの植栽も含まれる。

＊1　国営公園：昭和51年（1976年）から都市公園法を改正して設けられた公園。「国営武蔵丘陵森林公園」304.0haの都市計画決定（昭和43年（1968年）3月）がはじめてである。

＊2　環境施設帯：沿道の環境保全対策として，道路の周辺に遮音などを目的に，快適空間を設ける。道路の構造設計に当たっては，土地形態を考慮した適切な断面構造の選定や遮音壁により沿道への対策を考慮するが，余地の取れるところでは植栽によって幅10～20mの空間を取る。

（2） 供給処理施設の造園

供給処理施設の造園とは，貯水池，配水池，下水処理場，塵芥焼却場などの敷地内の造園である。この造園は，清掃を保持する必要から取りあげられ，また汚れやすいイメージのある施設では，地下式や半地下式にし，地上の人工地盤を広芝生にした運動施設を設けたり，噴水池・花壇などによる緑化修景*を行い，効果を高めるようになった。

図2―33　緑化修景の例

（3） 公館・事務所などの造園

公館・事務所などの造園とは，官公庁，会社の建物の内外，屋上を含めて広く緑化を図り，働く人の環境の向上，訪れる人へのサービス提供の向上などを目的とした造園である。

このうち屋上庭園については，前記の目的のほかに広く環境対策の一環として，ヒートアイランド現象の緩和のための緑化空間として考えるようになってきた。しかし，建物自体の構造，特殊土壌の使用，強風対策と使用樹木，給排水，防水など処理すべき問題も多い。一般の屋上庭園としては，デパートでは利用者の休息，展望，喫茶，子供の遊び場や，園芸，小動物の販売などに利用されていたが，最近では緑化の空間として考えるようになってきた。

---

*　緑化修景：植物などを用いて積極的に美観を高めることである。緑化とは，一定の空間を植物などを用いて，植栽密度を高めることで，緑化には人為的，自然的などの方法がある。修景とは，植栽などによって，美観を増すために行うことである。公園の修景施設といえば，日陰棚，池，流れ，噴水，花壇，芝生，植栽地をいう。

（4） 工場造園

　工場造園は，生産の場としての環境を整え，作業能率の向上や工場周辺の外部環境との問題点を少なくする目的で設けられる造園である。この工場公園は利用価値と存在価値とが同等の重要さで求められている。工場団地では，工場側と他の生活地域との間の緩衝緑化などによって，地域環境の改善を図ることが各地で行われ効果をあげている。

（5） 墓　　園

　寺院墓地の収容力の限界などから，各都市において都市計画事業などで墓園の建設が行われている。近年は外国の影響もあって，明るく荘厳な霊魂の安息所として，緑の多い公園風な芝生の墓所が好まれつくられるようになった。

第2章の学習のまとめ

　造園の歴史は古く，伝統的な日本庭園と西洋庭園が融合するようになったのは，明治時代以降である。その推移と現代庭園への移行を理解すること。

・身近に存在する庭園には，観賞，安らぎ，楽しみなどの目的を満足させるほか，緑の空間としてストーリー性があるので庭園の認識を深めること。

・日本庭園と西洋庭園のそれぞれの特徴をよく理解すること。

・日本庭園には，時代別の様々な特色のある造園様式と手法による作品がある。
　また，外国庭園には，国別の気候風土に合った時代別の特色のある造園様式と手法が使われた作品がある。いずれも生活環境に配慮したもので，これらは国の内外において容易に接することができる。実際にそれぞれの庭園作品を訪ね歩いて，観賞して理解を深めたいものである。

・公共的な公園緑地には，避難，救急，保健，休養，スポーツなどが可能な空間と，美しい緑の広がりと，テーマ性がある。都市への人口の集中化と同時に，都市生活に対する造園施設の必要性はますます増大している。このことの認識をさらに深め，緑地の必要性について考えてみる。

・自然公園は，自然景観の豊かな地域を保護し，これを保健，休養，教化に利用する風景地である。これらの種類についてまとめてみる。

・近年，人々は自然への関心が高くなると同時に，身近な緑を復活しようとする要求が高まり，造園への需要となってきていることを理解すること。

【練習問題】

（1） 日本庭園の様式と代表的庭園の組み合わせとして正しいものは次のうちどれか。
  ① 寝殿造り：桂離宮庭園　② 枯山水：大徳寺大仙院庭園　③ 茶庭：毛越寺庭園
  ④ 回遊式：二条城二の丸庭園

（2） 庭園を作庭年代の古い順に並べたものとして正しいものはどれか。
  ① 天竜寺庭園　→　大徳寺大仙院庭園　→　兼六園　→　西本願寺庭園
  ② 平等院庭園　→　金閣寺庭園　→　無鄰庵庭園　→　小石川後楽園
  ③ 毛越寺庭園　→　西芳寺庭園　→　龍安寺庭園　→　修学院離宮庭園
  ④ 三宝院庭園　→　二条城二の丸庭園　→　大仙院庭園　→　六義園

（3） 回遊式庭園は，次のうちどれか。
  ① 桂離宮庭園　② 宇治平等院庭園　③ 龍安寺方丈庭園　④ 大徳寺大仙院庭園

（4） 各時代の庭園の特徴の組み合わせとして，誤っているものはどれか。
  ① 平安時代の庭園：寝殿造りの広大な池泉庭園
  ② 鎌倉時代の庭園：禅の思想に基づく庭園
  ③ 室町時代の庭園：曲水の宴を行う庭園
  ④ 安土桃山時代の庭園：石を多く使い力強い印象的な庭と露地

（5） 日本庭園の様式とその代表例及びつくられた時代の組合せのうち，正しいものはどれか。
  ① 回遊式庭園：小石川後楽園［江戸時代］
  ② 茶庭：宇治平等院［平安時代］
  ③ 浄土式庭園：龍安寺［室町時代］
  ④ 枯山水：無鄰庵［桃山時代］

（6） 庭園様式の組合せとして，正しいものはどれか。
  ① イギリス式庭園：平面幾何学式庭園
  ② フランス式庭園：テラス（露壇）式庭園
  ③ スペイン式庭園：中庭式庭園
  ④ イタリア式庭園：風景式庭園

（7） フランス式庭園の説明のうち，誤っているものはどれか。

① イタリア式の平面式に対して立体的である。

② 主軸線と側線が直交し，その交点に噴水や彫刻などを置く。

③ 直線園路が多く用いられている。

④ 主要建築物の周辺に花壇をつくることが多い。

（8） 西洋庭園に関する記述のうち，誤っているものはどれか。

① パティオは，中庭のことである。

② カスケードは，フランス式庭園の水路のことである。

③ モニュメントは，石造などの添景物である。

④ トピアリーは，人工的刈り込みである。

（9） ル・ノートルが作庭した庭園は，次のうちどれか。

① ベルサイユ宮苑　② ランテ荘　③ ストウ園

④ ハンプトンコート庭園

（10） 園名と作者の組合せのうち，誤っているものはどれか。

① 旧古河庭園：小堀遠州

② ヴォー・ル・ヴィコントの庭園：ル・ノートル

③ セントラルパーク：オルムステッド

④ 西芳寺庭園：夢窓疎石

（11） 営造物公園はどれか

① 国定公園　② 国立公園　③ 運動公園　④ 原生自然環境保全地区

（12） 自然公園に関する記述のうち，正しいものはどれか

① 都道府県立自然公園の区域の指定は国が行う。

② 特別区域内においては，行為の規制を行うことができる。

③ 普通地域内で住宅を建てることはできない。

④ 自然公園の区域内にスキー場を設けることはできない。

（13） 都市公園に関する記述のうち，誤っているものはどれか。

① 都市公園には，国が設置する公園もある。

② 都市公園には，地方公共団体が設置する公園もある。

③ 都市公園の施設には，運動施設も含まれる。

④ 都市公園には，都道府県立自然公園も含まれる。

(14) 自然公園に分類されていないものはどれか。
　① 国立公園　② 風致公園　③ 国定公園　④ 海中公園

第3章

造園計画・設計

　造園が扱う対象は広範囲にわたっている。この対象が変わっても，造園計画・設計の技術的な手順については，ほとんど異なるものではない。

　造園の特色をとらえて，研究をさらに進めていくことが今後とも必要である。それには，

① 植物の性質を知ること。

　　造園作業の際立った特色は，生きた植物材料を扱うことによって快適環境を造成することであるので，材料としての植物の性質を熟知して，計画・管理することが必要である。

② 自然への理解と，美しさを見る目を養うこと。

　　造園を学ぶ人々は，自然を理解し，動・植物を大切にし，自然と共生し，美しさを知る感覚を養っておく心構えが必要である。

第1節　造園の対象

　造園計画の対象とするものは，庭園，都市公園，自然公園，観光レクリエーション地，都市のオープンスペースなどで多様である（表3—1）。

　したがって，これらに対応する造園技術も次第に複雑になってきている。

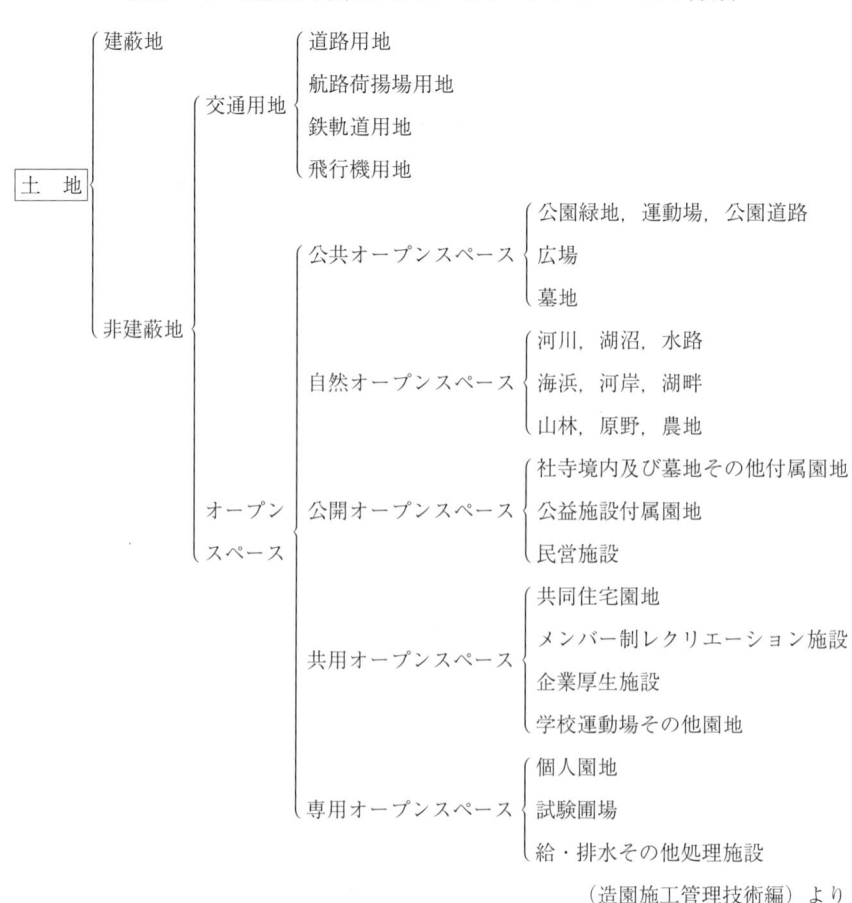

表3-1 造園が対象としているオープンスペースの分類

```
土地 ┬ 建蔽地
     └ 非建蔽地 ─ オープンスペース ┬ 交通用地 ┬ 道路用地
                                            ├ 航路荷揚場用地
                                            ├ 鉄軌道用地
                                            └ 飛行機用地
                                  ├ 公共オープンスペース ┬ 公園緑地，運動場，公園道路
                                                        ├ 広場
                                                        └ 墓地
                                  ├ 自然オープンスペース ┬ 河川，湖沼，水路
                                                        ├ 海浜，河岸，湖畔
                                                        └ 山林，原野，農地
                                  ├ 公開オープンスペース ┬ 社寺境内及び墓地その他付属園地
                                                        ├ 公益施設付属園地
                                                        └ 民営施設
                                  ├ 共用オープンスペース ┬ 共同住宅園地
                                                        ├ メンバー制レクリエーション施設
                                                        ├ 企業厚生施設
                                                        └ 学校運動場その他園地
                                  └ 専用オープンスペース ┬ 個人園地
                                                        ├ 試験圃場
                                                        └ 給・排水その他処理施設
```

（造園施工管理技術編）より

1.1 庭園

　庭園は，造園と総称している中で，最も古くから取り扱われてきた基本に位置するもので，かつて家（住居）と一体となった生活空間として欠かせないものであった。この考えが引き継がれ，快適環境の造成の身近な分野として，事務所，ホテル，美術館，博物館などの建物の前庭を格式のある風情を持った審美的で，快適な，景観構成の役割を担うものにしたいとする考え方で，取り上げられている。

1.2 都市公園

　都市公園（営造物公園）は，一般的には都市計画区域内にあって，休息，観賞，散策，遊戯，運動など屋外レクリエーションの用に供し，併せて，防災，避難，環境の改善，都市の美観向上に役立つことを目標として，都市公園法及び関係法令によって進められている。

1.3 自然公園

自然公園（地域制公園）は，自然公園法及び関係法令によって優れた自然の風景地を保護し，国民の保健，休養，教化に役立つことを目的としたもので，そのため特に最近は，自然とのふれあいを重視し，自然公園を通じて自然への理解を深めることが進められている。さらに自然環境保全を図る地域として，自然環境保全法に基づく区域が別途指定されている。

第2節　造園計画

造園計画は，自然の環境を尊重しながら造園の手法を用いて，快適な人間生活のための空間や景観を構成する計画であるが，造園の景観構成として独自性には次のものがあげられる。

① 自然の素材としての植物，景石，水などを使用すること。
② 植物は，生きた材料として使用すること。
③ 長期間の景観構成をイメージすること。

庭園，公園などの計画を進めるに当たって，そのよりどころとしてはまず規模を把握し，そのイメージづくりをすることが近道と考えられる。その手助けともなるのが既設の各造園施設の調査である。これは，規模とスケール感や施設内容を確認するものである。

表3―2は，東京都内を中心とする公園，庭園などの面積であるが，まず歩いて，見て，感じることが大切である。例えば，日比谷公園では16.1haの広さとその中に配置されている噴水池，花壇，これらの観賞地点などの拠点や人の動きなどをチェックして，空間を肌で感じることが設計にも役立つものである。

さらに身近な市町村の庭園，公園を加えておくと自分の資料として参考になる。

表3－2　東京都内の公園・庭園（面積順）(2008)

園　名	面積 (ha)	開　園	所在地	摘　要
新宿御苑	59.4	明治6 (1873) 年	新宿区	
代々木公園	54.0	昭和42 (1967) 年10月	渋谷区	
上野恩賜公園	53.1	明治6 (1873) 年10月	台東区	(旧皇室財産)
多摩動物公園	46.7	昭和33 (1958) 年	日野市	
駒沢オリンピック公園	41.2	昭和39 (1964) 年12月	世田谷区	
井の頭恩賜公園	36.3	大正2 (1913) 年	武蔵野市	(旧皇室財産)
砧公園	35.8	昭和32 (1957) 年4月	世田谷区	
皇居外苑	35.0	昭和42 (1967) 年4月	千代田区	
神代植物公園	32.9	昭和32 (1957) 年4月	調布市	
浜離宮恩賜庭園	25.0	昭和20 (1945) 年	中央区	
皇居東御苑	21.0	昭和42 (1967) 年	千代田区	
北の丸公園	19.3	昭和44 (1969) 年4月	千代田区	
日比谷公園	16.1	明治36 (1903) 年6月	千代田区	
上野動物園	14.1	明治15 (1882) 年3月	台東区	
林試の森公園	12.0（全面）	平成4 (1992) 年6月	目黒区，品川区	
六義園	8.7	昭和13 (1938) 年10月	文京区	
小石川後楽園	7.1	昭和13 (1938) 年4月	文京区	
平和の森公園	6.5	昭和60 (1985) 年10月	中野区	
旧古河庭園	3.1	昭和31 (1956) 年4月	北区	
蚕糸の森公園	2.7	昭和61 (1986) 年8月	杉並区	
大田黒公園	0.9	昭和56 (1981) 年10月	杉並区	

　計画の手順は，構想から徐々に具体的な形に移していく段階で，次の点を考慮しながら進める。

a．動線計画

　動線計画とは，人や物の動きを軌跡としてとらえるものである。機能計画の基礎資料として考え，動線計画にまとめる。

　表3－3は造園計画をまとめる経過と注意点である。

表3－3　まとめる経過と注意点

```
┌─────────────────────────────────────┐
│          全体のまとまり              │
│  コンセプト＋自然環境条件＋多様の統一 │
│   （方針）         ハーモニー        │
└─────────────────────────────────────┘
                    ↑
┌──────────────┐ 設 ┌──────────────┐
│相関的（まとまり）│ 計 │空間・時間・スケール│
│対称（シンメトリー）│ 関 │用・強・美のまとまり│
│対比（コントラスト）│ 係 │釣り合い（バランス）│
│類似（シミラリティー）│ 者 │比例（プロポーション）│
│反復（レペティション）│   │律動（リズム）      │
│              │ ⇔ │気勢（ムーブメント） │
│              │   │強調（エンファシス） │
└──────────────┘   └──────────────┘
```

b．景観計画

景観計画とは，既存する自然景観又は人為的に造成を必要とする景観の範囲と規模を決めることである。

2．1　都市公園計画

都市公園計画とは，都市公園法規，その他の通達などによって詳細が決められている。その考え方の基本を見ると，都市の公園緑地は都市計画その他の計画に基づいて，都市の生活環境の向上を目標として設置するものである。

都市環境の悪化の要因として，次の3項目があげられる。

① 阻害要因の発生（公害などによる生活の悪化など）
② 施設整備の遅れ（住宅，道路，交通機関，公園など）
③ 都市空間の無秩序な発展（スプロール＊，過密，混乱など）

以上の解消を目的として設けられるものは，都市公園内では休息，観賞，散策，遊戯，運動などの屋外レクリエーションである。

さらに近年，都市の公園や緑地についても良好な景観の形成のための重要な役割のほか，ヒートアイランド現象の緩和，都市の生物多様性の確保，都市の防災機能の向上，住民の憩いの場や子供たちの遊び場としての機能などの様々な面から，その保全と創出の一層の推進が求められている。

そこで，平成16年（2004）6月に「景観法」，「都市緑地保全法等の一部を改正する法律」を主とする「景観緑三法（けいかんみどりさんぽう）」が公布され，12月より施行された。それにより改定された新しい都市緑地法（都市緑地保全法の改正）及び都市公園法が定められた。

都市緑地法では，都市公園の整備を「緑地の保全及び推進に関する基本計画（緑の基本計画）」の中に位置づけ，緑化地域制度などの緑化に関する施策を充実させた。

これにより緑の基本計画は，都市公園の整備を含めた都市における緑地の保全及び緑化を推進するための総合的なマスタープランとして位置づけられ，これに伴い都市公園の整備は，市町村が地域の状況に応じて自主的に策定する緑の基本計画に即して行うこととし，地域の状況に応じた公園の配置の促進と効率的・効果的な整備の推進を図ることとした。

＊　スプロール：都市周辺などで，都市施設が十分完備しないところに，住宅などが無計画に広がっていく状態をいう。

(1) 都市公園の定義

都市公園とは，都市公園法第2条によると「都市計画法に規定する都市計画施設である公園又は緑地で，地方公共団体が設置するもの，又は国が1つの都府県区域を超えるような広域の見地から設置するもの，又は国が国家的記念事業として又は我が国固有の優れた文化的資産の保存及び活用を図るため設置するもの」とされている。

(2) 都市公園の設置

a．住民1人当たりの都市公園の敷地面積の標準

都市公園法施行令第1条によると，「1つの市町村の区域内の都市公園の住民1人当たりの敷地面積の標準は，10㎡以上とし，当該市町村の市街地の都市公園の当該市街地の住民1人当たりの敷地面積の標準は5㎡以上とする」とされている。

b．都市公園の設置基準，種類，配置及び規模の基準

都市公園法第3条によると，都市緑地法に規定する緑の基本計画が定められた市町村区域内に地方公共団体が設置する場合には，緑の基本計画に即して行うものとする。

都市公園法施行令第2条によると，地方公共団体が都市公園を設置する場合には，当該市町村又は都道府県における都市公園の分布の均衡を図り，かつ防火，避難などの災害防止に資するよう考慮して，都市公園を定めている。

(3) 都市公園の種類

都市公園などの種類としては，大別して基幹公園（街区公園，近隣公園，地区公園，総合公園，運動公園），特殊公園（風致公園，動・植物公園，歴史公園，墓園），大規模公園（広域公園，レクリエーション都市），緩衝緑地，都市緑地，緑道，都市林，広場公園などがある。

a．住区基幹公園

① 街区公園

主として街区内に居住する者の利用に供することを目的とする公園で，街区内居住者が容易に利用することができるように配置し，その敷地面積は0.25haを標準とする。

② 近隣公園

主として近隣に居住する者の利用に供することを目的とする公園で，近隣居住者が容易に利用することができるように配置し，その敷地面積は2haを標準とする。

③ 地区公園

主として徒歩圏域内に居住する者の利用に供することを目的とする公園で，徒歩圏域内に居住する者が容易に利用することができるように配置し，その敷地面積は4

haを標準とする。

b．都市基幹公園

① 総合公園

　主として1つの市町村区域内に居住する者の休息，観賞，散歩，遊戯，運動など総合的な利用に供することを目的とする公園で，容易に利用することができるように配置し，機能を十分に発揮できるようにその敷地面積を確保する。

② 運動公園

　主として運動の用に供することを目的とする公園で，容易に利用することができるように配置し，機能を十分に発揮できるようにその敷地面積を確保する。

c．特殊公園

① 風致公園

　主として風致の享受の用に供することを目的とする公園である。

② 動・植物公園

　主として動植物の生息地又は生育地である樹林地などの保護を目的とする公園である。

③ 歴史公園

　史跡・名勝・天然記念物などの文化財を広く一般の利用に供することを目的とする公園である。

④ 墓　　園

　その面積の$\frac{2}{3}$以上を園地とする景観が良好で，屋外レクリエーションの場として利用に供される墓所を含んだ公園である。

d．大規模公園

① 広域公園

　地方生活圏などの数市町村にまたがる地域住民の広域レクリエーション需要を充足することを目的とする公園で，地方生活圏など広域的なブロックから容易に利用できる場所に面積50ha以上を標準に配置する。

② レクリエーション都市

　大都市などの都市圏域から発生するレクリエーション需要を充足することを目的に，総合的な都市計画に基づき，良好な自然環境の地域を主体に，大規模な公園を核として各種レクリエーション施設が配置される一団の地域。都市計画公園1000ha，うち都市公園500haを標準として配置する。

e．緩衝緑地

主として公害又は災害を防止することを目的とする緩衝地帯としての公園である。

f．都市緑地

主として都市の自然的環境の保全や改善，景観の向上のために設けられた緑地である。1か所当たり0.1ha以上を標準として配置する。

g．緑　道

災害時の避難路の確保，都市生活の安全性や快適性を図ることを目的として，近隣住区又は近隣住区相互を連絡して設けられる歩行者路又は自転車路を主体とする緑地である。

h．都市林

主として動・植物の生息地などのまとまった樹林地の保護を目的として，自然環境の保護・保全，自然環境の復元を図れるように必要に応じて自然観察，散策などの利用ができるようにする。

i．広場公園

主として市街地の中心部における休息又は観賞の用に供することを目的とする公園である。

j．国営公園

主として1つの都府県の区域を超えるような広域的な利用に供することを目的とする国が設置する大規模な公園で，誘致距離200kmを超えない区域を誘致区域とし，面積はおおむね300ha以上とする。

（4）公園施設の種類

公園施設とは，都市公園の効用を図るために公園内に設けられる施設である。

都市公園法第2条，都市公園法施行令第5条によると，公園施設には，園路及び広場，修景施設，休養施設，遊戯施設，運動施設，教養施設，便益施設，管理施設がある。

① 園路及び広場：園路，広場など
② 修景施設：植栽，芝生，花壇，いけがき，日陰たな，噴水，水流，池，滝，つき山，彫像，灯籠，石組，飛石など
③ 休養施設：休憩所，ベンチ，野外卓，ピクニック場，キャンプ場など
④ 遊戯施設：ぶらんこ，滑り台，シーソー，ジャングルジム，ラダー，砂場，徒渉池，舟遊場，魚釣場，メリーゴーラウンド，遊戯用電車，野外ダンス場など
⑤ 運動施設：野球場，陸上競技場，サッカー場，ラグビー場，テニスコート，バス

ケットボール場，バレーボール場，ゴルフ場，ゲートボール場，水泳プール，温水利用型健康運動施設，ボート場，スケート場，スキー場，相撲場，弓場，乗馬場，鉄棒，つり輪，リハビリテーション用運動施設，これらに付属する観覧席，更衣所，控室，運動用具倉庫，シャワーなど

⑥ 教養施設：植物園，温室，分区園，動物園，動物舎，水族館，自然生態園，野鳥観察所，動植物の保護繁殖施設，野外劇場，野外音楽堂，図書館，陳列館，天体又は気象観測施設，体験学習施設，記念碑，城跡，古墳，旧宅その他の遺跡など

⑦ 便益施設：売店，飲食店，宿泊施設，駐車場，園内移動用施設，便所，荷物預かり所，時計台，水飲場，手洗場など

⑧ 管理施設：門，さく，管理事務所，詰所，倉庫，車庫，材料置場，苗畑，掲示板，標識，照明施設，ごみ処理場，くず箱，水道，井戸，暗渠(あんきょ)，水門，雨水貯留施設，水質浄化施設，護岸，擁壁，発電施設など

⑨ その他都市公園の効果を全うする施設：展望台，集会所，食料，医薬品等災害応急対策に必要な物資の備蓄倉庫，その他災害応急対策に必要な施設など

（5） 公園施設の設置基準及び制限

都市公園法第4条，都市公園法施行令第6条，第8条によると，都市公園本来の機能を阻害しないよう，公園施設として設けられる建築物の許容面積や設置に関する制限が以下のように定められている。

① 都市公園においては，そのオープンスペースを確保するため，公園施設の建ぺい率の上限を原則2％としている。ただし休養施設，運動施設，教養施設，備蓄倉庫及び災害応急対策に必要な施設はこれに10％までの上乗せが許容される。

② 個性ある地域づくりや良好な景観の形成を図ることから，都市公園内の休養施設又は教養施設の建築物のうち，文化財保護法による国宝，重要文化財，重要有形民族文化財，特別史跡名勝天然記念物，史跡名勝天然記念物，登録有形民族文化財・登録記念物，景観法による景観重要建造物については，20％までの上乗せが許容される。

③ 運動施設の敷地面積の総計は，当該都市公園の敷地面積の50％を超えてはならない。

④ メリーゴーラウンド，遊戯用電車等の有料遊戯施設は，5ha以上の都市公園でなければ設けてはならない。

⑤ 分区園の1つの分区面積は50㎡を超えてはならない。

⑥　ゴルフ場は50ha以上の都市公園でなければ設けてはならない。

⑦　簡易宿泊施設は当該都市公園の効用を全うするために特に必要があると認められる場合以外は設けてはならない。

⑧　利用上危害を及ぼすおそれのある公園施設には，さくなどの危害防止施設を設けなければならない。

⑨　照明施設は，保安上必要とする場所に設置しなければならない。

（6）　立体都市公園

　平成16年（2004）に改正された新しい都市公園法において立体都市公園制度が定められた。

　都市公園法第20，21，22条によると，緑とオープンスペースが少なく都市公園の整備の必要性が高い一方，他の目的による土地利用の必要性も高い市街地の中心部などにおいて，土地の有効利用と都市公園の効率的な整備を図るため，他の施設と都市公園との立体的土地利用を可能とした。公園管理者は建物上に立体都市公園を設置しようとするときは，建物の所有者と公園一体建物協定を締結することができる。

2．2　自然公園計画

　自然公園には，国立公園，国定公園，都道府県立自然公園があるが，これらの目的に沿った配置と公園としての経営に関してその内容を決める計画とがある。

（1）　自然公園の種類

　ａ．国立公園

　国立公園は，日本を代表する自然の大風景地で，国が指定し，公園計画は国が決定し，自然公園法に基づく許認可等の行政的管理責任は環境省にある。

　ｂ．国定公園

　国定公園は，国立公園に準ずる自然の風景地で，都道府県の申し出によって国が指定し，公園計画のうち重要な部分は都道府県の申し出によって国が決定し，自然公園法に基づく行政的管理責任は都道府県にある。

　ｃ．都道府県立自然公園

　都道府県立自然公園は，都道府県を代表する自然の風景地で，都道府県が指定し，自然公園条例に基づく行政的管理責任は都道府県にある。

（2）　配置計画

　自然公園を利用するためには，国土全域にバランスよく配置され，居住地から至近距離

に位置していることが望ましい。しかし国立公園，国定公園の選定方針などによって，次のように定められている。

① 国立公園は，景観等の詳細な調査によって優れた自然風景観及び動・植物，地形，地質などの資源を有することが確認され，基準に照合して指定されることになる。したがって配置についての考慮はしない。

② 国定公園は，地方公共団体の申し入れに基づき，国定公園の適正配置計画を勘案し，自然景観及び資源を調査のうえ指定する。したがって，利用のよさを考慮して，全国的に配置の適正を図っている。

(3) 公園計画

国立公園は，景観の保護と適切な利用のための規制や施設に関して一定の公園計画としてまとめられている。この大要は，公園計画体系のとおりである（表3—4）。

　a．保護計画

国立公園等自然公園ではまず自然景観の保護が重要で，その保護を図るため特別地域を指定し，さらに必要に応じて特別保護地区，第1種特別地域，第2種特別地域，第3種特別地域を保護の必要に応じて指定し風致景観の維持を図っている。

また，さらにこの周辺の風致の維持に，普通地域として指定されている。

海中公園地区は，海域の自然環境として，珊瑚，海藻，熱帯魚などの生物を保護するため優れている海底の地形などを維持するために指定するものである。埋立てなどで直接的な影響以外，汚水の流入などによる間接的な影響なども自然破壊の要因になるとして保護を図っている。

保護のための施設計画は，植生復元，養魚，砂防，防火などがあげられる。これらのデザインについては，具体的には風景に調和する造園施設として整備する。

　b．利用計画

利用のための規制計画として，自然景観を永続的にするために，利用の時期と方法について規制することを定める。

利用のための施設計画では，無秩序な施設配置を排除し，必要に応じて施設計量計画＊によって適切な規模とする。

　(a) 集団施設地区

集団施設地区は，公園としての利用施設を集中的に，周辺の自然環境への影響を少なく

＊ 施設計量計画：現在の利用動向を基礎に，これに必要規模，回転率，最大日率，利用予測率などを勘案して算定する手法であるが，公共施設，有料施設によって異なる。

表3-4 自然公園の計画体系

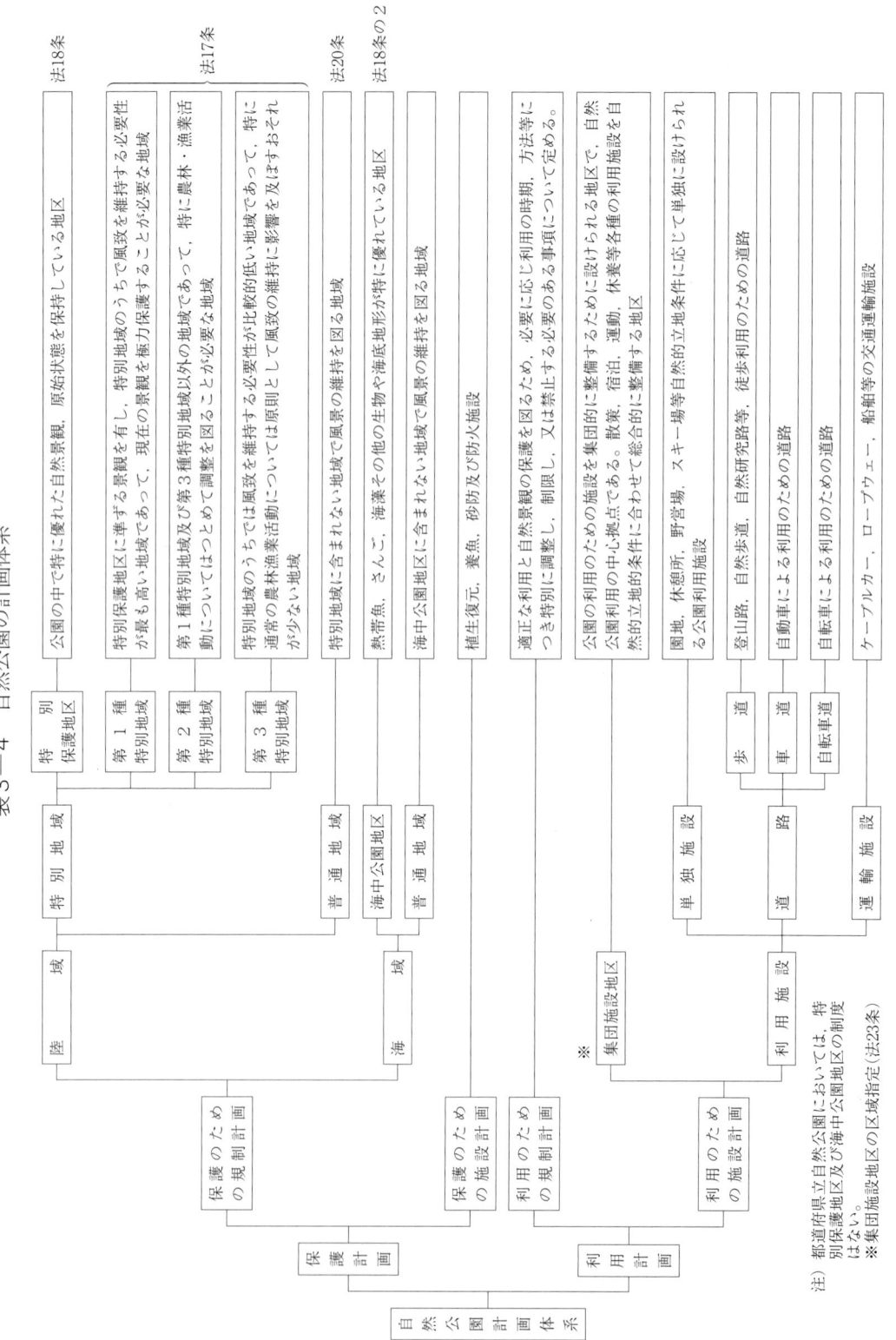

```
自然公園計画体系
├─ 保護計画
│   ├─ 保護のための規制計画
│   │   ├─ 陸域
│   │   │   ├─ 特別地域
│   │   │   │   ├─ 特別保護地区：公園の中でも特に優れた自然景観、原始状態を保持している地区（法18条）
│   │   │   │   ├─ 第1種特別地域：特別保護地区に準ずる景観を有し、特別地域のうちで風致を維持する必要性が最も高い地域であって、現在の景観を極力保護することが必要な地域
│   │   │   │   ├─ 第2種特別地域：第1種特別地域及び第3種特別地域以外の地域であって、特に農林・漁業活動についてはつとめて調整することが必要な地域（法17条）
│   │   │   │   └─ 第3種特別地域：特別地域のうちでは風致を維持する必要性が比較的低い地域であって、特に通常の農林漁業活動については原則として風致の維持に影響を及ぼすおそれが少ない地域
│   │   │   └─ 普通地域：特別地域に含まれない地域で風景の維持を図る地域（法20条）
│   │   └─ 海域
│   │       ├─ 海中公園地区：熱帯魚、さんご、海藻その他の生物や海底地形が特に優れている地区（法18条の2）
│   │       └─ 普通地域：海中公園地区に含まれない地域で風景の維持を図る地域
│   └─ 保護のための施設計画：植生復元、養魚、砂防及び防火施設
└─ 利用計画
    ├─ 利用のための規制計画：適正な利用と自然景観の保護を図るため、必要に応じ利用の時期、方法等について特別に調整し、制限し、又は禁止する必要のある事項について定める。
    └─ 利用のための施設計画
        ├─ 集団施設地区※：公園の利用のための施設を集団的に整備する地区である。公園利用の中心拠点である。散策、運動、宿泊、休養等各種の利用施設を自然的立地的条件に合わせて総合的に整備する地区
        └─ 単独施設
            └─ 利用施設
                ├─ 園地、休憩所、野営場、スキー場等自然的立地条件に応じて単独に設けられる公園利用施設
                ├─ 道路
                │   ├─ 歩道：登山路、自然歩道、自然研究路等、徒歩利用のための道路
                │   ├─ 車道：自動車による利用のための道路
                │   └─ 自転車道：自転車による利用のための道路
                └─ 運輸施設：ケーブルカー、ロープウェー、船舶等の交通運輸施設
```

注）都道府県立自然公園においては、特別保護地区及び海中公園地区の制度はない。
※集団施設地区の区域指定（法23条）

図3―1　日光国立公園・中禅寺湖畔
（自然風景地のキャンプ場は，地域を指定し，給・排水，ごみ，汚物の処理に注意して，安全，快適で周囲にも配慮した施設とすること。湖畔を勝手に占有することは避けるべきである。）

するために設けられる拠点施設である。地区の特色を織り込んだ利用のプログラムを構成し，これに沿った整備によって利用の活性化を図る。

(b) 単独施設

単独施設は，スキー場，山小屋，休憩所，野営場（キャンプ場）などのように，自然的立地条件によって独立して設けられる施設である。単独で機能するように計画し，外観のデザインは自然環境に調和した施設に仕上げる。

(c) 道路計画

歩　　道……歩道は，公園利用としては好ましい利用施設である。種類としては，登山路，自然研究路，自然探勝路，散策路など目的別の種類がある。自然公園の施設としては，周辺の植生，動物，地形，地質の解説を加えた形態の自然研究路の利用が多い。この場合，容易にハンディキャプト用（身障者向け車椅子用）の進入構造を持った歩道が求められている。

車　　道……車道は，景観破壊を引き起こす影響が大きいので，計画的，効率的で自然環境を考慮した計画車道であることが必要である。環境アセスメント*に

---

* 環境アセスメント：開発事業に先立って，その事業がもたらす環境への影響（公害防止7項目，自然環境の保全に係わる5項目）の中から必要項目の調査，予測，評価を行うこと。

　　　　　　　　よって慎重に車道中心線（法線）を決定する。

　自転車道……自転車道は，周辺の環境が良好で，多少回り道でも無理のない縦断こう
　　　　　　　配，幅員が確保でき，展望地点，休憩地が設置されていることが望まれ
　　　　　　　る。

(d)　運輸施設

　運輸施設は，ロープウェー，ケーブルカー，船舶などの周辺施設として，駐車場，駅舎，桟橋，取付け道路などを計画的に設置することが必要である。

（4）届出，許可，植栽などの保護と行為の規制

　自然公園内の特別地域，特別保護区，海中公園地区，普通地域における一定行為については，国立公園では環境大臣の，国定公園では都道府県知事の許可，届出を必要とする。

　特別地域内で行う行為のうち，次の各号に掲げられる行為は，許可を必要とする。

① 工作物を新築し，改築し，又は増築すること。
② 木竹を伐採すること。
③ 鉱物を掘採し，又は土石を採取すること。
④ 河川，湖沼等の水位又は水量に増減を及ぼさせること。
⑤ 環境大臣が指定する湖沼又は湿原及びこれらの周辺1キロメートルの区域内において，当該湖沼若しくは湿原又はこれらに流水が流入する水域若しくは水路に汚水又は廃水を排水設備を設けて排出すること。
⑥ 広告物その他これに類するものを掲出し，若しくは設置し，又は広告その他これに類するものを工作物等に表示すること。
⑦ 屋外において土石その他の環境大臣が指定するものを集積し，又は貯蔵すること。
⑧ 水面を埋め立て，又は干拓すること。
⑨ 土地を開墾し，その他土地の形状を変更すること。
⑩ 高山植物その他これに類する植物で環境大臣が指定するものを採取し，又は損傷すること。
⑪ 山岳に生息する動物その他の動物で環境大臣が指定するものを捕獲し，若しくは殺傷し，又はその指定動物の卵を採取し，若しくは損傷すること。
⑫ 屋根，壁面，塀，橋，鉄塔，送水管その他これらに類するものの色彩を変更すること。
⑬ 湿原その他これに類する地域のうち環境大臣が指定する区域内へ当該区域ごとに指定する期間内に立ち入ること。

⑭　道路，広場，田，畑，牧場及び宅地以外の地域のうち環境大臣が指定する区域内において，車馬若しくは動力船を使用し，又は航空機を着陸させること。

⑮　前各号に掲げるもののほか，特別地域における風致の維持に影響を及ぼすおそれがある行為で政令で定めるもの。

特別保護地区内で行う行為のうち，次の各号に掲げられる行為は，許可を必要とする。

①　前述の特別地域内における許可を必要とする行為のうち，①〜⑥，⑧，⑨，⑫，⑬の行為。

②　木竹を損傷すること。

③　木竹を植栽すること。

④　家畜を放牧すること。

⑤　野外において物を集積し，又は貯蔵すること。

⑥　火入又はたき火をすること。

⑦　木竹以外の植物を採取し，若しくは損傷し，又は落葉若しくは落枝を採取すること。

⑧　動物を捕獲し，若しくは殺傷し，又は動物の卵を採取し，若しくは損傷すること。

⑨　道路及び広場以外の地域内において車馬若しくは動力船を使用し，又は航空機を着陸させること。

⑩　前各号に掲げるもののほか，特別保護地区における景観の維持に影響を及ぼすおそれがある行為で政令で定めるもの。

海中公園地区内で行う行為のうち，次の各号に掲げられる行為は，許可を必要とする。

①　前述の特別地域内における許可を必要とする行為のうち，①，③，⑥の行為。

②　熱帯魚，珊瑚，海そうその他これらに類する動植物で，国立公園又は国定公園ごとに環境大臣が農林水産大臣の同意を得て指定するものを捕獲し，若しくは殺傷し，又は採取し，若しくは損傷すること。

③　海面を埋め立て，又は干拓すること。

④　海底の形状を変更すること。

⑤　物を係留すること。

⑥　汚水又は廃水を排水設備を設けて排出すること。

普通地域内で行う行為のうち，次の各号に掲げられる行為は，届出を必要とする。

①　その規模が環境省令で定める基準を超える工作物を新築し，改築し，又は増築すること。

② 特別地域内の河川，湖沼等の水位又は水量に増減を及ぼさせること。
③ 広告物その他これに類するものを掲出し，若しくは設置し，又は広告その他これに類するものを工作物などに表示すること。
④ 水面を埋め立て，又は干拓すること。
⑤ 鉱物を採取し，又は土石を採取すること。
⑥ 土地の形状を変更すること。
⑦ 海底の形状を変更すること。

2．3　その他の公共造園計画

(1) 道路付帯の造園

道路付帯の造園は，主体の交通を円滑に利用できること及び道路造成の周辺に悪影響がないように植栽，空間などを計画的に配置する。視覚が明暗に順応するようトンネルの前後に緩衝植栽*を設けたり，目障りなものを隠す遮蔽植栽などもその一例である。

(2) 公共処理施設の造園

公共処理施設の造園は，給・排水，ごみなどの処理施設の周辺環境を特に清潔に保持する必要から設けられる施設である。これらの施設は近年重要視されてきており，植栽，修景施設を設置することによって効果をあげている例が多い。

(3) 公館，事務所などの造園

公館，事務所などの造園は，市街地の官公庁や事務所の建築物の前庭・中庭などで構成する重要な施設である。役所，企業のイメージ向上のためにも，各種造園手法を用いて計画的に進められている。最近多くなった高層建築物の周辺，特に前庭，屋上部分などについては計画当初から積極的に扱うようになってきた。

第3節　造　園　設　計

造園設計は，計画から実施する段階に近づくにつれ，内容を具体的にかつ明確にすることが求められてくる。それに伴い，解決すべき諸事項や心得ておく項目を整理して設定条件（与条件）として設計内容に反映させる。

---

* 緩衝植栽：工業地帯や高速道路，鉄道，飛行場などに代表されるそれぞれの機能空間から発生する騒音，振動，粉塵などを生活空間に拡散させないように設ける緑地帯，公園緑地などに植えること，又は植えられた区域を指す。

設定条件とは，当該の設計対象地の各種問題点を抽出し，地域特性を知るために調査項目を整理して，土地のポテンシャル（可能性としての能力）と設計目的と実施可能な内容を比較検討し，実施に結びつけることである。

造園作業の特殊な性格として，設計と施工との間には次の問題点がある。

① 地形の複雑な空間に造成する。

② 自然の材料のため規格の寸法に合致し難いものがある。

上記①，②は一例に過ぎないが，設計に当たっては現地の状況を精査し，設計者が十分に把握することが作品の良否を決定付けることにつながる。以上が設計上の共通事項である。表3—5に造園計画・設計から施工へのプロセスを示す。

表3—5　造園計画・設計から施工へのプロセス

造園計画・設計から施工へのプロセス	成果品など
①現地の状況分析	現状データの分析と説明書
②計画のコンセプト（方針）の樹立	基本構想図（コンセプトの整理）
③計画図案の作成 ┐ 　　　　　　　　　├ コンセプト要望など ④詳細部分設計　 ┘	基本計画→基本設計
⑤実施設計図	詳細設計・実施設計
⑥積　　算	設計図書
入　　札	落　　札
⑦施　　工	工事工程表・作業図など
⑧出来型設計図	実施設計図書
竣　　工	竣工報告
⑨竣工検査	竣工図書・竣工写真
⑩完　　了	工事完了報告

・これらは事業規模，工事内容によって異なる。
・途中，材料検査など中間検査その他は省略。

3．1　都市公園の設計

都市公園を中心とした公共造園の実施は，契約をもってはじまる。契約は設計図書によって，構造，材料，形状寸法，数量，工費，工期などが詳細に明記され，これらについては厳しくチェックされる。工事としては材料を集め遅滞なく竣工することが必要である。

特に造園工事の特殊性として，設計材料と調達された材料のイメージが相違することもある。

植物材料では，個々の形状寸法を充足させることはもちろんのこと，設計のイメージを忠実に具体化し，しかも病害虫に冒されてなく，植物体として健康で活着後の生育も良好であることが望まれる。自然材料の中でも，景石（けいせき）などは設計時のイメージを尊重するものであるので，設計者は材料調達と施工現場に精通しておくことが大切である。

また，現在手法が具体的に確立されていないが，自然との共生を求めたビオトープ（Biotope；独），ハビタット（Habitat；英）と呼ばれている生物生息空間の創設について関心が高まっている。そして身近で豊かな自然地域を創出する試みが行われている。これをさらにネットワーク化しようとしている。

緑豊かという場合，そこに生息する生物相[*1]も豊富であることが目標となっている。生物多様性の保護と，多様な環境空間の創出を図ることによって，精神的な豊かさと同時に人間性の回復にも役立てたいとするものである。

3.2 自然公園の設計

自然公園の森林の取り扱いについては，森林施業案ないし施業細目に記載して方針を定める。また，利用に関する設計については「公園計画」を基本に，細部の施設設計では風致に調和するため，デザイン・ポリシーとして自然の法則に従うことが望まれている。

自然の法則とは，その地域特性そのものであり，これらに的確に対応するデザインである。例えば，建物の屋根の部分は降水，降雪量などからこう配，材料が決められる場合が多い。山岳の厳しい気象条件では，これらに耐える形態，構造が必要となる。また，長年の生活から生まれた民家など土着のデザインに反映され，その地方特有の外観を形づくっている場合が多く，自然条件がデザインに影響を与えて山岳特有の雰囲気を持っている。したがって，山岳地の急こう配の屋根を持った建築物がイメージとして一般に固定され，こう配屋根を求めるようになる。

このほか，自然公園施設のうち，保護のための施設に砂防施設があり，このうちに「庭園砂防[*2]」と呼ばれるものがある。

[*1] 生物相：ある地域内に生育する生物の全種類を指す。ここでは，緑とともに生物が生息しやすい環境である結果として，多様な生物を想定している。

[*2] 庭園砂防：広島県厳島は景勝地として風致的砂防工事が50年以前に施工され，現在でも効果が続いている。庭園的石組手法が用いられた施設である。今後も各地で試みられる施設のモデルとしても適当である。

第4節　作庭技法

　庭園の設計については，前記公園などとは異なった繊細な作庭技法が必要であると同時に，庭園にはストーリー性が望まれる。作庭技法は公園の部分的技法としても応用することができる。

4．1　庭園美の要素

　庭園美を構成するためには，いろいろな要素が必要である。この要素と考えられる主なものをあげると次のものがある。

(1)　借　　景

　借景とは，敷地外の遠景の山，海，森林，河川，ふさわしい家並み，これらを庭園の風景の一部として取り入れて，奥行きのある大きい庭園風景を求めることで，その対象として適当なものを選んでこれを有効な位置に生かす手法である。

図3−2　借景（京都の無鄰庵では東山を大きく取り込んであり，借景が重要な役割を持っている。）

(2)　縮　　景

　各地の風景や名所を箱庭のように縮小して取り込む庭園技法の1つ。縮景では実物そのものをそっくり模すのではなく，その趣を十分生かせるように象徴化，抽象化して庭園全体の風景の中に違和感なく溶け込ませることが必要である。江戸時代の大名庭園で盛んに

取り入れられ，小石川後楽園，桂離宮庭園などにも見られ，西湖の堤，天の橋立などの名所が取り入れられている。

(3) 通景線（ビスタ）

通景線とは，一定の軸線と樹木などによる「しぼり」効果を持つ風景構成の手法である。見透線を仮定しこの線の周辺に植栽し，しぼりの効果によって距離感を深く認識させるように効果を高めることである。また，軸線に沿って整然と配置して効果を高める場合もあり，この手法は整形風庭園，自然風庭園でも共通している。

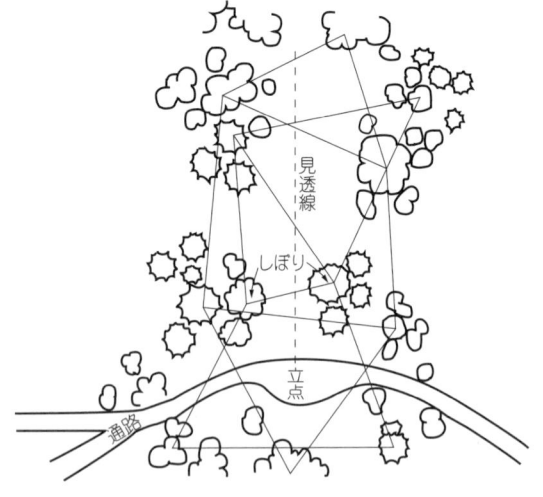

図3−3　通景線

(4) 障り

障りとは，簡単にいえばあからさまに見せないようにすることである。例えば，灯障りといえば石灯籠に灯を点じ，灯口に枝先の細かい枝がさしかかるように植栽する。これらは，自然風の池の周辺，滝の周辺にも共通する手法であり，江戸時代にまとめられた役木（役所の木）のうちの1つであり，奥ゆかしさと落ち着きを持たせるために欠かせない方法である。

(5) 明・暗

庭園の表情は，樹木の植え方によって変化し，さらに深まるものである。その変化の1つにこの明・暗がある。回遊式庭園では，園内を歩くと急に開けた明るい風景に出たあと，暗い，木漏れ日の山道が続く，というように景が展開することで，景色は明暗によって呼吸するといわれている。明るい芝生と緑陰の暗部との組み合わせによって効果が高まる。

第5節　計画・設計の表現手法

造園製図は，施工の実施に向けての詳細にわたる作業について伝達していくために必要な手段である。

現在，造園製図にもパソコンを用いてCADが発展しているが，基本は手描きである。本節では平面図，透視図について基本的な描き方を重点的に示す。

アイデアを具体的な形にするために，綿密で正確な作業の習慣が必要である。このため

造園製図を教科として取り上げるとき図学と造園製図実習で構成される。これは仕事の手順を理解するために必要である。

(1) 造園製図の目的
① 作品をつくるため設計内容を設計者から施工者へ伝えること。
② 設計内容を検討すること。
③ 所要材料の数量を的確に算出すること。
④ 所要経費を算出すること。
⑤ 施工期間を算出すること。

(2) よい図面の8項目
① 分かりやすいこと。
② 線や文字が簡潔で読みやすいこと。
③ きれいで無駄な線がないこと。
④ 表示方法が統一規格にもとづいており互いに了解できること。
⑤ 造園工事を熟知し，表現してあること。
⑥ 図面で，積算や材料，構造，数量が分かること。
⑦ 図面によって施工・管理が的確にできること。
⑧ 施工に当たって設計変更が少ない図面であること。

(3) 造園図面の意義
① 造園作品を実現させるため，依頼者，設計者，施工者相互の間で了解し，正確に伝わること。
② 設計者は，現地を精査し，現況，データなどによって，イメージしたものをアイデアを形にし，素案から完成設計図にまとめ仕上げていくこと。
③ 所要材料，労務によって経費の算出を図ること。設計した内容の材料費，運搬費，加工費，建設費の算出を的確に行い，併せて工期の決定を行うことができること。

5.1 図面の種類

公共造園では，材料と数量，規模，構造にわたって正確さが要求される。標準的な公園に必要な図面の種類を表3—6に示す。

小規模の街区公園では，実施設計となると，16種類の図面の成果品が必要となる。これが総合公園では20種類の成果品が必要となり，図面の枚数は増加し複雑になる。したがって，図面相互の統一性や整合性も要求される。

表3－6　標準的な公園に必要な図面の種類

成果品 \ 名称	街区公園 基本計画	街区公園 基本設計	街区公園 実施設計	近隣公園 基本計画	近隣公園 基本設計	近隣公園 実施設計	地区公園 基本計画	地区公園 基本設計	地区公園 実施設計	総合公園 基本計画	総合公園 基本設計	総合公園 実施設計	運動公園 基本計画	運動公園 基本設計	運動公園 実施設計
基本計画平面図	○			○			○			○			○		
基本設計平面図		○			○			○			○			○	
実施設計平面図			○			○			○			○			○
主要断面図		○			○			○			○			○	○
主要施設の基本図		○			○			○			○				
造成計画平面図					○			○			○				
造成平面図						○			○			○			○
横断位置図						○			○			○			○
横断図						○			○			○			○
施設配置図						○			○			○			○
主要部分詳細図						○			○			○			
植栽計画平面図	○			○			○			○			○		
植栽平面図						○			○			○			○
植栽詳細図						○			○			○			○
排水系統図				○			○			○			○		
排水平面図						○			○			○			○
排水縦断						○			○			○			○
排水詳細図						○			○			○			○
給水系統図	○			○			○			○			○		
給水平面図						○			○			○			○
給水詳細図						○			○			○			○
電気系統図	○			○			○			○			○		
電気配線平面図						○			○			○			○
電気詳細図						○			○			○			○
施設詳細図						○			○			○			○
構造物詳細図						○			○			○			○
園路平面図						○			○			○			○
園路縦断						○			○			○			○
建築物詳細図	別途														

　造園計画，設計，施工などに関する図面は，縮尺を選んで表現する場合が多く，その縮尺の標準は下記による。

- 1／50000…土地利用計画など
- 1／25000…公園緑地の配置計画など
- 1／10000…地域のランドスケープ計画など
- 1／3000 …300ha規模以上の造園空間（大規模公園やレクリエーションエリア）の基本計画など

- 1／1000 …100ha 前後の造園空間（団地計画）の基本計画など
- 1／500 …30ha 以下の造園空間（都市基幹公園）の基本設計，基本計画など
- 1／200 …公園の実施設計計画など
- 1／100 …小公園，広場の実施設計など
- 1／50 …庭園，緑道などの実施設計
- 1／20 …造園施設の詳細図
- 1／10, 1／5…部分詳細図

なお，小規模の場合，分かりにくいものにあっては，拡大して作図する場合がある。

5．2　工事に伴う作図

図面は，一般的に次の順序で作図することとなる。

a．現況図（実測平面図）

現況図とは，対象地の地形，地質，植生，景観の状況，利用の動線，到達性，給・排水，給電の様子が分かるものをいう。特に敷地の植物生育状況の可，否が分かるようにする。

b．エスキス（構想図）

エスキスとは，実測平面図を基にして，構想を平面図又はイメージを図に描き入れることである。

c．全体計画平面図

全体計画平面図とは，縮尺によって構想から次第に明確に，位置，規模を決めるために必要な図面である。同時に施設及びその周辺の取り合いと，植栽の種類を決め，植栽図が複雑になる場合は，上木（高木）と低木（灌木）を別図（枚数を増やす）にすることがある。

d．局部的詳細図

局部的詳細図とは，前記の平面図の各局部ごとに必要に応じて作成して，全体から見た局部について決めていく図面をいう。相互の連絡などで食い違うことがないようにする。

e．透視図

透視図とは，前記 c．〜 d．までが終了したのち，立体的に把握して不都合のないように確認やプレゼンテーションによって相手に説明し，施工に結びつけるように平面図，立面図を基に作図する図面をいう。

f．変更設計図

変更設計図とは，当初，設計図書で請負残金や工事経過で原設計と現地との間に不都合が生じた場合，作図で是正した設計変更図面をいう。

g．竣工図

竣工図（しゅんこうず）とは，工事が完成した場合のでき形図＊であって，竣工検査，工事竣工額の算定などの基礎ともなる図面である。これは写真とともに保存されることが多い。

5.3 平面図の種類と表現方法

最初に基本となる平面図を整備することからはじめる。以下に平面図の作図の仕方と留意点，種類と内容，樹木の描き方などについて示す。また，参考資料（179ページ以下）を参照にしながら進められたい。

(1) 平面図の作図の仕方と留意点

① 図面の目的別の表現方法を決めること。
② 数枚で，ひとそろいのセットになる場合，表現の統一性を持つこと。
③ 1枚の図面の中で，表現の精度の高い部分と，簡略化や省略表現ができる部分を決めておくこと。
④ 強調して表現する部分をあらかじめ決めておくこと。
⑤ 造園の図面ではフリーハンドによる表現が有効な場合が多いので留意すること。
⑥ 図面効果を念頭に，例えば文字の位置，大きさ，書体などに注意すること。

(2) 平面図の種類と内容

a．位置図

位置図とは，事業の対象地の位置を示す図面である。到達しやすいように主要交通網や目標となるランドマークを記入する。

b．案内図

案内図とは，位置図によって到達し，対象の敷地周辺の状況を表示した図面である。

c．現況図

現況図とは，計画敷地の状況を精査し，概括的にまとめた図面である。現況地盤高，法面（のりめん）の位置を表示する。

＊ でき形図（竣工図）：設計，施工と経過をたどったのち，竣工した内容と図面は同様の内容を示すことが必要であり，その図面のことである。

d．計画平面図

計画平面図とは，計画の一般的平面図で，総括的に網羅したもの。

e．求 積 図

求積図とは，敷地の面積を三斜法[*1]などで正確に表した図面である。計算表が添付される。

f．施設配置図

施設配置図とは，関係の土木，建築，造園の各施設の位置，形，規模を示した図面である。記号，名称，形状寸法，数量，単位を記入する。

g．割付け平面図

割付け平面図とは，施設配置図の詳細な図面である。施工に当たっての施工図はこの割付け平面図を元にして作成され，丁張り(ちょうば)がなされる。

h．造成平面図

造成平面図とは，基礎的な地盤の造成にかかわる平面図である。現況と計画の地盤高を比較検討できるようメッシュ（格子）によって，盛土，切土の量，位置の詳細を表した平面図であり，造成断面図が併用される。

i．設備平面図

設備平面図とは，系統による表示が必要な，給・排水，電気などの諸設備の平面図である。給・排水系統図では，管の材質，管径，長さ，止水栓の位置，種類，側溝，人孔（マンホール），枡(ます)などの位置を記入し，特に排水ではその方向などを明記する。

j．植栽平面図

植栽平面図とは，植栽関係の平面図である。樹木，地被，草花関係と高木，中木，低木をそれぞれ分けた図面で表示する場合がある。植物名，形状寸法[*2]（H，C，W），数量，単位，風除養生の方式，客土の要・不要などを示す。なお，植物名の表示は片かな書きを原則とする。

（3）樹木の描き方（平面図）

樹木の描き方は，枝張りの大きさを表示し，おおよそ中央部に根元の位置を表示する。
枝張りはその大きさで表し，常緑広葉樹，針葉樹，落葉樹などで表示の仕方を変え，枝

[*1] 三斜法：面積計算法の１つで，敷地を図上で三角形に分割し，各三角形の底辺と高さを測り，各面積を計算し，最終的に合算して，敷地の面積を表示する。

[*2] 形状寸法：樹木の高さは地際から木の梢(こずえ)までの寸法（m）を，Hで表示する。樹木の目通り高（地盤から1.2m）の幹周りの寸法（m）をCで表し，枝張りの直径の寸法（m）をWで表すことに決められている（図3－4）。

張りで囲まれた中に，樹木名，高さ，枝張りなどの大きさを記入する。それに木の形として双幹，株立ちなど設計者の意図することを的確に記入表示して，施工者が役に立つようにしておく。

（4） 樹木製図上の注意

① 平面と立面の対比は図3—4のようにすること。

② 記号によって常緑・落葉・針葉樹などの区別をして，それが紛らわしくないこと。

③ 枝張りの大きさを縮尺でとること。

④ 樹木名，樹高，幹周りを複雑にならない程度に統一した位置に記入すること。

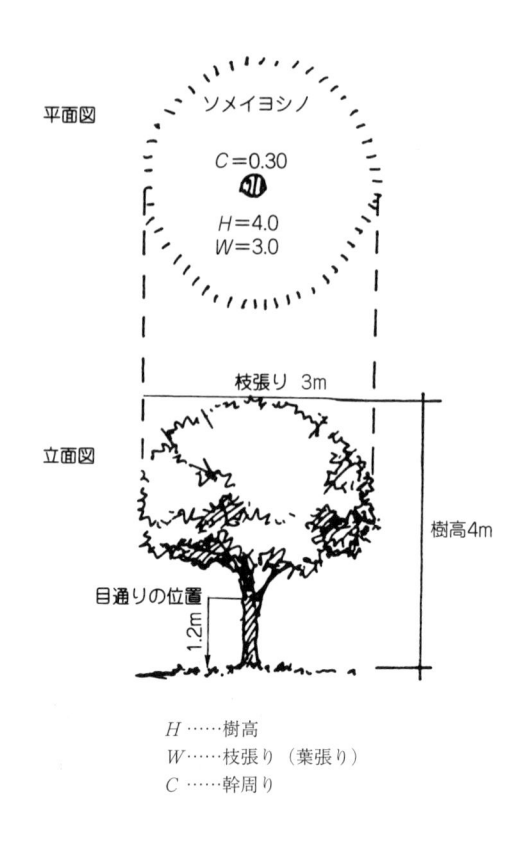

平面図　ソメイヨシノ　$C=0.30$　$H=4.0$　$W=3.0$

立面図　枝張り 3m　樹高4m　目通りの位置 1.2m

H……樹高
W……枝張り（葉張り）
C……幹周り

図3—4　平面図と立面図の対比

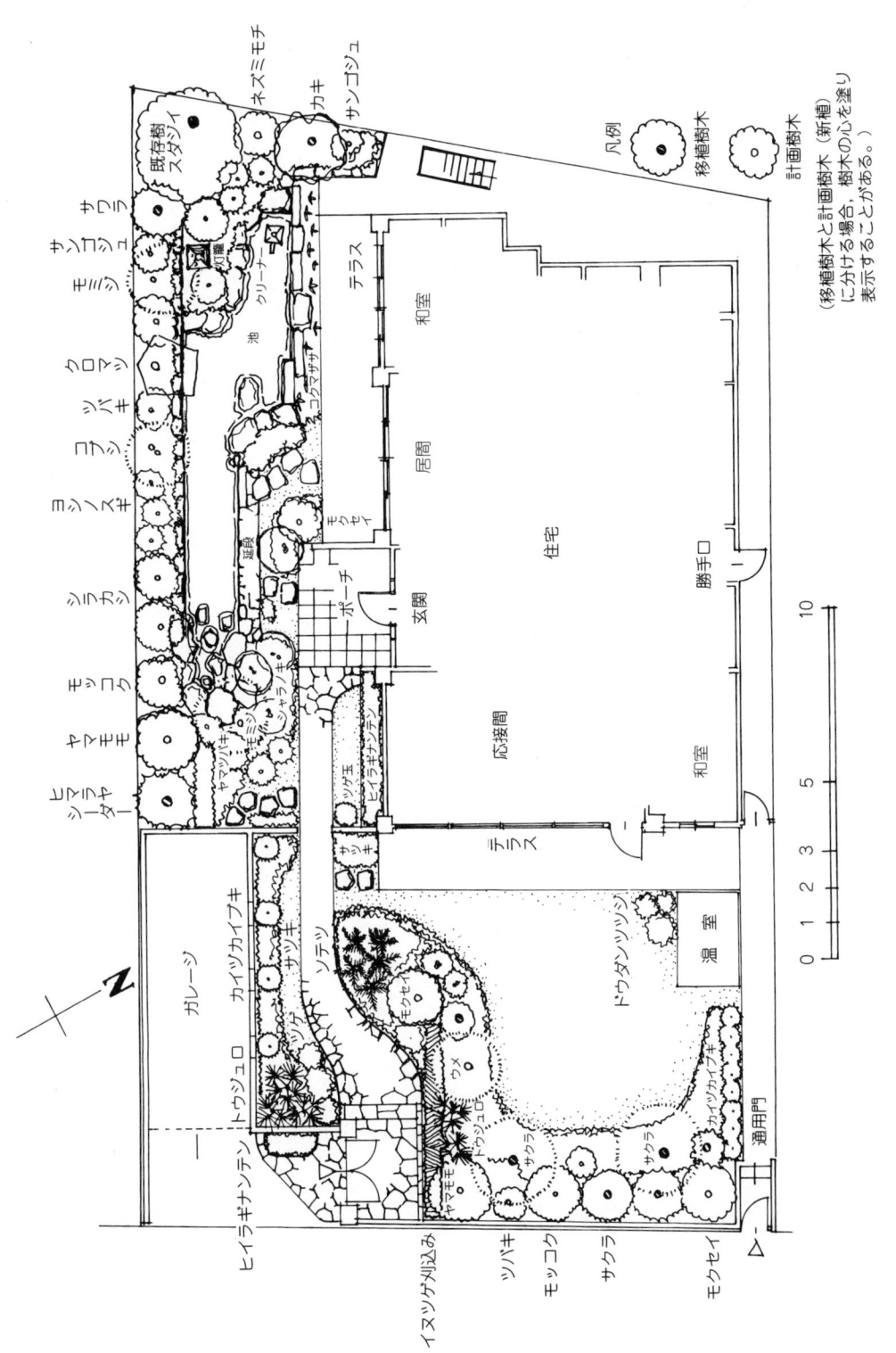

図3-5 住宅庭園平面図の例

5．4 プレゼンテーションの方法

計画，設計した内容を分かりやすく，伝達表現（プレゼンテーション）する方法としては，透視図，モンタージュ写真，模型，ビデオ（モデルスコープ），コンピュータ・グラフィックス（ＣＧ）などがあげられるが，それぞれ使いやすさと特色がある。ここでは用途も広い基本的な透視図について示す。

（1）透視図（Perspective drawing）

透視図とは，図法幾何学の範囲にある透視投影図によって描いた図のことをいう（ここでは簡便な透視図法を使用する）。

描こうとする物体と，これを見る目との間に画面を立て，この画面に写る物体の像をその物体の透視図（省略してパース）という。また，その像を描く方法を透視図法といい，この方法では画面に近いものは大きく，遠いものは小さくなって現れる。遠い最終の点は消点として一点に集まり，この消点の数によって，一点透視図，二点透視図，多点透視図と呼ばれる。

立体のＡ点を透視図で表現する理論は図３―６のとおりである。

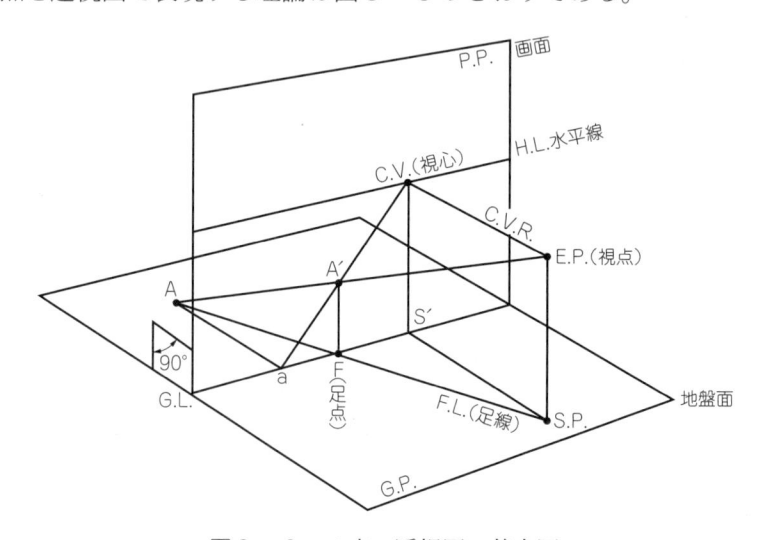

図３―６　Ａ点の透視図の基本図

一般に透視図を描く場合，省略記号を使用するので，その位置，表示する内容を知っておくことが大切である。

　　G.P.（Ground Plane）基盤面，地盤面

　　G.L.（Ground line）基線

　　S.P.（Standing Point）足点（F）

F.L.（Foot Line）足線

E.P.（Eye Point）視点（E）

C.V.R.（Central Visual Ray）主視線

P.P.（Picture Plan）画面

H.L.（Horizonal Line）水平線

V.P.（Vanishing Point）消点

C.V.（Center of Vision）視心

(2) 一点透視図の手法（平面図1／200使用）

① H.L., G.L., P.P.を図3—7のように引き（図3—6の基本図とは位置関係が異なるが，この方ができた透視図が大きくなる），描こうとする平面図を位置付ける（張り付ける）。

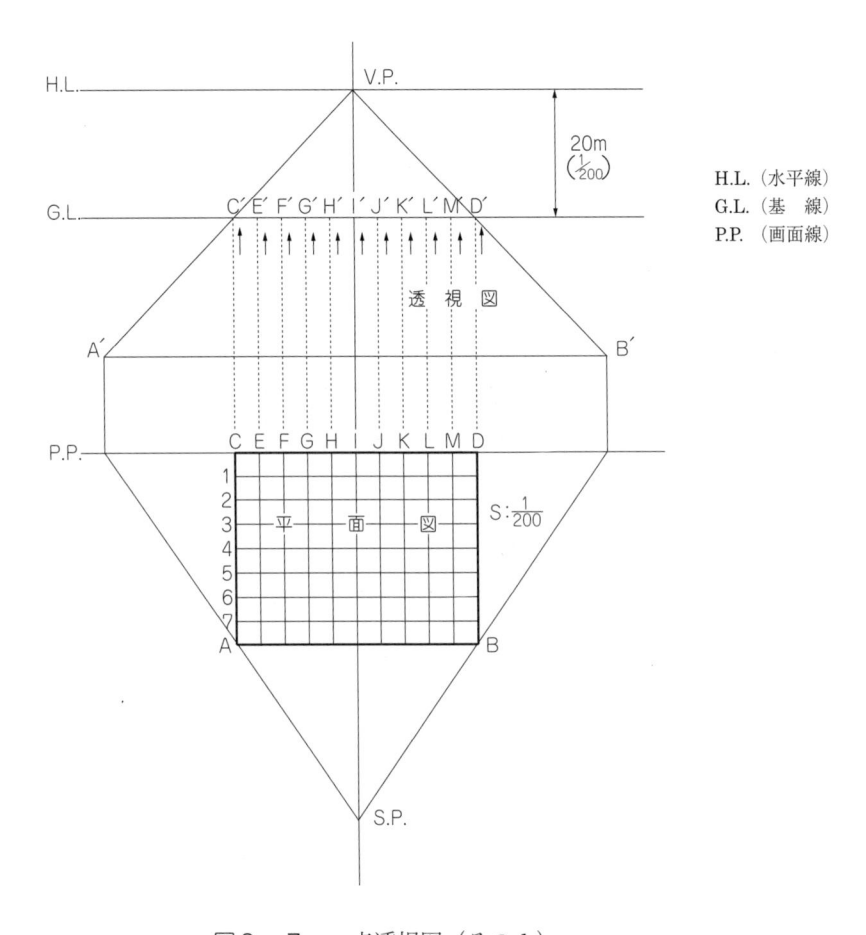

図3—7 一点透視図（その1）

この方法は，P.P. 線より手前に平面図をおいた場合であるので，原図より拡大された透視図となり，描きやすい。H.L と G.L. との高さを，1／200で20mとすれば，20mの高さから見下ろしていることになる。視点のS.P. をとった場合，H.L. 線上の真上に V.P. をとる。したがってS.P. が右に移れば，V.P. も H.L. 線上で右に移ることになる（図3－7）。

② あらかじめ平面図に入れておいたグリッドの点をG.L. 線上に移し，この各点とV.P. とを結び延長し，またS.P. と1，2，3……の各点とを結びP.P. 線まで延長し，P.P. 線から垂直線を立てて，平面図上のグリッドを透視図につくる（図3－8）。

平面図のグリッド内の各点を透視図のグリッドの各点に移し，透視図の平面的位置はとれたことになる。

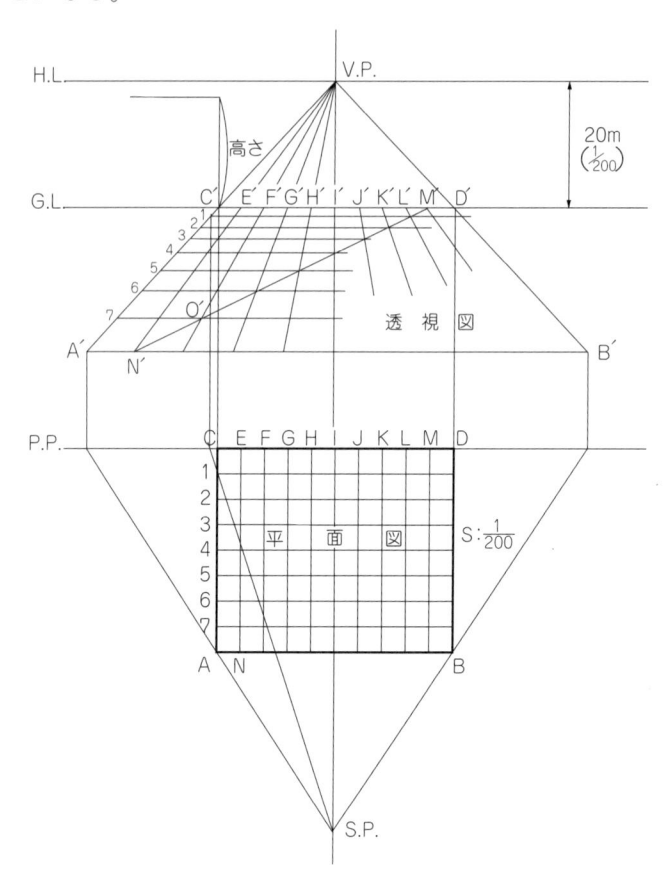

図3－8　一点透視図（その2）

③ 次に高さをとる。

G.L. 上に縮尺（平面と同様1／200）でとり，この高さを，V.P. と結び透視図上の所定の位置に移してその位置での高さとする。

また，平面図の目盛を縮尺で5mとすれば，透視図上に移したこの目盛も同様5mであり，G.L.線に近い部分は小さく，離れれば次第に大きくなる。

④　平面，高さと輪郭がとれたら，施設や樹木などの配置をおとしていく。

⑤　樹木などは，平面図に従って位置が決定したら，樹形，高さ，枝張りをとる。

　主体の樹木（近景）は克明に描き，遠景になるに従って簡単な仕上げとして，遠近感を持たせる。

　また1本の樹木から数本の組合せ，さらに上木，中木，灌木などの組合せなどに馴れるためには，実物のスケッチなどで全体の姿，枝のつき方，幹の肌，根元の様子などを見て知っておくことが大切である（図3―9）。

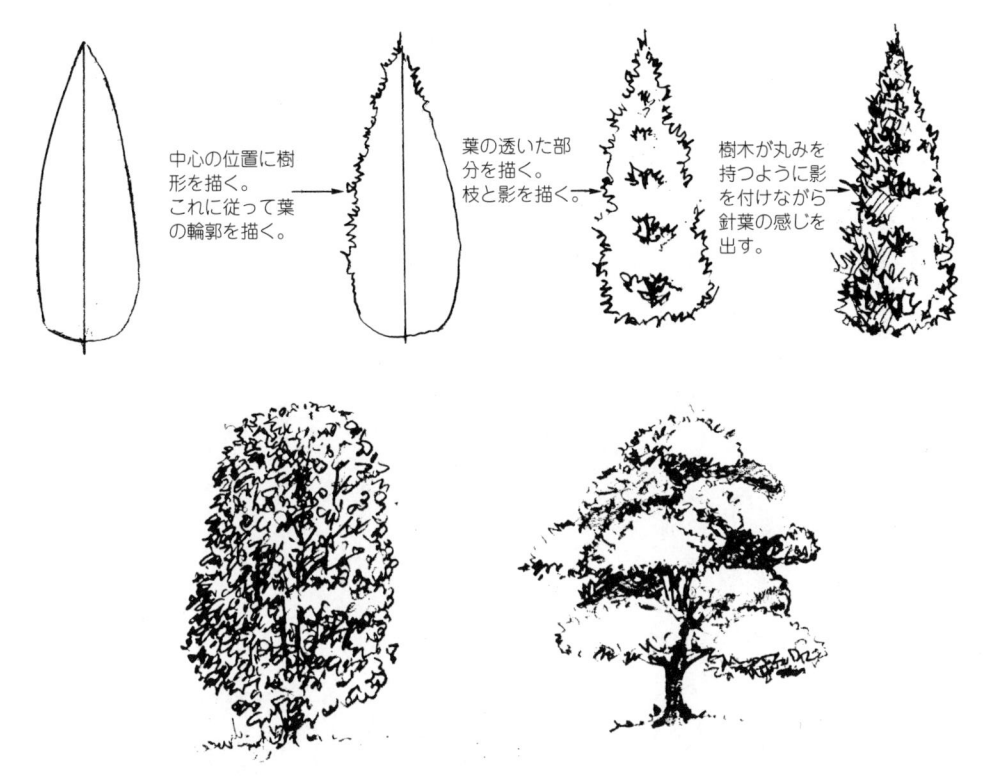

中心の位置に樹形を描く。これに従って葉の輪郭を描く。

葉の透いた部分を描く。枝と影を描く。

樹木が丸みを持つように影を付けながら針葉の感じを出す。

次第に仕上がった樹木の幹の肌，根元の張りを加えていく。

図3―9　作図の順序図

　添景としては，周辺の建築物などによって雰囲気を伝えたり，人を配置することで親しみを与えることにより，図面効果を高めることができる。

　なお，平面図から透視図への例として68～71ページまでを参照する。併せて参考資料190～193ページに掲げてあるのでこちらも参照されたい。

68 造園概論とその手法

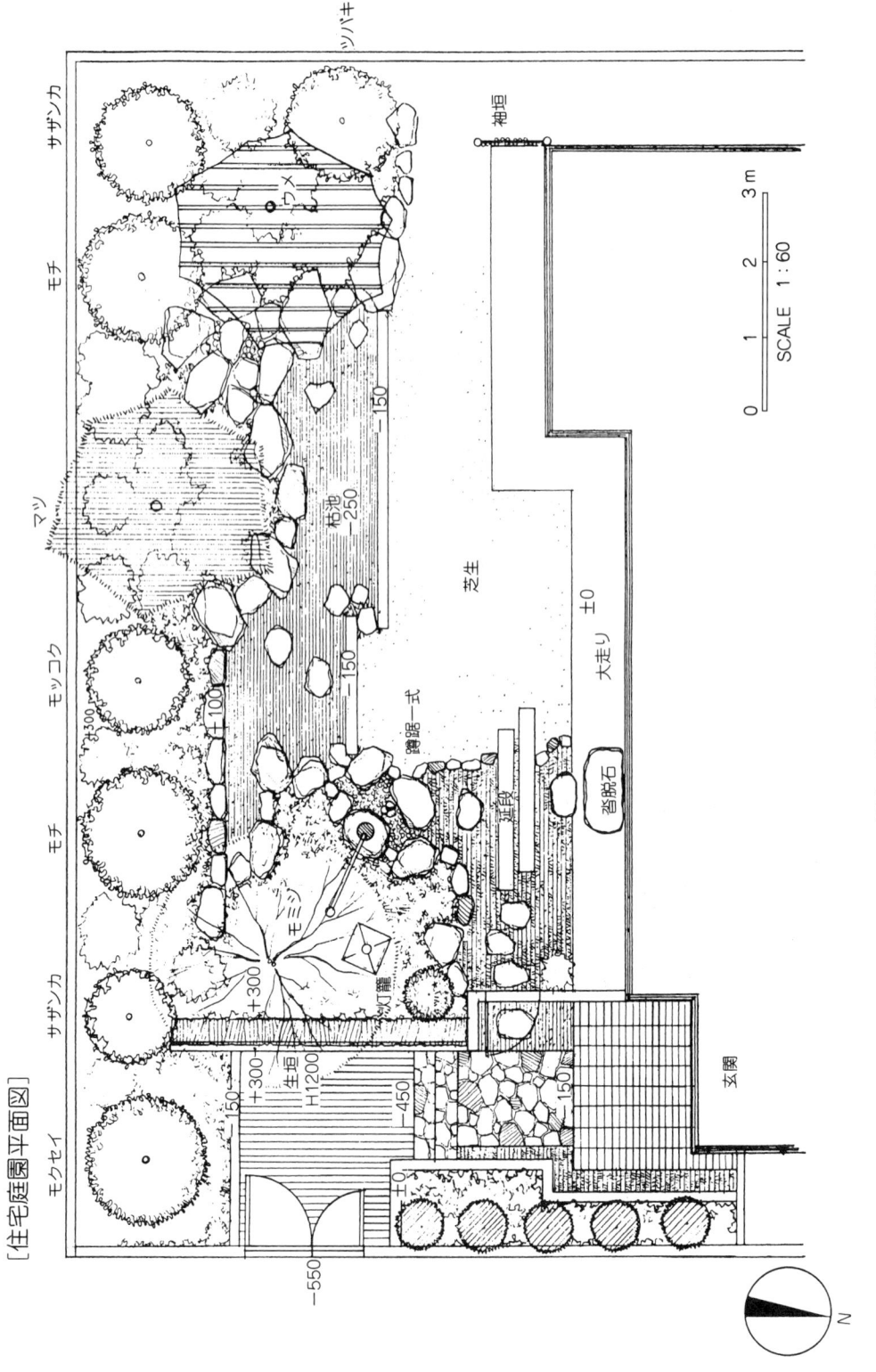

図3-10 住宅庭園作図(1)

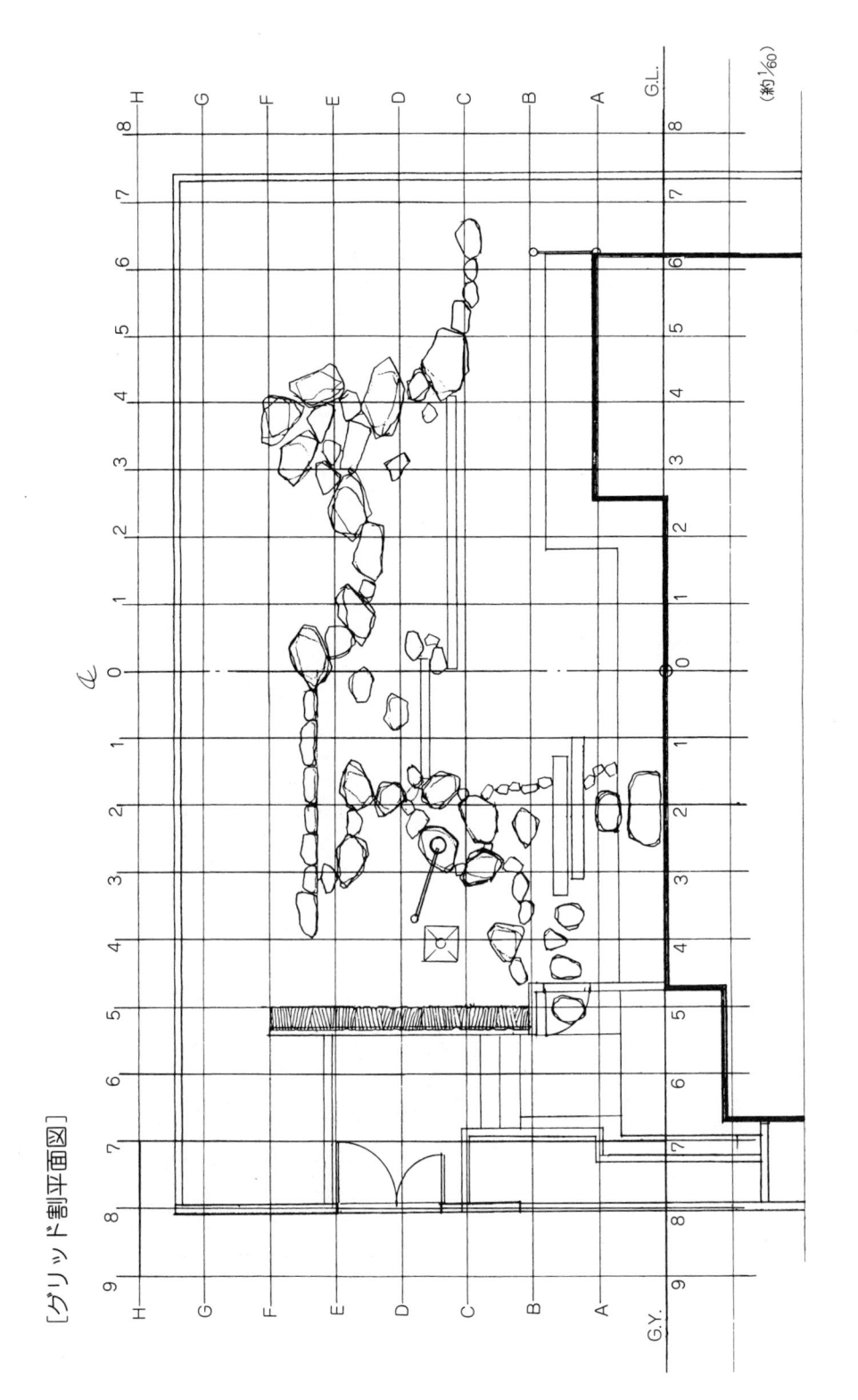

[グリッド割平面図]

図3-11 住宅庭園作図(2) (約1/60)

70　造園概論とその手法

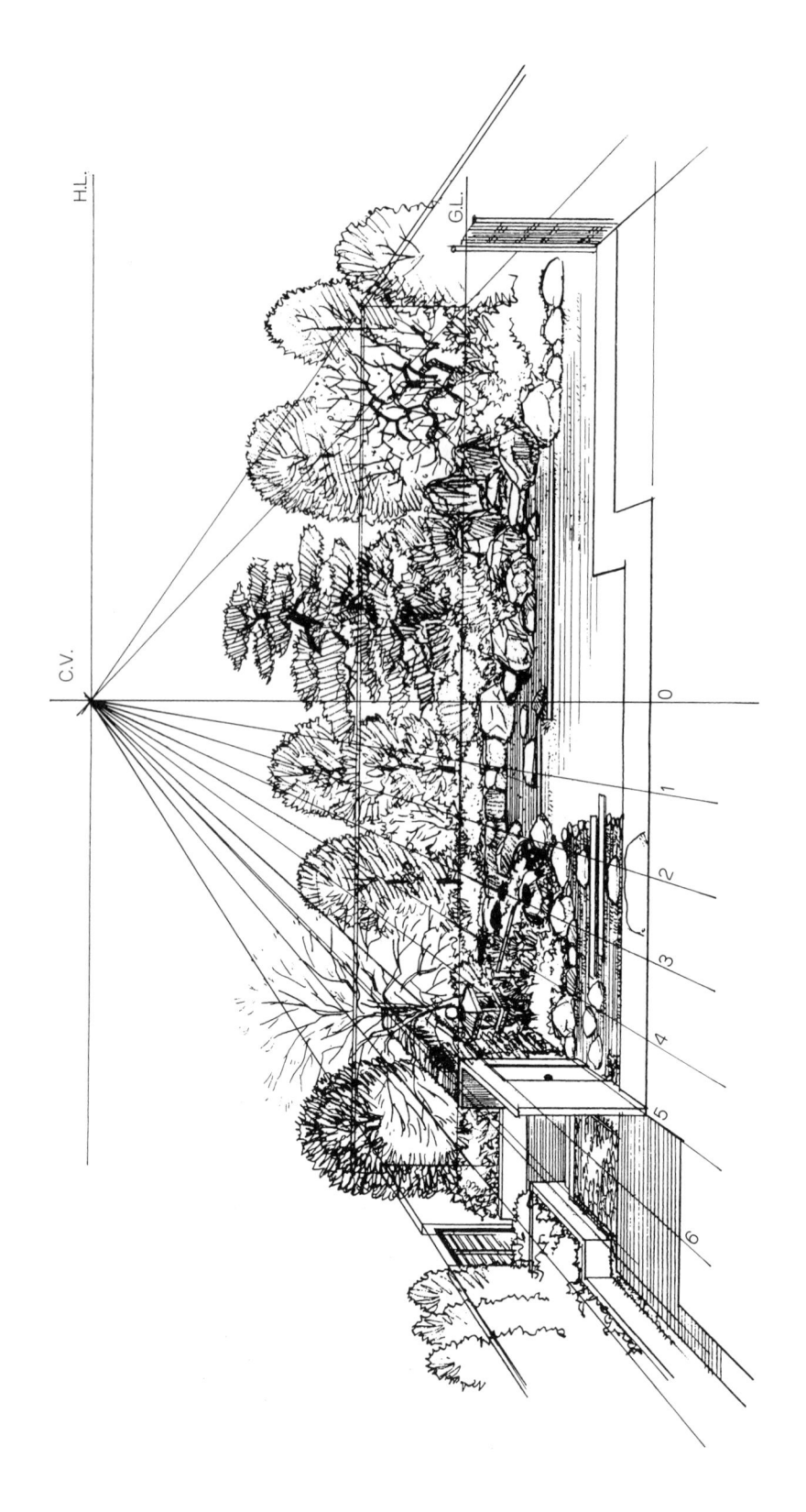

[パース下図]

図3-12　住宅庭園作図(3)

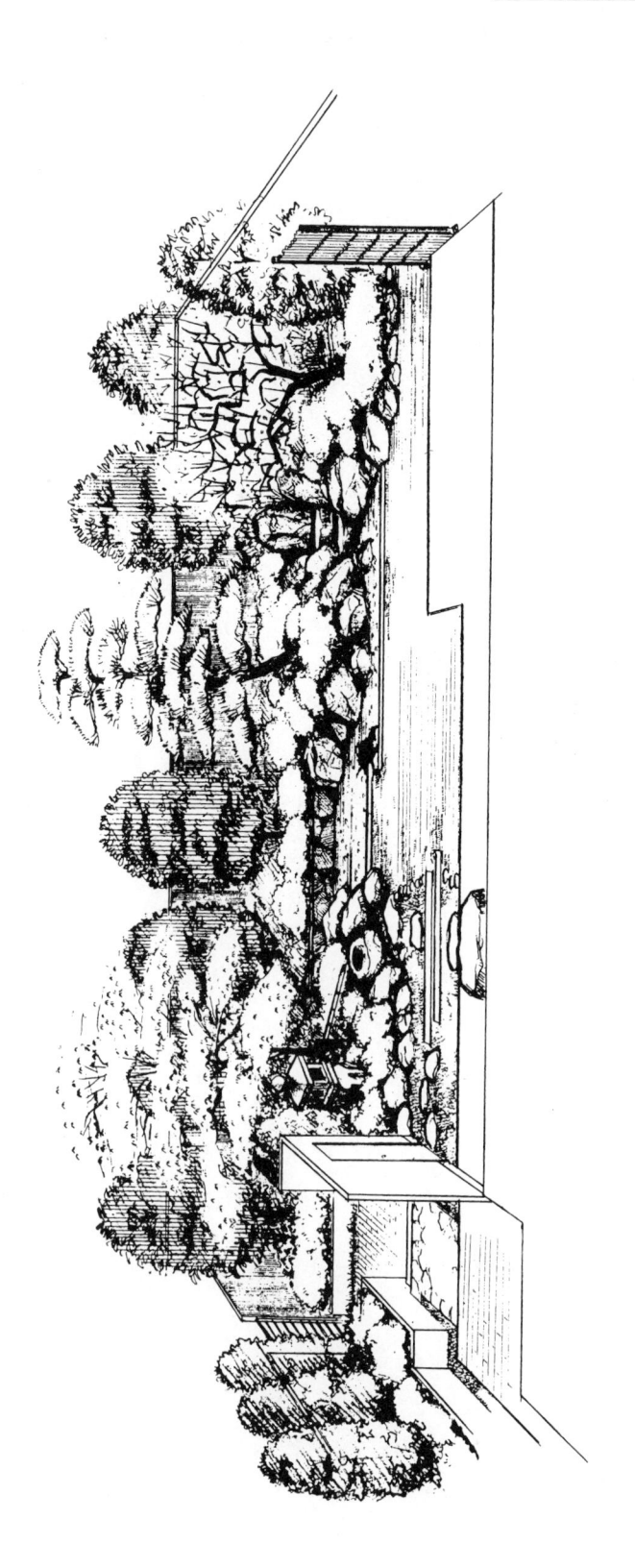

[パース完成図]

図3-13 住宅庭園作図（4）

第3章の学習のまとめ

　計画から設計の段階の区分が，人によって異なる場合がある。庭園は，住宅の周辺を対象にした芸術性が強い分野であり，人に安らぎと感動を与える緑の空間である。庭園では細部の構成が要求され，評価につながる。

・公共性の強い都市の公園緑地は計画性が重要で，都市計画の中の骨格形成，都市環境の改善，防災対策，生活環境の形成などのテーマ性を持った緑の空間であることを理解することが必要である。

・最近は造園事業で，自然環境の復元，創造も行われている。ビオトープ（又はハビタット）と呼ばれる野生生物生息環境の造成を必要と考えるようになってきたことを認識すること。

・これらの考えを表現し，正確につくり出すために計画から細部設計，さらに施工管理までを一貫した思想で統一することが必要となることを理解すること。

・適切な造園作品が，合理的な表現手法と積算によって，設計者の意図する内容が正確に具体化されることがますます必要となってくることを認識すること。

　以上この章では造園計画・設計についてまとめたが，感覚的表現が主体となる庭園については，作庭の技法として細部にわたるまとめと，設計に盛り込むための手法について示した。これらの全てを図面としてまとめ，施工に役立てること。特に平面図及び透視図は重要な手段であるので修得すること。

【練習問題】

（1）次の都市公園の種類に関する組合せのうち，正しいものはどれか。
　①　住区基幹公園：街区公園
　②　都市基幹公園：近隣公園
　③　住区基幹公園：運動公園
　④　都市基幹公園：地区公園

（2）都市公園施設の種類に関する次の記述で，正しいものはどれか。
　①　修景施設には，植栽，池，彫像がある。
　②　休養施設には，日陰棚，ベンチ，キャンプ場がある。
　③　管理施設には，休憩所，掲示板，ごみ処理場がある。
　④　便益施設には，売店，門，水飲場がある。

（3）制限されている運動施設の敷地面積に対する割合として正しいものは，次のうちどれか。
　①　当該都市公園面積の10％を超えないこと。
　②　当該都市公園面積の20％を超えないこと。
　③　当該都市公園面積の50％を超えないこと。
　④　当該都市公園面積の70％を超えないこと。

（4）国立公園の特別保護地区内で行う作業のうち，許可を必要としない作業はどれか。
　①　工作物の改築
　②　地すべり防止の工事
　③　水面の埋め立て工事
　④　木竹の伐採

（5）自然公園において，許可を必要とする行為はどれか。
　①　特別保護地区において，木竹を植栽すること。
　②　特別保護地区において，通常の管理行為であって環境省令で定めるもの。
　③　特別保護地区において，公園事業として行う行為。
　④　普通地域において，水面を埋め立て，又は干拓すること。

第4章

造園植物材料と植栽技術

　造園空間は，生きた植物材料（樹木，タケ，ササ，草花）や，自然材料（岩石，水）などを使用しながら，人の生活に休養や感動を与えるために，環境を創造し，整備する技術でつくったものである。生きた植物材料が季節によって変化し，新緑に，開花に，結実に，さらに冬の空に細かく分かれた枝状を見せる。植物の四季の変化は，他の構成要素とともに見る者に多くの感慨を与える。また，生きた植物材料は人間に生理的影響をもたらすので，その扱い方は重要である。

第1節　植物材料の役割と特性

　造園は，計画に基づいた植栽構成によって，形態的な整備を行うとともに，植物の生理的活動による大気の浄化，気象緩和，防音，その他の環境保全機能に期待して植栽する傾向がある。

1.1　植物材料の特性

　造園工事によって整備される場合，生き物としての植物材料は，次の特殊性を持っている。
① 植物の形状寸法には全く同様なものがない。
　　均一の材料の確保が困難となるので，規格，寸法，形状の表示に幅を持っている。
② 植物によって生育環境が異なっている。
　　植物によって，光，温度，土壌などの好みが違っているため，生育についてはできるだけ細かな配慮が必要である。
③ 植物は時間・季節によって，変化がある。
　　時間変化や，季節変化によって，萌芽*，開花，結実，紅葉，落葉が行われるが，

＊　萌芽：新芽を出すこと。芽吹き。

それぞれ時期が異なっている。
④ 植物の寿命もそれぞれ異なる。

　草本のように，短命のものから，長期にわたり生存するスギ，クスノキ，ケヤキなどがあり，長期間の計画的管理が必要となる。

⑤ 厳しい環境に順応した植物がある。

　マサキ，ウバメガシ，トベラなどは元来，海岸に生育しているので都市に植栽しても大気汚染に強い植物である。

⑥ 植栽方法によって生育環境を構成することができる。

　各種の樹種を組み合わせることによって，総合的な生育環境を構成することも可能である。

1．2　造園材料としての条件

造園材料として望ましい性質としては次のものがある。
① 合目的性……使用目的にふさわしいこと。
② 環境適性……周辺に調和し，適していること。
③ 環境耐性……厳しい条件にも耐えること。
④ 生　育　性……丈夫で生育すること。
⑤ 施　工　性……移植，植栽にも比較的容易なこと。
⑥ 管　理　性……病害虫，剪定にも丈夫なこと。
⑦ 供　給　性……入手が容易な種類であること。

これらを具体的な植物材料としてみると，
① 形態が美しいこと。
② 整姿，剪定ができること。
③ 移植が容易であること。
④ 栽培しやすいこと。
⑤ 病害虫に強いこと。
⑥ 土壌，気象の悪条件でも生育すること。
⑦ 容易に入手できること。
⑧ 人々の好みに合っていること。

などがあげられる。

1.3 造園樹木の規格

造園樹林の寸法・品質の規格については，施工関係で決められていてその内容は次のとおりである。図4－1に樹木各部の名称を示す。

(1) 寸法規格など

a. 樹 高

樹高とは，樹梢*から地際までの垂直の高さをいい，全体の樹形に関係のない突き出た枝や徒長枝を含めない（記号：H，一般にm（メートル）で表す）。

b. 幹周り

幹周りとは，地際から1.2m上りの位置（目通り高という）の樹幹の周りの長さをいう。

図4－1 樹木各部の名称

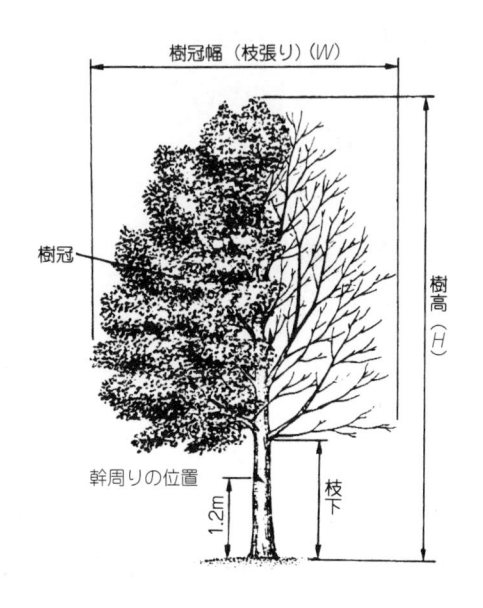

株立ちのものは，測定したそれぞれの幹の周長の総和の70％をその寸法とする（記号：C，一般にmで表す）。

c. 樹冠幅（枝張り）

樹冠幅とは，樹冠の幅の一番広いところの水平の長さ（直径）をいう。また，枝張りともいう。低木では葉張りともいう（記号：W，一般にmで表す）。

d. 枝 下

枝下とは，一番下の主枝の分岐点から地際までの高さをいう。

e. 主 幹

主幹とは，木の中心の幹のことをいう。

f. 主 枝

主枝とは，幹から出て樹冠を形づくっている主な枝をいう。

g. 樹冠形

樹冠形とは，樹冠の側断面の形。その外形を表す線を樹冠線という。

h. 樹冠角

樹冠角とは，樹幹の軸線と樹冠線のなす角度をいう。

---

* 樹梢：樹木のこずえ。

i. 葉　　簇（葉群）

葉簇とは，枝と葉の群形をいう。

j. 樹　　冠（クローネ）

樹冠とは，樹木の梢頭部を構成している枝葉を総称していう。

（2） 品質規格

品質規格とは，樹木の品質の良否の判定で，次の諸点を対象とする。

a. 樹　　姿

樹姿とは，幹や枝ぶりの伸長方向や葉の茂り状態など，全体的な感じでとらえ，樹木の特性，樹齢，手入れの状態などによって生じる固有の形である。自然樹形と対比してその良否を判定する。

b. 樹　　勢

樹勢とは，樹木の葉色，新梢（本年伸びた新しい枝）の伸長量や樹冠内での枝の分布が均等であることをいうが，これは手入れの適否によっても異なってくる。

c. 根　　鉢

根鉢とは，根巻きしてある根部をいう。鉢に土を付け，落とさないように鉢の表面を縄，こもなどで固く巻き締めて根と土の密着を図るのが普通で，これを根巻きという。

根鉢は細根が十分出て全体に回っている場合は，鉢土が堅固でしっかりしていて移植にも耐える。この状態を根鉢ができあがっているといい，普通，根元の直径の4〜6倍をとる。

なお，根鉢の種類としては次の3種類がある（図4—2）。

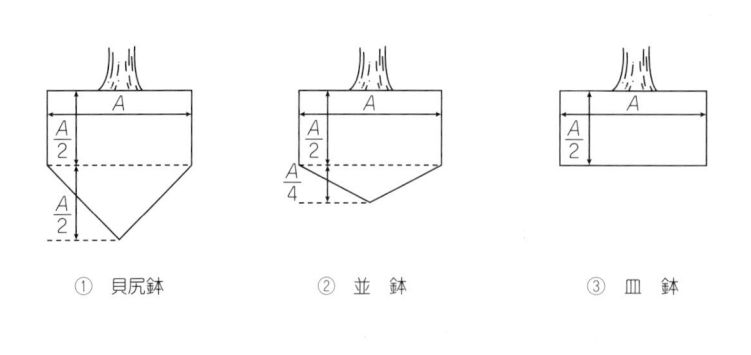

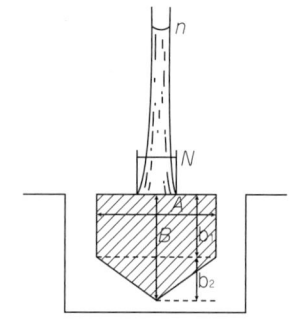

① 貝尻鉢　　② 並　鉢　　③ 皿　鉢

n：幹周り
N：根元幹直径
A：鉢の直径
B：鉢の深さ（b_1，b_2に分かれる）

図4—2　鉢の種類と大きさ

① 貝尻鉢：根が地中深くまで達する深根性の樹木に適用
② 並　鉢：深根性と浅根性の間の中庸性の樹木に適用

③ 皿　鉢：根が地中の比較的浅いところにとどまる浅根性の樹木に適用

　最近の屋上緑化などに使用する樹木は，軽量薄型根鉢といい，栽培の段階から薄層のコンテナで育成されたものである。

1．4　植物材料の種類

　一般の造園工事に用いられる植物材料を，樹木類，地被類，造園用草花類に分け，その主なものをあげる。

(1)　樹　木　類

　造園樹木を葉の形と付き方，樹高別に分けると次のようになる。その他分類には，陽光の適応による分類，特性による分類，観賞部位による分類，用途別による分類などがある。

a．針葉樹（conifer：英）

　針葉樹とは，裸子植物で種子を付けた鱗片状(りんぺん)のものが軸の周りに球状又は円柱状になった実をつける樹木である。通常は常緑であるがまれに落葉するものもある（裸子植物：種子により繁殖する種子植物のうち胚珠がむきだしになっているもの）。

　ギョリュウ，コノテガシワ，ツガ，ナギ，ドイツトウヒ，トドマツ，ニオイヒバ，ラクウショウ，アカマツ，イヌマキ，エゾマツ，カイヅカイブキ，カヤ，クロマツ，コウヤマキ，サワラ，スギ，ヒノキ，ヒマラヤスギ，メタセコイヤなどがある。

b．常緑広葉樹（evergreen broad-leaved tree：英）

　常緑広葉樹とは，暖帯以北の国では春に発芽した葉が落葉するまでの期間が1年を超えるため，年中緑の広い葉をつけている樹木である。高木は高大な生育をするもので，樹高が4m以上の樹木を指すことが多い（アンダーラインは中木としても用いるもの）。

　アラカシ，イチイ，<u>イヌツゲ</u>，ウバメガシ，<u>カナメモチ</u>，キンモクセイ，クスノキ，クロガネモチ，<u>ゲッケイジュ</u>，サカキ，サザンカ，<u>サンゴジュ</u>，シラカシ，スダジイ，タブノキ，ヒイラギ，マテバシイ，モチノキ，モッコク，<u>ヤブツバキ</u>，ユズリハなどがある。

［常緑広葉樹（低木）（evergreen broad-leaved tree(shrub)：英）］

　低木を灌木ともいい，高さ3m以下をいう場合が多い。

　キンシバイ，モンパノキ，ランタナ，アオキ，アセビ，アベリア，カルミア，クチナシ，サツキツツジ，シャリンバイ，ジンチョウゲ，センリョウ，トベラ，ナンテン，ヒイラギナンテン，ピラカンサ，マンリョウなどがある。

c．落葉広葉樹（deciduous broad-leaved tree：英）

　落葉広葉樹とは，暖帯以北の国では春に発芽した葉がその年の冬に落葉する樹木である

（アンダーラインは中木としても用いるもの）。

アキニレ，イタヤカエデ，シナノキ，ナンキンハゼ，ミズナラ，ムクロジ，リョウブ，イヌシデ，エゴノキ，エンジュ，クヌギ，コブシ，シラカンバ，デイゴ，<u>ナツツバキ</u>，ハクモクレン，ハナズオウ，プラタナス，ムクノキ，ユリノキ，<u>ライラック</u>，<u>ロウバイ</u>などがある。

　　［落葉広葉樹（低木）(deciduous broad-leaved tree(sarub)：英)］

　　　落葉広葉樹(低木)には，ウメモドキ，シロヤマブキ，ハマナス，ミツバツツジ，ミツマタ，アジサイ，オオデマリ，シモツケ，ドウダンツツジ，ニシキギ，ハギ，ボケ，ヤマブキ，ユキヤナギ，レンギョウなどがある。

d．つる（蔓）性樹木（vine：英)

　つる性樹木は，直立した幹はなく，幹枝はつる状となって，ほかのものに絡まる又は吸着する植物をいい，支える柱や構造物が必要である。

　巻つる登はん（攀）型：アケビ，ムベ，サネカズラ，フジ

　吸着登はん型：ヒメイタビ，イタビカズラ，ツルマサキ，ナツヅタ，テイカカズラ，ノウゼンカズラ

e．タケ，ササ類

　タケ，ササ類は植物学上は木本ではなく草本である。

　「タケ」と「ササ」を明確に区別することは困難である。造園材料としては，丈（たけ）の高いものをタケ，丈の低いものをササとして扱っている。

　タケ，ササ類には，マダケ，モウソウチク，クロチク，ナリヒラダケ，オカメザサ，クマザサなどがある。

f．特殊樹（単子葉樹）

　特殊樹には，ソテツ，キミガヨラン，ニオイシュロラン，シュロ，トウジュロなどがある。

コラム

沖縄・奄美地方特有の植物

　　ガジュマル（常緑高木），リュウキュウコクタン（常緑高木），フクギ（常緑高木），フクマンギ（常緑低木），カラヒメツゲ（常緑低木），ゲッキツ（常緑低木）

（2） 地被植物

　地被植物とは，地表面を覆い隠すために植栽する植物の総称で，グラウンドカバープランツともいう。地被植物の種類は多いが本来緑で覆うことを目的としているので，それぞれの場所に適合した種類を選択することが大切である。

　地被植物は，草丈が低く強健な性質で，繁殖しやすいものが使用されている。普通に用いられているものには，次のようなものがある。

a．日本芝

　高温多湿の日本の気候風土に適し，踏圧や刈り込みにも耐性があるが十分な日照がないと生育が思わしくなく，冬場は枯れて休眠状態となる。そのため夏芝とも呼ばれている。

　日本芝には，ノシバ，コウライシバ，ビロードシバなどがある。

b．西洋芝

　涼しく乾燥しているところに適しているため，日本の気候では管理が難しく，もっぱらゴルフ場のグリーンなどに用いられている。冬場でも枯れずに青々としているため冬芝とも呼ばれている。

　西洋芝には，ベントグラス類（レッドトップ，コロニアル，クリーピング，ベルベット），ブルーグラス類（ケンタッキーブルーグラス），フェスク類，ライグラス類（ペレニアルライグラス），バーミューダグラス類などがある。

c．その他

　その他の地被植物には，クローバー類，ダイコンドラ，リュウノヒゲ，コケ類（スギゴケ，ホソバオキナゴケ），シダ類（タマシダ，ヤブソテツ，シノブ，ゼンマイ），ササ類（オカメザサ，アズマネザサ）などがある。

　また，草本地被植物には，アジュガ，シバザクラ，ユキノシタ，エビネ，オモト，カンアオイ，ギボウシ，シャガ，シュンラン，セキショウ，ツワブキ，トクサなどがある。

（3） 花壇用草花類

　花壇用草花類とは，花壇などに植栽される草花類をいう。草本と一部の木本を含むもので観賞価値があり，栽培の容易なものが使用されている。

　花壇に適する草花は，花の色が鮮明で開花時期の長いものがよく，性質は強健で栽培や移植の容易なものがよい。一般に使用されている草花を，一・二年草，宿根草，球根草花に分けると次のようなものがある。

a．一・二年草

　種子が発芽して生育を開始し，1年以内に開花結実してその一生を終る植物を一年草，

年を越して2年にまたがるものを二年草という。これをまとめて一・二年草という。

二年草は種子をまいたのち，1年目は栄養成長をし，2年目になって開花結実し，その一生を終る種類である。

(a) 春まき

春まきには，ジニア，マリーゴールド，ニチニチソウ，サルビア，コリウス，マツバボタン，ケイトウ，コスモスなどがある。

(b) 秋まき

秋まきには，パンジー，デージー，アリッサム，キンセンカ，ワスレナグサ，ヒナゲシ，ストック，ロベリア，ヤグルマソウ，バーベナ，キンギョソウ，デルフィニウムなどがあり，二年草には，ジキタリス，カンパニュラ，ルピナスなどがある。

b. 宿根草（多年草）

宿根草とは，成長を遂げ，開花結実しても枯死せず，植物体の全部，又は地下部などの一部が残って永年にわたって生活を続けるものをいう。

宿根草には，キク，ノコンギク，キキョウ，トリトマ，カキツバタ，ハナショウブ，ジャーマンアイリス，シバザクラ，ストケシア，マツバギク，アルメリア，アカンサス，アガパンサスなどがあるが，地方によっては防寒設備が不要な種類や簡単な霜よけの設備で冬を越すことができる種類などがある。

c. 球根草花

宿根草の地下部が養分の貯蔵器官となったものを球根類といい，宿根草と区別している。貯蔵器官には，根の肥大した塊根（ダリア），地下茎が肥大して球根状になったもの（グラジオラス），茎が短縮して盤状となり茎の節に発生する葉の部分が肥大し鱗茎となったもの（チューリップ）などがあり，球根の形も様々である。

(a) 春植え

春植えは，寒さに弱い種類であるので春暖かくなってから植える。夏の気温を利用して花を咲かせ，霜の降りる前に球根を掘り上げて貯蔵するものや，防寒をして越冬させるものがある。春植えには，ダリア，カンナ，カラジューム，ジンジャー，チューベローズなどがある。

(b) 秋植え

秋植えは，多くの場合9～11月ごろ植え込み，翌年に開花する。その後葉や茎が枯れ，球根は休眠に入るので掘り上げて貯蔵する。

秋植えには，アネモネ，フリージア，ヒヤシンス，アイリス，スイセン，チューリッ

プ，スノーフレーク，スノードロップ，ムスカリ，ラナンキュラス，クロッカス，ユリなどがある。

1．5　樹木の見分け方

多くの樹木の中から，正確に樹種を知ってそれぞれの特性に応じた使い分けをすることが必要である。このため，樹種の確実な見分け方が要求されるが，植物学的な分類方法によるよりも，ここでは実用的な方法について例を示す（図4－3参照）。実際覚えることは努力が必要であるが，すでに各自が現在知っている植物の数を増やして，約150種以上を目標とすることが大切である。こうすることによって実際に使用されている種類がかなり身近なものになってくる。樹種を正しく見分けるため，常々の訓練が必要である。

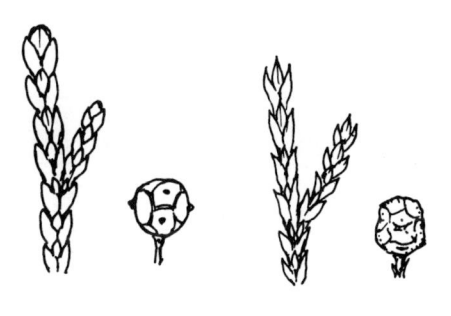

ヒノキの葉と実　　サワラの葉と実

図4－3　ヒノキとサワラ

植物の判別では，次によることが一般的である。

① 花による方法

② 葉による方法

③ 樹形による方法

④ 冬芽による方法

⑤ 樹皮による方法

⑥ 実による方法

⑦ その他

これらは，別個ではなく，同時に，総体的に比較することが多い。

（1）紛らわしい樹木の判別の方法

ここでは，一見するとよく似ているようだが，異なる種類について相違点をあげ，比較対照して違いが分かるように示す。図4－4，表4－1に例をあげる。

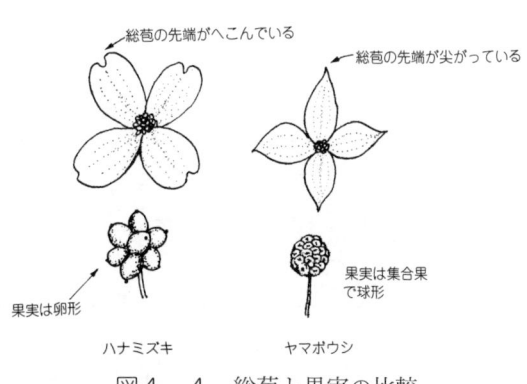

総苞の先端がへこんでいる　　総苞の先端が尖っている

果実は卵形　　果実は集合果で球形

ハナミズキ　　ヤマボウシ

図4－4　総苞と果実の比較

表4―1　紛らわしい樹木の比較対照表

樹　種	ツバキ	サザンカ
葉	葉身5～6cmで葉柄に毛がない。	葉身3.5～5cmで葉柄に毛がある。
花	花弁が一体となって落ちる。	花弁がばらばらに散る。
その他	高木となり，ボリューム感に富む。	中木で軽い感じがする。
樹　種	ハナミズキ	ヤマボウシ
花	総苞やや広く，先端がへこんでいる。	総苞やや細く，先端がとがっている。
実	果実は卵形	果実は集合果で球形，長い柄でたれ下がる。
その他	北アメリカ原産	日本原産
樹　種	ヒノキ	サワラ
葉	葉先が丸く，葉の裏の白色気孔線はY字形	葉先がとがっていて，葉の裏の白色気孔線はX字形
実	実は球形で径8mm	実はやや角ばった球形で径5mm
その他	樹冠は濃緑色で枝葉が密	樹冠はやや濃緑色で枝葉もやや密
樹　種	アカマツ	クロマツ
葉	葉の長さは7～10cmでやや柔らかい。	葉の長さは10～15cmでややかたい。
新芽	新梢は赤褐色	新梢は灰白色
その他	幹肌は赤褐色	幹肌は黒褐色
樹　種	ヤブデマリ	オオデマリ
葉	葉は広だ円形，広卵形で葉脈数がやや少ない。	葉は広だ円形で葉脈数が多い。
花	縁辺の花は中性花である。	全部が中性花である。
その他	自生している。	園芸種である。
樹　種	ソメイヨシノ	オオシマザクラ
葉	葉の両面や葉柄に毛がある。	葉など全株無毛
花	葉の出る前に樹冠が花で埋まる。花序は散形花序[*1]	葉が出ると同時に咲く。花序は散房花序[*2]
その他	園芸種で，樹形は横に広がる。	自生種で，樹形は横に広がる。
樹　種	エンジュ	ニセアカシヤ
葉	小葉の先端は少しとがっている。	小葉の先端は丸いか，少しへこんでいる。
花	淡黄白色の花を開く。	白色の総状花序[*3]を下垂する。
実	秋に数珠状にくびれている実をつける。	平たい長だ円形で両端がとがっている。
その他	枝にとげがない。	一対のとげがある。
樹　種	イヌシデ	アカシデ
葉	葉は卵形で葉頭は短くとがっている。葉裏と葉柄に毛が密で，葉がやわらかく，長伏毛があり，葉柄が赤みがかっていない。	葉は卵形だ円形で，幼時の葉裏の葉脈上に少し粗毛があるが後に無毛となる。葉柄は赤みがかっている。
花	雄花穂は3～4cmとやや短い。	雄花穂は3～8cmと長い。
その他	一年枝に軟毛密生	一年枝に毛が少ない。
樹　種	フウ	モミジバフウ
葉	葉は3裂が基本形	葉は5裂が基本形
枝条	若枝に翼が出ない。	若枝にコルク質の翼がある。
その他	樹皮は割目状にならない。落葉期が遅い。	樹皮は成木になると割目状になる。落葉期が早い。
樹　種	ヤマモモ	ホルトノキ
葉	全縁だがときに低鋸歯もある。	葉縁に低平純鋸歯がある。
実	球形で径1～2cm	核果はだ円形で径1.5～1.8cm
その他	雄花穂は卵形だ円形	小花は白色の5弁花

[*1] 散形花序：花軸の先端からほぼ同じ長さの花柄を持った花が多数放射状につく。
[*2] 散房花序：花軸に多数の花がつき，花柄が下部の花ほど長くつき，上部はほぼ平らにつく。
[*3] 総状花序：花軸が長く伸び，花柄を持った花が間隔を開けてつく。

(2) 葉による識別法

(a) 葉のつき方（葉序）と名称には，対生（たいせい），互生（ごせい），輪生（りんせい），束生（そくせい）がある（図4－5，（ ）内は代表的樹木名）。

対生
（キンモクセイ）

互生
（シラカシ）

輪生
（キョウチクトウ）

図4－5　葉　序

(b) 葉の形と名称には，単葉，複葉，針葉，鱗葉，竹葉，扁平葉，掌状葉，羽状葉がある（図4－6，（ ）内は代表的樹木名）。

単葉
（ケヤキ）

複葉
（エンジュ）

針葉
（アカマツ）

鱗葉
（ヒノキ）

掌状葉
（ワジュロ）

図4－6　葉の形の大分類

(c) 葉の分類，確認方法には，次のものがある。

① 単葉か複葉か
② 単葉は形と大きさで分ける。
③ 複葉は掌状複葉か羽状複葉かで分ける。
④ 葉質は革質か薄質かで分ける。
⑤ 葉脈の鮮明度
⑥ 葉脈の分布度
⑦ 葉の表面と裏面
⑧ 葉縁の鋸歯の有無，大小，形状
⑨ 手触り硬軟，感触
⑩ 毛の有無とその位置

⑪　葉の色の濃淡と色の種類（表，裏について）

⑫　葉柄の有無，長短

⑬　葉序（対生，互生，輪生）

⑭　葉の特臭（葉をもみながら，においをかぐ）

⑮　付属物の有無（蜜腺*1，翼葉*2，虫えい（虫こぶ）*3）

1.6　樹種の特性と選定

植物には個々に独特の性質があり，この性質をわきまえて選定し，植栽に役立てる（194頁参照）。

(1) 陽樹，陰樹の別

樹木の中には，樹冠が鬱閉*4しているところでもある程度の生育を続けるものと，逆に明るい陽光が豊富でないと生育が困難なものとがある。この特性を植栽設計に利用し，樹種選定及び植栽環境にふさわしい位置に植栽するよう考慮する。

a. 陽　樹

陽樹は，日陰に耐えにくい樹木で，スギ，コノデガシワ，ケヤキ，ニセアカシア，センダン，ハゼノキ，アオギリ，カイヅカイブキ，クロマツ，ヒムロスギ，コナラ，ヤナギ，ユリノキ，サンザシ，バラ，キササゲ，ハクウンボク，ウメ，ムクゲ，カキ，モモ，ナシ，ヒマヤラスギ，キョウチクトウなどがある。

b. 陰　樹

陰樹は，幼時のころに好んで陰地に生育するが，高木になると日光を要求する樹木で，カヤ，ツガ類，トウヒ，ヒノキ，サワラ，イヌマキ，ユズリハ，ツバキ，サザンカ，サカキ，アセビ，サンゴジュ，モチノキ，モッコク，シラカシ，アラカシ，アカガシ，スダジイ，ゲッケイジュ，クスノキ，クロガネモチ，ヤマモモ，シャリンバイ，シュロ，クチナシ，ヤマブキ，ミツマタ，トドマツなどがある。

(2) 移植の難易

樹木の中には，移植が容易で活着し得るものと，移植が難しいものがある。移植が困難な樹種は，あらかじめ根回しを行い，細根の発生を促しながら移植の準備をはじめるようにする。また，植栽放置の期間が長く，根部も伸び放題で，細根が少ない樹木についても

---

*1　蜜腺：多くは葉柄の上部に点状に現れる。蜜を含む。
*2　翼葉：複葉にあって，葉軸に沿ってつく小葉の間に見られる幅狭い葉片。
*3　虫えい（虫こぶ）：小形昆虫が葉に産卵し，その刺激で葉が膨らんでくるもの。
*4　鬱閉：林木の樹冠がすき間なく茂り合って太陽光線が直接地面に届かない状態をいう。

同様に取り扱う。

　新根の発生が旺盛なものは一般に移植が容易であり，逆に，粗根のものや直根のみのものは困難である。また，根部を切断しても直ちに新根の発生するものは活着しやすい。移植が最も容易なものには，プラタナス，イチョウ，アオギリ，ポプラ，ヤナギ，ハゼノキ，ソテツ，ユッカ，ハギ，ユキヤナギ，ドウダンツツジ，スダジイ，エノキなどがある。

　移植が容易なものには，マテバシイ，ムクノキ，ケヤキ，アラカシ，コブシ，カツラ，ソメイヨシノ，カエデ類，モチノキ，サンゴジュ，ユズリハ，マサキ，トチノキ，キンモクセイ，モッコク，ボダイジュなどがある。

　移植がやや困難なものには，イチイ，アカマツ，クロマツ，コウヤマキ，スギ，ヒノキ，シノブヒバ，ビャクシン，ヤマモモ，クリ，ウバメガシ，アキニレ，クスノキ，ツバキ，ユリノキ，ヒマラヤスギなどがある。

　移植が困難なものには，モミ，カラマツ，オガタマノキなどがある。

（3）防火力と耐火力

　防火力と耐火力のある樹木とは，植栽することによって火災から家屋などを守れる樹木のことである。耐火力の強い樹木は，いったん燃えても再び元気に萌芽する樹木である。

　大正12年の関東大震災のあとから，都市林の防火効果が重視されるようになった。防火樹木の研究や葉の含有水分や発火点の測定なども行われている。

①　防火力の強い樹木には，シイノキ，シラカシ，タブノキ，ツバキ，モッコク，アラカシ，タラヨウ，ヤブニッケイ，アオキ，サンゴジュ，ユズリハなどの常緑樹と，イチョウ，カラマツ，ミズキなどの落葉樹がある。

　　防火力の中ぐらいの樹木には，カシワ，プラタナス，ユリノキ，アオギリなどの落葉樹がある。

　　防火力の弱い樹木には，アカマツ，クロマツ，サワラ，ヒノキ，スギなどの常緑樹，ケヤキ，ニセアカシアなどの落葉樹がある。

②　耐火力の強い樹木には，クヌギ，イチョウ，シダレヤナギ，プラタナス，ユリノキ，ポプラ，ニセアカシアなどの落葉樹がある。

　　耐火力の弱い樹木には，スギ，カヤ，ヒマラヤスギ，タブノキ，タラヨウ，キョウチクトウ，ヒイラギなどの常緑樹，サルスベリなどの落葉樹がある。

（4）防風，潮風

　防風・潮風樹は，植栽することによって風害を防ぐ樹木のことで，内陸では屋敷防風林

として，海岸では潮風防風林として全国各地で利用されている。

防風樹種には，針葉樹，常緑広葉樹，落葉広葉樹がある。

針葉樹には，アカマツ，クロマツ，イヌマキ，イチョウ，スギ，カラマツなどが，常緑広葉樹には，クスノキ，マテバシイ，アラカシ，シラカシ，シイノキ，タブノキなどが，落葉広葉樹には，ケヤキ，ムクノキ，ハンノキなどがある。

潮風に強い樹種には，イヌマキ，シイノキ，イブキ，カイヅカイブキ，シラカシ，オオバヤシャブシ，カシワ，マテバシイ，サンゴジュ，ヒメユズリハ，ウバメガシなどがある。

潮風に弱い樹種には，イチョウ，モミ，ヒマラヤスギ，カラマツ，スギ，ソメイヨシノなどがある。

（5） 緑 陰 樹

緑陰樹は，強烈な日射を防ぎ緑陰をつくる樹木で，樹冠が横に広がりあまり密でなく，下枝が少ないことが望ましい。夏は涼しい影をつくり，冬は暖かい日差しを通す落葉樹が適している。

生育がよく，さらに大木となり多少根元を踏まれても耐えるものがよく，樹木によってかぶれたり，悪臭又は刺針のない種類を選ぶようにする。

緑陰樹としてよく使用されるものには，プラタナス，センダン，ケヤキ，アオギリ，フウ，モミジバフウ，ユリノキ，ニセアカシア，カツラ，シナノキ，トチノキ，ムクノキ，トウカエデ，ホオノキ，サクラ類，カエデ類，ハルニレ，アキニレ，エンジュなどがある。

日陰棚（パーゴラ）に用いられるものには，フジ，ムベ，ビナンカズラ，ブドウ，アケビ，ツルバラ，ノウゼンカズラなどがある。

（6） 土壌の条件

樹木が生育していく上で重要なのが根系である。根系は，
① 直根（主根）といい，幹の真下から直下に伸びている根
② 側根といい，横方向に四方に伸びている根
③ 細根といい，側根の先端の根
④ 根毛といい，細根に生えている産毛のような根

で構成されている。役割は樹木をしっかりと地中に定着させ，養分や水分の吸収・運搬・貯蔵を担っている。また，根系には深根性といい地中深くに根を張ったり，浅根性といい比較的浅い部分に根を張ったりする性質のものがある。

樹木の植栽地には，いろいろの条件の悪いところに植えなければならないことがあるが，特に乾燥地に強い樹木と湿地に耐える樹木を知ることが大切である。

湿地を好む樹木には，ヤナギ類，サワシバ，メタセコイア，フサザクラ，ドロノキ，ヤチダモ，ミズキ，ハンノキ，サンゴジュ，ギョリュウなどがある。

やや湿地に耐える樹木には，コウヤマキ，アキニレ，ナナカマド，マテバシイ，ヤマモモ，オオシマザクラ，コナラ，ツガなどがある。

乾燥地に最も耐えるものには，アカマツ，クロマツ，ビャクシン，ニセアカシア，シラカンバ，アセビ，モクマオウ，スズカケノキ，ウバメガシなどがある。

（7） 湿気の調節

樹木の植栽によって住宅地などの湿気を調節することができる樹木がある。これに適するものは落葉樹の高木で大葉のものや，深根性で地中の水を吸収して蒸発力の強い樹種がよい。種類としては，プラタナス，トチノキ，ミズキ，ハンノキ，ポプラ類，ヤナギ類，ヤマハンノキ，ブナノキ，カツラ，ユーカリノキ，ラクウショウ，メタセコイア，イチジクなどがある。

（8） 大気汚染対策

1970年ごろは，ケヤキなどで多量の葉が一度に落葉する現象が各地でみられた。この原因は大気汚染であった。その後この現象は少なくなったが，このような現象が見られた樹木は，土壌水分や養分状態が良好で樹木が順調に生育している場合が多かったと報告されている。

大気汚染に強い樹種には，ソテツ，カイヅカイブキ，モッコク，キョウチクトウ，トベラ，ウバメガシ，イチョウ，コナラ，アオギリ，ヤツデなどが，やや強い樹種には，クスノキ，クロガネモチ，ツバキ，イヌツゲ，ヒイラギ，アオキ，オオムラサキ，ハゼノキなどが，中程度の樹種には，クロマツ，イヌマキ，カヤ，シイノキ，タブノキ，スズカケノキ，トチノキなどがある。

また，大気汚染に弱い樹種には，アカマツ，スギ，ムクノキ，ヒュウガミズキ，キンシバイなどがあげられるが，細かな研究は今後に待つことが多い。

1．7　樹木の美しさ

樹木の美しさには形態美，色彩美，芳香美，生態美などがあげられる。

（1） 形　態　美

形態美は，樹冠（じゅかん），枝条（しじょう），葉簇（ようぞく），根張り，樹幹などで構成されている（図4—7）。

a．樹　　冠

樹冠は，枝葉で形づくられ，樹形の大部分を形成している。この樹冠の形は大別して，

円柱形（ポプラ），逆円すい形（ケヤキ），広円すい形（ヒマラヤスギ），狭円すい形（ヒノキ），広卵形（スズカケノキ）などがある。

　b．枝　　条

　枝条は，主枝と支枝からなり，一般に大枝は形姿の大勢を決め小枝は繊細で美しい。

　枝条には，上向形（ポプラ），下向形（マツの老樹），上斜向形（ケヤキ），水平形（モミ），波状形（カキ），下垂形（シダレヤナギ）などがあり，幹と主枝のなす角（枝序角）が影響している。

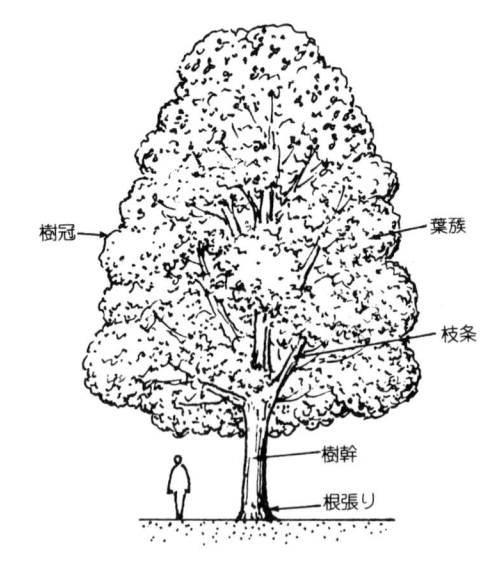

図4－7　樹木の形態美

　c．葉　　簇

　葉簇は，枝の群れと，葉の群れからできる枝葉群団をいう。

　葉簇は，樹種，環境や樹齢により，また，整姿によって特有の葉簇ができる。

　葉簇の形には，球状（イヌツゲ），塊状（クスノキ），波状（アカマツ，マキ），立面状（コノテガシワ），旋回形（カイヅカイブキ）などがある（図4－8）。

　d．根 張 り

　根張りは，大地にしっかり根をおろした力強さを現している。

　樹の種類や樹齢により，美しい根張りが現れる年代は，ケヤキ50年以上，イチョウ70年以上，マツ100年以上であるといわれている。

　e．樹　　幹

　幹には，単幹，双幹と数本がそろう武者立ちがある。形には直幹のほか，曲幹，斜立形，伏幹など変化のある樹幹がある。

球状（イヌツゲ）　　　　　波状（アカマツ）

(a) 仕立て樹形

塊状（クスノキ）　立面状（コノテガシワ）　小波状（チャボヒバ）　旋回形（カイヅカイブキ）

(b) 自然樹形

図4－8　葉　蔟

(2) 色彩美

色彩美には，樹冠色，葉色，花色，果実色，樹幹色などがある。

a. 樹冠色

樹冠の基本的な色は緑色であるが，落葉広葉樹は明るい緑，常緑広葉樹は暗緑色，針葉樹は濃い緑色で，変化に富んでいる。造園の配植上樹冠色の組合せは大切な計画の基本ともなっている。

b. 葉　色

葉色は春の新緑，夏の深緑が見られ，秋の紅葉では紅色系，黄色系などが見られる。

新葉には独特の色彩美がある。この美しいものには，カラマツ，カエデ，ドウダンツツジ，ユリノキなどがあげられる。新緑が紅色を呈して美しいものには，カナメモチ，レッドロビン，オオベニガシワ，チャンチンなどがある。

新葉が落葉期まで赤紫色を保っているものには，ノムラカエデ，ベニシダレ，ベニスモモなどがある。

秋の紅葉で赤色のものには，イロハカエデ，オオモミジ，ハナミズキ，ニシキギ，ナナカマド，ハウチワカエデ，ハゼノキ，シラキなどが，黄色のものには，イチョウ，イタヤカエデ，カツラ，アオハダなどがある。

c．花　色

樹木の花の色には，紅赤色，白色，黄色，橙色，青紫色，紫黒色などがある。

また，同じ種類で紅色の株と白色の株のあるヤブツバキや，同じ樹で花色が変化するアジサイ，同じ株に紅と白の花を咲き分けるハコネウツギなどもある。

紅色花のものには，ハナカイドウ，ベニバナトチノキ，キョウチクトウ，サルスベリなどが，白色のものには，クチナシ，タイサンボク，コブシ，ハクモクレン，ユキヤナギ，ブルーベリーなどが，黄色のものには，マンサク，ビョウヤナギ，ロウバイなどがある。

橙色のものには，キンモクセイ，ノウゼンカズラ，カリン，ミカンなどが，青紫色のものには，ライラック，シモクレン，ルリヤナギ，アジサイ，キリ，フジなどが，紫黒色のものには，クロバナエンジュ，クロバナロウバイなどがある。

d．果実色

樹木の果実の色で人目をひきつけ美しいものに紅色系のものでは，イチイ，トキワサンザシ，ナナカマド，クロガネモチ，ウメモドキ，モチノキ，アオハダ，モッコク，ハナミズキ，マンリョウ，センリョウなどがある。

黄色のものには，ビワ，ムクロジなどが，紫色のものには，ムラサキシキブ，サワフタギなどがある。

e．樹幹色

樹木の幹の肌は一般に淡褐色か淡黒色のものが多いが，シラカンバの白色，アオギリの若木の緑色，アカマツ，サルスベリ，カリンなどの赤褐色などもある。

（3）芳香美

樹木の芳香には，花の香り，枝葉の香り，実の香りなどがあり，これらを集めた香りの園などもつくられている。

花の香りがあるものには，ロウバイ，キンモクセイ，ジンチョウゲ，コブシ，オガタマノキ，バラ類，クチナシなどがある。

果実に香気のあるものには，ボケ，カリン，ユズなどがあり，葉に香気のあるものには，ゲッケイジュ，サンショウ，ニオイヒバ，ニッケイなどがある。

第2節　植栽による環境の造成

植栽の目的は，植込みによって，快適な新しい環境をつくることにある。その環境の改善には，

① 植物の美しさによって景観を構成する。
② 緑化する地域を増加させることなどによって，気温の緩和，湿度の調節などに役立つ。

などがある。

また，植栽の形式は以下に示すとおりであるが，これらの植栽は，長い伝統を経て，確立されてきたものである。

植栽は，自然式植栽（不整形式植栽）と整形式植栽に大別される。

自然式植栽には，役木（やくぼく）などによる構成，真・添・対（しん・そえ・たい）などの植栽単位による構成，複合植栽があり，いずれも和風感覚の植栽手法である。

これに対して，整形式植栽は洋風的な植栽手法である。

2．1　自然式植栽

自然式植栽は，風景式ともいわれる庭園の意匠（いしょう）（デザイン）であって，写景的，縮景的と呼ばれる形式で，自然の象徴的な形式（枯山水）も含まれる。

(1)　役木（植栽位置による構成）

役木は，古来から樹木の美しさを効果的に発揮させるため，植栽位置について確立され，現在も自然風植栽では，特に用いられている植え方の手法である（図4−9）。

(a)　正真木
正真木（しょうしんぼく）は，庭の主木になる木である。この木に従って諸木見合わせて植える。マツ，カシ類の大木がよい。

(b)　景養木
景養木（けいようぼく）は，庭の景を養い保つ樹であり，幹の風流，枝の格好を吟味して植えること。正真木がマツであれば葉物を，正真木が葉物であればマツがよい。

(c)　寂然木
寂然木（せきぜんぼく）は，よく繁って庭中にあまりぎらぎらしないように植えること。庭物静かな様子になるように，向かって東側に植える。

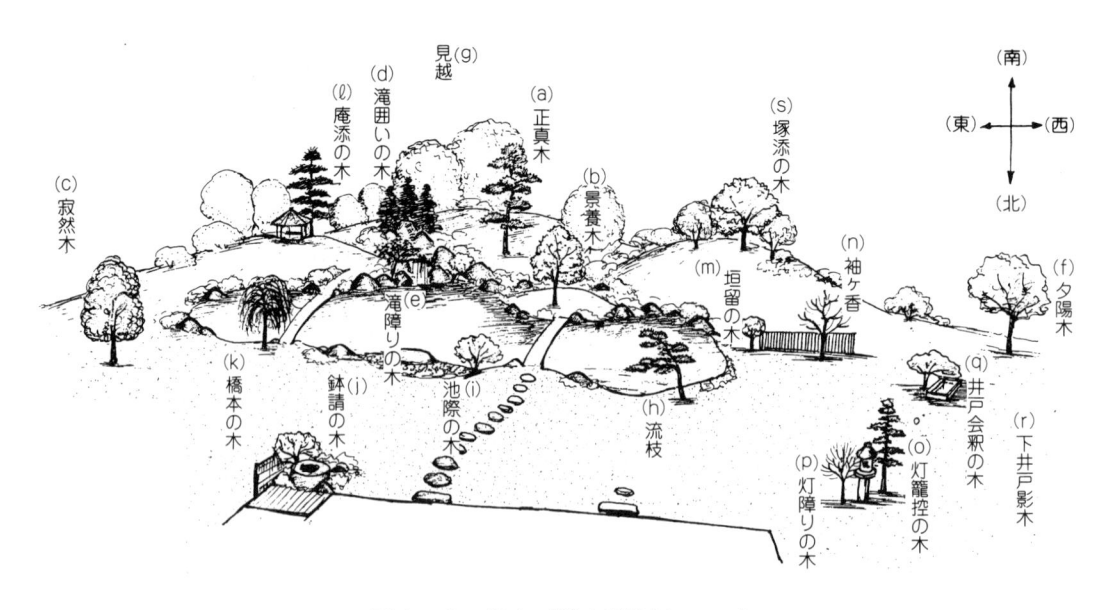

図4-9　役木（築山庭造伝による）

　(d)　滝囲いの木
　滝囲いの木は，滝を囲み，深味を出すため，滝口をあらわに見せないために植栽する樹木である。

　(e)　滝障りの木（飛泉障りの木）
　滝障りの木は，庭滝の手前の水落ち部分へさしのべて木を植え，飛泉の水をあらわに見えないように奥深く見えるような目的で植える。カエデなどの落葉樹がよく，飛泉障りの木ともいう。

　(f)　夕陽木
　夕陽木は，庭の添景として通常西側に植える。カエデ，ウメなどの落葉樹が用いられる。

　(g)　見　越
　見越は，庭の境界に添え植栽される背景樹で，「内側からの景を3分，外側からの景を7分として景をつくるべし」とある。見越には，マツ，カシ，マキ，ウメなどが多く用いられている。

　(h)　流　枝
　流枝は，池の流れに面した水面に枝を伸ばし，水面と地表との連絡を図る。流枝には，マツ，ラカンマキ，ビャクシン，キャラボクなどを用いる。

　(i)　池際の木
　池際の木は，池の水面に影を映し，夏の涼味と秋の月夜の景趣を彩るために植栽する樹

木で，樹種は定まっていない。

(j) 鉢請の木
鉢請(はちうけ)の木は，手水鉢(ちょうずばち)の上に枝葉をのぞかせるように植栽する樹木で，キャラボク，アセビ，ウメモドキ，ナンテン，ヒイラギナンテンなどを用いる。

(k) 橋本の木
橋本(はしもと)の木は，橋の手前に植栽し，枝葉が橋上にさしかかり，水面に影を落とすように植栽する樹木で，カエデ，シダレヤナギなどを用いる。

(ℓ) 庵添の木
庵添(あんぞえ)の木は，庭園の四阿(あずまや)，亭の軒に添えて植える。陰をつくる木で，マツを第一とし，クリ，カキなどを用いる。

(m) 垣留の木
垣留(かきどめ)の木は，垣の端の留杭(とめぐい)に添えて植える。マツ，ラカンマキ，モッコク，ツバキなどを用いる。

(n) 袖ヶ香
袖ヶ香(そでがか)は，袖垣に添えて植える。先が水鉢の上に差し出し，水の中に滴の落ちることを予期して，多くは一重の白梅の中木を植える。

(o) 灯籠控の木
灯籠控(とうろうひかえ)の木は，灯籠のうしろ，又は脇に植え添える木で，マツ，シイ，モッコク，マキ，イヌツゲ，カヤなどを用いる。

(p) 灯障りの木
灯障(ひざわ)りの木は，灯籠の前に木を植えその木の枝葉によって，灯籠の灯口がありありと見えないように植栽する樹木で，カエデ，ニシキギ，ウメモドキなどの落葉樹を主とする。ほかに，アカマツ，マキなども用いられる。

(q) 井戸会釈の木
井戸会釈(いどあしらい)の木は，井戸に会釈(えしゃく)するように井戸に添えて植栽する樹木で，マツ，タケ，マキ，モクセイ，モッコクなどを用いる。

(r) 下井戸影木
下井戸影木(おりいどかげき)は，下井戸の水際の回りなどに木を植えて，水面に影のさしかかるよう枝葉のある木をいう。木はマツが主体であるがウメでもよい。

(s) 塚添の木
塚添(つかぞえ)の木は，塚（又は地こぶ）のうしろ側の脇に植え，塚の上に枝葉が覆いはびこる木

がよく，シラカシ，シイなどを用いる。

このほか，古来からの役木ではないが，一般的に行われている配植法には次のものがある。

門冠り……住宅の門の門柱の右側又は左側に植える木で，マツ，ラカンマキなどの類が多く用いられる（図4—10）。

根締め……主たる樹木，石，構造物に添えて植える小植物をいう（図4—11）。

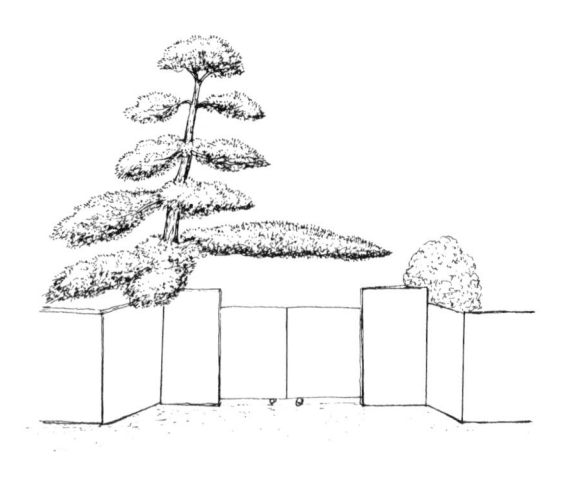

図4—10　門冠り

基礎植え……特に構造物などの基礎部分などを隠すために植える。

裾植え……構造物の根元に植える低木類をいう（図4—12）。

腰植え……洋風住宅植栽法の1つで，窓下，出入口などの中心に植える。

見付の木……正面に見える部分に植える木のこと。

見返りの木……振り返って見た場合に目立つ位置にある木のこと。

図4—11　根締めの木　　　　　　図4—12　裾植え

なお，このほか「本所離別*」といい，『深山に生べきものを水辺に植え，水辺に生ずるものを野山に植ゆるべからず』とされ，植物は環境の違うところへ植えるのを嫌うという意味がある。植物本来の性質を知ることが大切である。

(2)　植栽単位による構成

美観を主にした植栽の場合，樹木の配列は大小，調和，釣合い，比例，色彩などを考えたものであることがよい。

---

*　本所離別：築山庭造伝に記されている。

自然式植栽の基本である最小単位は3本植えで，この規模で小さければ2株の下木(したぎ)を添えて，計5本での植栽形式をとる。これを植栽単位（配植単位）としている。

一般的に，真木(しんぼく)，添(そえ)（副），対(たい)，前付(まえつけ)（控，前置），見越(みこし)を不等辺三角形の位置に配置する。

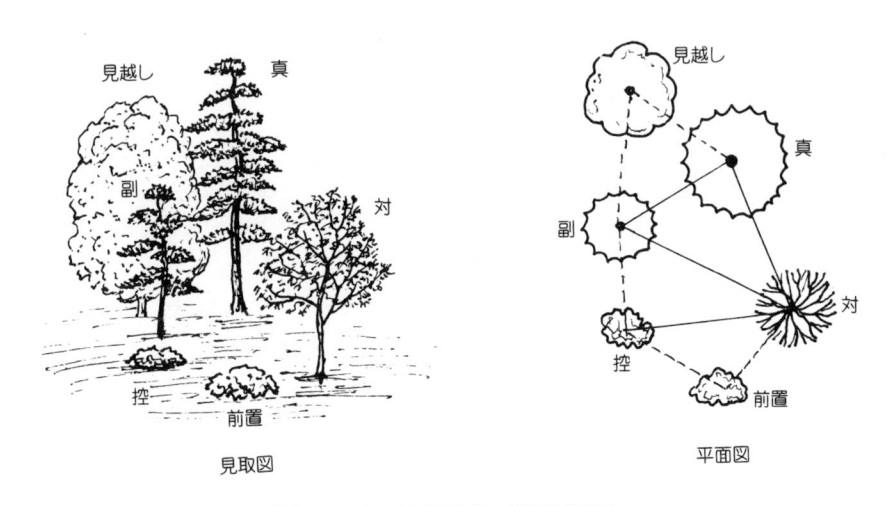

図4—13　植栽単位（配植単位）

a．真　木

真木は，庭の観賞上の中心に，庭全体を支配するような姿の木を植える。幹も美しく，樹冠の雄大なものがよく，これには次のものがあげられる。

常緑・針葉樹では，アカマツ，クロマツ，コウヤマキ，イチイ，スイリュウヒバ，モッコク，モクセイ，イヌツゲ，イヌマキ，タイサンボク，モチノキ，ユズリハなどを用いる。

落葉樹では，サルスベリ，ウメ，ハクモクレン，ヤマモミジなどを用いる。

b．添（副）

添は，真木に添えて形の不備を補うように植える。真木が針葉樹の場合には多くはアカマツ，クロマツ，イチョウ，スギ，カラマツなど同種のものを添として選ぶ。異種でも外観の似たものが用いられる。

c．対

対は，真木と全く異なる外観，色彩，対照の美をねらう。真木の多くは直立形であるので，対は枝張形の方が調和する。真木がマツであれば，イロハカエデ，サルスベリ，ウメ，カシワ，ハゼノキ，ヒメコブシ，コブシ，ツリバナ，ドウダンツツジなどを用いる。

d．前付（控，前置に区別）

前付は，3株ものの樹冠線を完成させ，樹木の地表との連絡を図る。種類は樹冠線の球状のものがよく，キャラボク，ツツジ類，アセビ，カラタネオガタマ，ドウダンツツジ，

ヒイラギナンテン，ホソバヒイラギナンテンなどを用いる。

　e．見　　越

　見越は，一群の植栽の後方に植えるもので，単木又は寄せ植えで背景を形づくるもので，シイノキ，シラカシ，マキ，ヒノキなどを用いる。

（3） 複合植栽の構成（図4－14）

　複合植栽は，真木，添，対，前付，見越の植栽単位を幾つか不等辺三角形に組み合わせて，全体として美しい形を呈するようにする相当数の樹木群による構成手法である。

図4－14　複合植栽の構成（平面図，見取図）

（4） 庭に変化を与える植栽

　植栽設計によって新しい庭園空間を構成し，生活環境の魅力を増加することができる。
　以下は，植栽設計のアイディアである。
・年中花を絶やさない庭
・野鳥のさえずる庭
・風の音を聞く庭（竹庭）
・紅葉の楽しめる庭
・新緑の美しい庭
・山草を楽しむ庭

　その他多くのアイディアを組み合わせると，生活に変化や潤い，感動が生まれるものである。花を主とした配置例を図4－15にあげる。

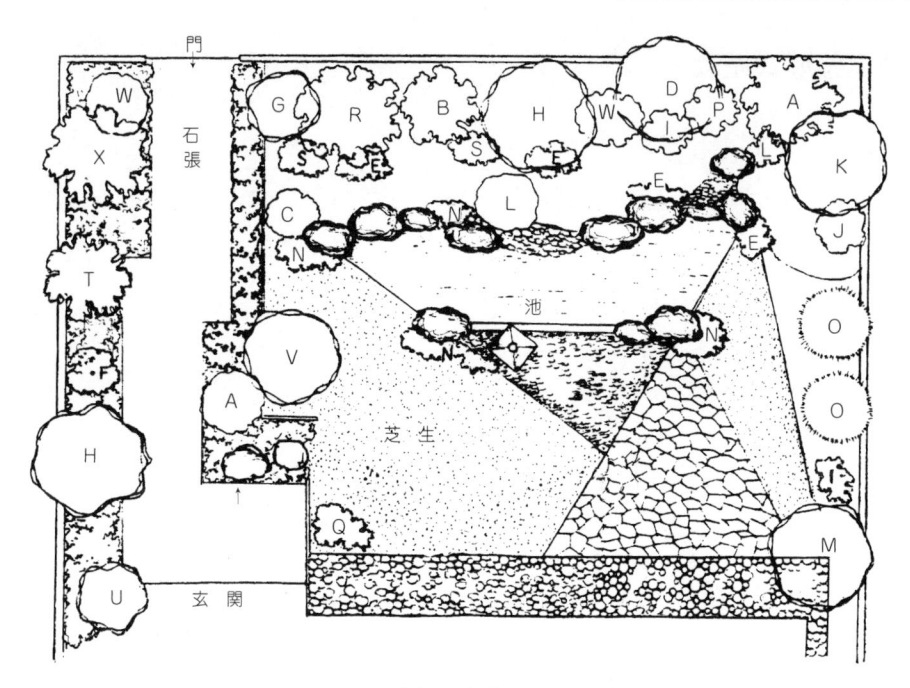

(a) 平面図

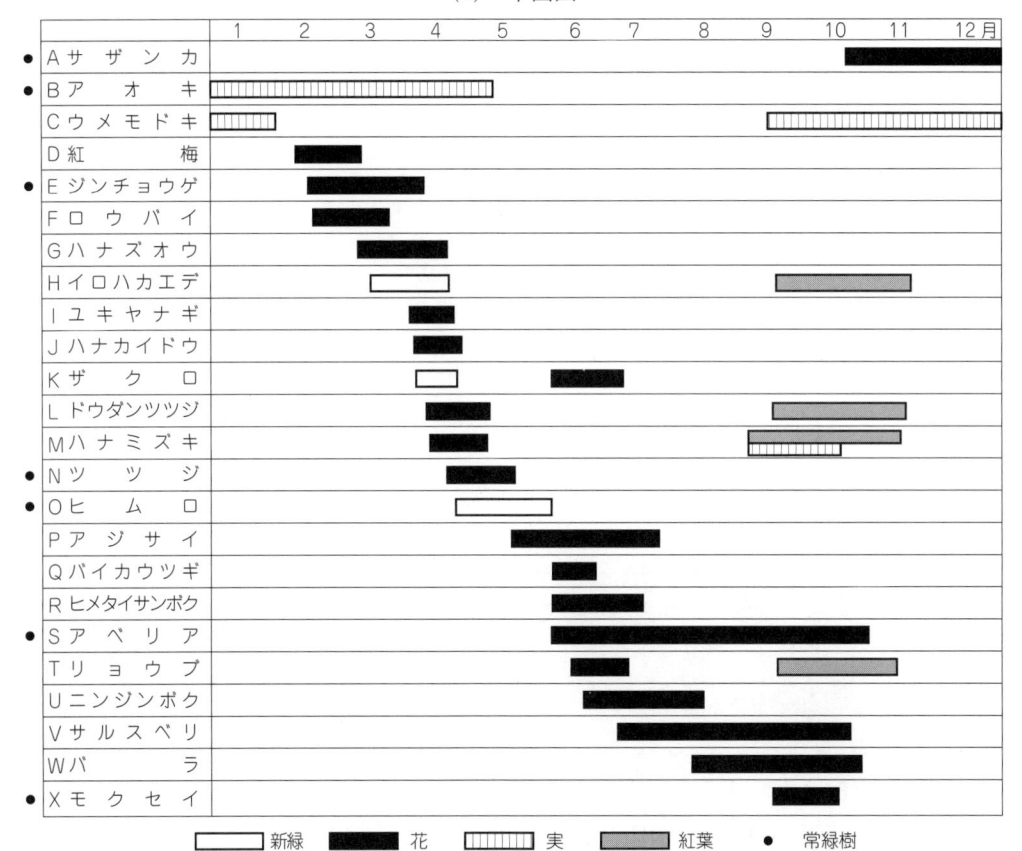

		1	2	3	4	5	6	7	8	9	10	11	12月
●	Aサザンカ											花	花
●	Bアオキ	実	実	実	実								
	Cウメモドキ	実									実	実	実
	D紅梅		花	花									
●	Eジンチョウゲ		花	花	花								
	Fロウバイ		花	花									
	Gハナズオウ			花	花								
	Hイロハカエデ			新緑	新緑						紅葉	紅葉	
	Iユキヤナギ			花									
	Jハナカイドウ			花									
	Kザクロ			新緑		花	花						
	Lドウダンツツジ			花	花						紅葉	紅葉	
	Mハナミズキ			花	花	花				実 紅葉	紅葉		
●	Nツツジ				花	花							
●	Oヒムロ			新緑	新緑								
	Pアジサイ					花	花	花					
	Qバイカウツギ					花							
	Rヒメタイサンボク					花	花						
●	Sアベリア					花	花	花	花	花			
	Tリョウブ						花	花			紅葉		
	Uニンジンボク						花	花					
	Vサルスベリ							花	花	花	花		
	Wバラ								花	花	花	花	
●	Xモクセイ									花			

□ 新緑　■ 花　▥ 実　▨ 紅葉　● 常緑樹

(b) 観賞期間表（東京地方標準）

図4—15　花を主とした配置例

2.2 整形式植栽

整形式植栽は，洋風的感覚を求める場合の植栽手法で，樹木を幾何学的に配列する（図4—16）。これには一列の植栽，複数列の植栽，面的植栽，シンメトリー（左右対称）に配置したり，プロポーション（比例）に配置したり，遠近感などで構成する方法が用いられている。整形式植栽は，樹種，樹形，樹高，大きさなどの等しい材料を使用することが多く，整然とした建築的な仕上がりを想定している。

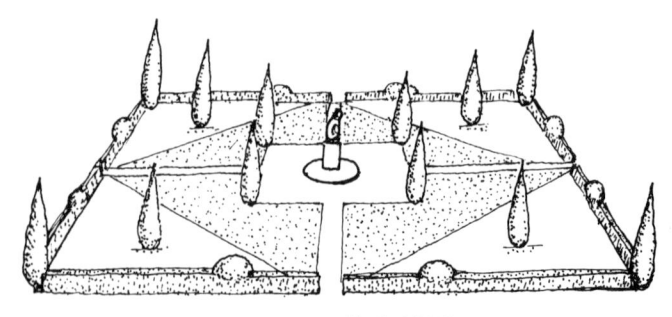

図4—16 整形式植栽

基本的には，各種の列植（図4—17），上木と下木との組み合わせによる帯状植栽（図4—18），面的植栽，内部植栽（図4—19）などによって，シンメトリーや，プロポーションをとりながら，遠近感が出るように構成する。

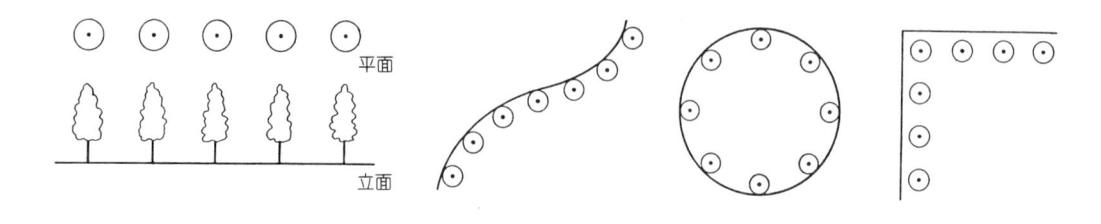

図4—17 列　植

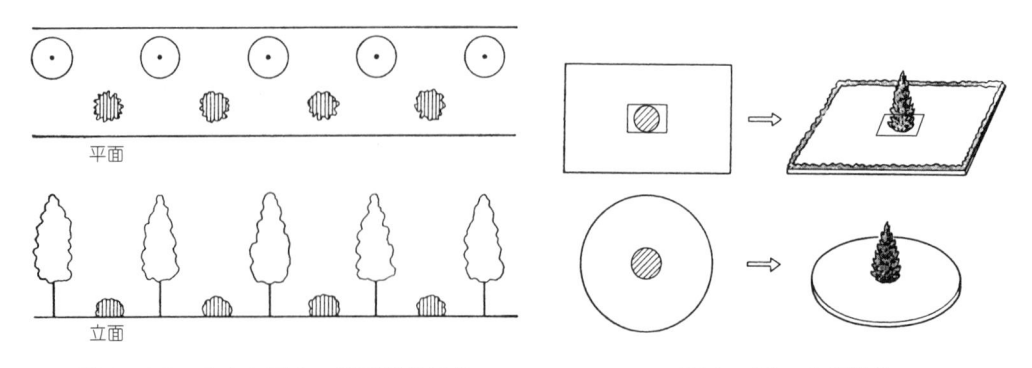

図4—18 上木と下木の整形帯状植栽　　　図4—19 内部植栽

2.3　植栽効果

　植栽とは，ある目的に合わせて植物を植え栽培することであり，その目的には植物の固体及び植物群として果たすことがある。

　植栽効果には，植物がそこにあることによってもたらせる存在効果と，緑のオープンスペースを利用することによってもたらせる利用効果がある。

(1)　存在効果

a．心理的効果

　人間は本来，緑色に対して，穏やかさや安心感を感じるものであり，その緑が自然の草木の緑であればなおのこと精神的な安らぎは大きいといわれている。人間生活は，水と緑のあるところにはじまり，このとき人は，完全に自然の一員であったに違いない。人間の緑を求める心情は，人間の本能的なものであるといわれている。

b．生理的効果

　植物は，同化作用によって空気中の炭酸ガスを吸収して酸素を排出し，人間は，酸素を吸って炭酸ガスを出す。このように，人間と植物は共存関係にある。人間1人が1日に必要な酸素吸収量は0.75kgとされており，常緑広葉樹林1haで約80人分の呼吸をまかなっているといわれている。

c．衛生的効果

　緑には空気の浄化，亜硫酸ガス，一酸化炭素，光化学スモッグを和らげ，市民の保健衛生を守る効果がある。それには広い公園や街路樹が必要である。

d．都市気候に及ぼす効果

　今日，地球の温暖化が大きな社会問題となっているが，特に大都市の高温化現象は，市街地部に上昇気流が生じ，上空約3000mのところにヒートアイランド（3ページ参照）を形成することが原因であるといわれている。都市の緑被率を10％増やすと0.3〜0.1℃気温を低下させるといわれている。仙台市のケヤキ並木では0.5〜1.5℃の気温低下が観測され，夏の1日の総蒸散量を測定したところ，樹冠面積23㎡のイチョウ1本は家庭用エアコン10台分を12時間半運転したことと同じ冷却効果になった。

e．大気汚染に対する効果

　公害に対する効果には，大気汚染の浄化があげられる。これは，樹葉の気孔によって大気の汚染が吸収される。

f．防音効果

都市生活で苦情の多い騒音については，植物により騒音を減衰させる効果がある。通常幅員20～30mの樹木帯で10～20ホンの減衰が測定されている。

防音効果の測定結果として，日比谷公園内の例があり，樹林による減少の効果が見られる。

g．災害に対する効果

樹木の防火機能については，関東大震災，阪神大震災などで実証され，樹木や樹林が火事の延焼を食い止めた焼け止まり効果が明らかになっている。

最近では，都市林の防火効果や竹林内での地震安全効果が重視されている。

h．防風効果

樹林の防風機能には，内陸では屋敷防風林として，海岸では潮風防風林としてすでに利用されていて，人間の生活環境改善に大きな役割を果たしている（図4―20）。出雲地方の築地マツ（クロマツの高垣），関東平野のシラカシ林，千葉のイヌマキの生垣などの例は有名である。

図4―20　防風林の植栽例（栗林公園　香川）

植栽による風速を減少する効果の及ぶ範囲は，風上側に対して樹高の6～10倍，風下側に対して同じく樹高の25～30倍まで及ぶとされている（図4―21）。

古くから各地にある耕地防風林，防雪林，防塵林，防煙林，防潮林，飛砂防止林などは，この効果を期待してつくられたものである。

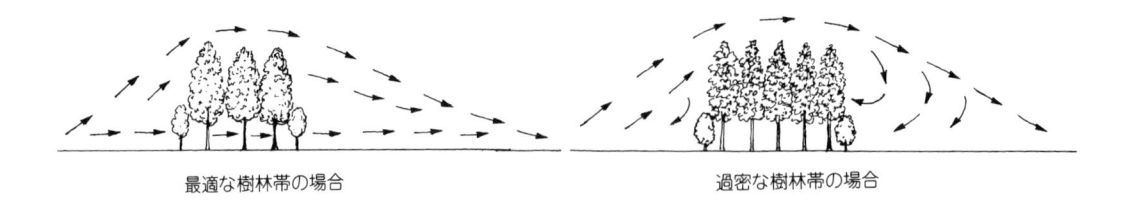

最適な樹林帯の場合　　　　　過密な樹林帯の場合

図4―21　樹林帯の状態と風の流れ

i．観賞効果

観賞効果は，植物の持つ形態美，色彩美，芳香美，生態美と，観賞利用する効果はすでに述べてあるので省略する（第1節1.7参照）。

(2) 利用効果

公園的に整備された地域や良好な自然地域では精神的なリラックスが得られ，また，屋外でのレクリエーションは肉体的な健康を得るなど利用効果は極めて重要である。

2.4 造園樹木の移植技術

移植とは，土地に生育している植物（樹木）を掘り取って別の位置に移し，引き続き生育させることである。

この場合一定の生育を継続することと，造園材料としての形姿を保つことが条件である。最近では，機械力の導入や技術の向上により，かなりの大径木の移植も可能になった。

移植は掘取り，荷造り，運搬，植付けの工程で行われる。

(1) 樹木の移植の条件

移植を行うには，あらかじめ移植する樹木と移植する場所についての調査が必要である。

a. 土　地

原生地と新生地の土性，土質，地形の相違，特に不透水層の有無を確認し，水の移動に問題がないかを調べる。

b. 環　境

移植先が日射地か日陰地か，都会地か海岸地か，盛土地か埋立て地かなども調べる。

c. 距　離

近距離で短時間の移植は活着に有利であるが，遠距離で長時間は不利な条件となる。

d. 樹　勢

一般に老木，大径木の移植は幼齢樹に比例して困難なので，老齢樹などの場合は細心の注意が必要である。病害虫の有無，根部の状況を調べ適否を決める。

e. 季　節

樹木の年間生育サイクル（樹木の体内エネルギー量，地上部成長量，地下部成長量の年間変化）などを参照し，移植適期に行うのがよい。

樹木は秋の落葉期までに，樹体内の糖分濃度を上げて耐凍性を高めてから休眠に入る。翌春，蓄積した糖のエネルギーを使って発芽や枝葉・根の伸長をし，さらに肥大成長も行う。展開した葉でつくられる糖分は蓄積されず，すぐに成長に使われるので，5月～7月中旬までは樹体内糖分濃度は最低の状態となっている。高温と乾燥が続く夏になると，地上部の上長成長はほとんど停止するが，光合成を盛んに行い，その光合成でつくられた糖分は，高温状態での生活による消耗を補い，幹や根の成長に当てられる。秋になると，糖

分エネルギーは越冬芽の充実と体内への蓄積に使われる。

このような樹木の生理的サイクルから，5月～7月までは樹体内エネルギーが最も低い時期である。その時期に移植や強剪定を行うと，再び十分な枝葉を展開し発根するにはエネルギーが絶対に不足するので，樹勢は著しく衰退する。

一般的に，樹木にダメージを与えない移植や剪定は休眠期に行うのがよいといわれる理由は，

① その時期であれば春の枝葉が展開してダメージを回復する時間的余裕があること。
② 気温が低いので病原体となる微生物や昆虫の活動が活発でないこと。
③ 樹体内のエネルギー蓄積量が多く抵抗性が高いこと。

などがあげられる。

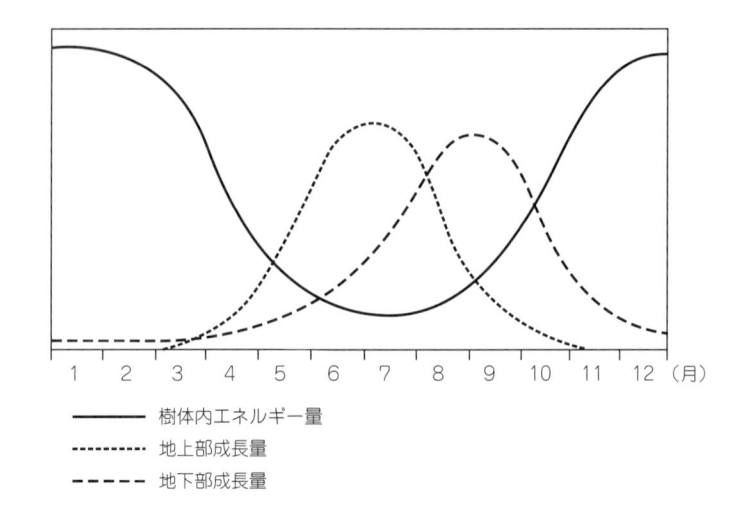

出所:「巨樹古木林等保全管理推進事業・保全技術開発 平成14年度報告書」(財)日本緑化センター

図4-22 樹木の体内エネルギー量，地上部成長量，地下部成長量の年間変化

(2) 樹木の移植の時期

樹木の移植の時期は，樹木の休眠期から春の発芽前までの間である。つまり，秋の彼岸から春の彼岸の間である。常緑樹はこの期間のほか，新芽が充実して新梢の固まった時期（梅雨期）が移植適期とされている。

① 常緑針葉樹の植栽の時期

通常3月上旬～4月上旬が最適期で，次いで9月下旬～10月下旬とされている。

② 常緑広葉樹の植栽の時期

早春の3月上旬～4月上旬と，梅雨期の6月～7月上旬，9月～10月までの3つの時期がある。しかし，梅雨期の樹体エネルギー状態は低いので，空梅雨で高温の続

くときは，移植に失敗する可能性が高くなる。

③ 落葉広葉樹・落葉針葉樹の植栽の時期

厳寒期を除いた11月～12月中旬と，2月中旬～3月上旬の新芽が動きはじめる前までがよい。しかし，樹種や個体により発芽の時期が異なるものがある。

以上が温暖地の関東地方平野部を例にとったものであるので，それぞれの地域での移植適期に行うことが必要である。

(3) 樹木の移植の難易

a. 環　境

環境の変化として，暖地の樹種を寒地に移植することは，困難なものである。

b. 根系の状態

太根のもの，粗根のものなど大きな直根を有するものは移植が困難であり，細根のもの，密生根のものは移植が比較的容易である。

c. 根の再生

根を切られても根部の再生の早いものは移植が容易である。それには，ツツジ，ツバキ，ヤナギなどがある。また，再生が遅く移植が困難なものには，カキノキ，ポーポーノキなどがある。

d. 活力度

老木，大木は移植が困難であるが，活力のある若木の移植は容易である。

e. 事前の処理

根回しなど適切な事前処理の有無によって活着状況が異なるものであり，貴重なものは慎重に根回しを行うなどの作業が必要である。

f. その他

剪定に弱いものは移植が難しいが，それには，モミ，サクラ，ユリノキなどがある。樹体内に異成分のあるものは移植が難しいが，それには，カシ類，モクレン類，モミジ類があり，タンニン，油分，糖分などの作用といわれている。

挿木(さしき)の容易なものは根づきやすく，それには，ヤナギ類がある。

(4) 根回しの必要性

根回しは，掘り取ってすぐに移植をするのは危険と思われるものに対して行われる，移植後の活着率が高くなることを目的とした作業である。老木，大径木，名木などの貴重樹を移植する場合，1年以前に一定の大きさの根鉢をとり，その周辺を掘り，あらかじめ側根などを切り詰め，細根の発生を促して植える。掘る場合は分割して2か年程度かけたり，

環状剥皮*によって発根を促すこともある。樹木には傷みを少なくすることが必要である。

なお、根回し作業によらず、薬品を用いて発根を促す方法もある。

(5) 根回しの方法

根回しは、根の切断や剥皮により、根鉢内の新根の発生を促し、生育に必要な細根を生じさせるものである。対象とする木の発根能力や樹勢により、その方法と養生期間が異なり、次の3タイプに大別できる。

① 発根しやすい樹種の山取りもの

根鉢全体又は半分くらいを掘り起こし、根切りや環状剥皮を行い、再び埋め戻して1年程度養生する。

② 発根しにくい樹種

根切りや環状剥皮を行い、たる巻きをして埋め戻し、半年から2年ほど養生して十分に新根を発生させる。

③ 発根しにくい大径木・貴重木・老木

根鉢全周の半分を掘って根切りや環状剥皮を行い埋め戻し、その後の発根状態を見て1年後に残りの部分を掘って根切りを行い、再び埋め戻してから、さらに1年程度養生して移植する。

根回しには、上記3タイプのように大掛かりな「溝掘式」と、根巻きをせず、簡単に側根を切るだけの浅根性の樹木に対する「断根式」とがある。

a. 溝掘式

① 鉢の大きさの決め方は、通常、幹の根元直径の3～5倍の鉢を定めているが、根回し後の移植の際の根鉢よりも小さくしておくことが大切である。根鉢の大きさが決まった後は、移植時と同じ掘り回しを行い、太根（直径3～5cm以上）を残して掘り下げる。掘り下げの深さは鉢径の半分が標準とされている。掘り溝の幅は、中で根の処理作業が行いやすい50cm以上とする。

② 出てきた側根（太根）や細根のうち、3～4方向の太根は残し、他の細根は鋭利な刃物や剪定ばさみで根鉢に沿って切る。根の切断は、断面が割れたり、裂けたりしないように注意し丁寧に行う。切口の皮がはがれたり浮いたりしたときは面取りを行うとよい。切断した根のうち、直径1cm以上の根には、防菌・癒合や不定根発生の促進のために切口にチオファネートメチルペースト剤などを塗布するとよい。

---

* 環状剥皮：この場合、根の表皮とあま皮（形成層）を輪状にはがし、発根を促す。

③ 残された太根は根鉢に接する位置で10～20cm程度の幅で根の周囲を刃物で形成層まで完全にはぎ取る（環状剥皮）。その際，材部（導管）を傷つけないこと。傷つけると，剥皮部より先の根からの水分・養分や植物ホルモン（サイトカイニン）の供給が阻害される。

④ 太根の処理が終わったら根巻き（たる巻き）を行う。たる巻きは，根回し後再び掘り取るときの鉢取りを容易にするために行われる。

⑤ 根回し作業が終わり，埋め戻しを行う。発根を促すために良質な木質系堆肥などと掘り上げ土壌を混ぜて埋め戻しが行われることもある。埋め戻しの際は水極めにする場合が多い。

⑥ 埋め戻し後，支持根が切断されて倒れやすくなっている場合は，風よけ支柱を施す。通常移植する場合は，取り除いた根の量に応じて枝葉の除去が常緑樹２／３，落葉樹１／２以上行われているが，根回しの場合発根を促進する植物ホルモンの生成を考えると必要最小限の軽い剪定にとどめておくことが望ましい。目的の移植時期まで，細根が発生するよう養生する。

b．断根式

断根式は，比較的浅根性で直根のない樹種に行う方法である。幹径から根鉢の大きさを定め掘り回しを行い，出た側根を切る。切り口を鋭利な刃物で切り戻し，埋め戻しを行う。

また，さらに簡単な方法は，地表から剣スコップや根切りばさみで側根を切るだけの方法もある（図４—23）。

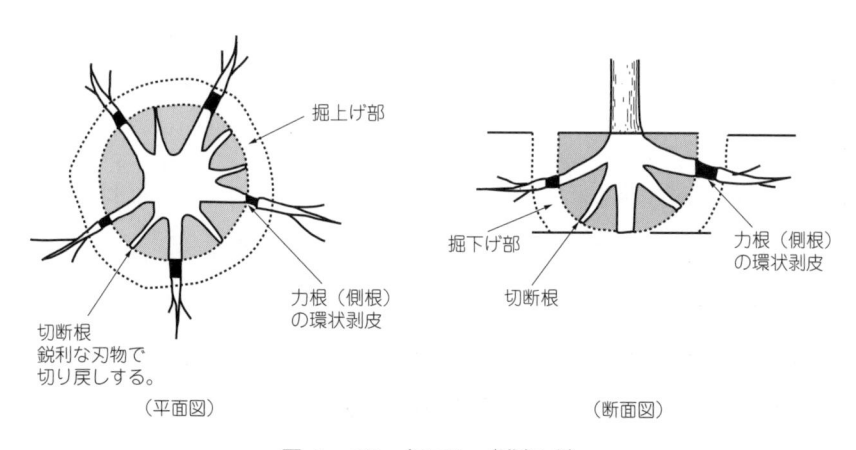

図４—23　根回し（溝掘式）

（6）根回しの時期

根回しの時期は，樹種によって異なるが，落葉広葉樹では樹液の活動する直前の３月上旬から中旬及び梅雨の７月上・中旬の新葉がほぼ固まったころがよい。春に根回しを行え

ば，順調に進んでその年の秋から移植が可能になる。

針葉樹と常緑広葉樹は，樹液の移動がはじまったころ，おおよそ萌芽前15日程度の3月中旬～4月上旬までである。春に根回しを行えば，翌年又は梅雨どきの移植が可能になる。

（7）掘取りの方法

樹木の掘取りをはじめる数日前には，十分灌水を行うとよい。根鉢が乾燥していると，掘取り・根巻き時に鉢が崩れやすいからである。

掘取り作業に支障となる下枝は，枝を折らずにしおってから行う。枝をしおるときは，上方枝，中間枝，下方枝の順に行うとよい。

掘取り作業は，鉢の表面の雑草をはぎ取ってから行う。

中・高木の鉢の大きさは，一般的に幹の根元直径の4～5倍を標準としている。

根鉢の形には，樹木の根系により，皿鉢・並鉢・貝尻鉢などに分類され，浅根性の樹木（ソメイヨシノ，イロハモミジ，アラカシ，ヤナギ）には皿鉢を，深根性の樹木（クロマツ，スギ）には貝尻鉢がよく，それぞれの樹木の根系にあった鉢形にするとよい。

a．根巻き

根巻きは，土付け法ともいい，
① 根の乾燥防止
② 細根の損傷防止
③ 根と土との密着状態を保つ
④ 運搬上の利便性

などを目的として，わらや麻布で根鉢を包み，縄や麻ひもで巻き締めを行う方法である。一般的に針葉樹や常緑樹，季節はずれの落葉樹（落葉期以外）に行う。鉢には土を付けて落とさないようにする。

根巻き作業のうち，たる巻きは，根鉢をそのまま掘り穴の中で根鉢に対して水平に回し巻きするものであり，根鉢を掘り穴より出して根を巻く方法を揚巻きという。

b．振るい掘り（ふるい）

振るい掘りは，根を少し大きめにとるが，土を付けず鉢土を落とし，根巻きなどを行わず，そのまま運んで植える方法である。落葉樹の移植は，一般に，落葉期，特に開葉前に行うと活着するのでこの方法が適当である。

c．追掘り

追掘り(おいぼ)は，探り掘りともいい，太い長い根を切らず先端まで掘り出して，水ゴケなどで巻いて根全体をまとめて簡単に運搬し移植する方法である。根の数が少ないもの，根を切

ると生育が悪くなるようなものに行う（ジンチョウゲ，ミカン，フジなど）。

d．凍土法

凍土法(とうどほう)は，土の深いところまで凍結する寒冷地方で，凍った土ごと切って崩れないうちに移植する方法である。日本の寒冷地やアメリカ北部，カナダなどで行われている。

(8) 樹木の運搬

運搬に支障となる枝は，幹に枝を縄で縛っておく。

積込み運搬前に，幹巻きをしておくとよい。

幹巻きは，

① 樹皮からの蒸散防止

② 直射日光による皮焼け防止

③ 寒さ除け

④ 虫除け

⑤ 樹皮の損傷防止

などに効果がある。特に，マツ類には幹巻きの泥塗りがよく行われる。これは，一番先に荒縄を幹に巻いて泥土が落ちないようにするもので，樹皮内の害虫を殺したり，その侵入を防ぐ効果があるとされている。

樹皮のはがれやすい樹木や水揚げ時期の移植には，移植木を2点でつり上げて（つる位置にあて物をかう）積込み，積下ろしをするとよい。

運搬中は，樹体の水分が蒸散しないよう，できるだけ外気に直接当てないことが望ましい。運搬された樹木で，その日のうちに植栽できない場合は，乾燥を防ぐため，ぬれむしろなどにより根を覆うのがよい。

(9) 樹木の植付け

樹木の植付けは，まず根鉢の1.5倍ほどの余裕のある植え穴を掘り，鉢底は中央部をやや高めに床土を盛り上げて入れる。これは，

① 立て込み時に，樹木の回転を容易にして向きを調節するため

② 根鉢高さの調節のため

③ 鉢底にまで土を入りやすくするため

④ 排水性の改善

などのためである。植栽時の土は，肥料分が十分含まれていることよりも，透水性や保水性のよい土壌の方がよい。そのために，土壌改良剤の混入がよく行われている。わらや麻布の根巻き資材は，植付け時に取り外さなくとも樹木の生育に害がない。しかし，現場の

植土が黒土で、搬入樹木の鉢土が粘土の場合は、鉢土を崩して植えることが多い。

　樹木を植付ける深さは、通常移植前の芝付け（幹と根の境）の位置が基準とされ、それより深過ぎる（深植え）と根が二段根になりやすく、根腐れを起こし根つきが悪くなる。逆に、水はけの悪い場合や乾燥地に向く樹木は浅く植える（浅植え）とよい。

a．水極め

　一般に、移植される樹木を植えるときは、水極め（みずぎめ）が施されている。特に、振るい掘りした樹木は水極めにするとよい。

b．土極め

　土極め（つちぎめ）とは、埋め戻す際に鉢を入れた植え穴へ水を入れず、土と根鉢が密着するように、突き棒で突き固めて土だけで植え込む方法で、一名「突き極め（つきぎめ）」、「空極め（からぎめ）」ともいう。植栽の適期ではマツ類は土極めとし、浅植えにする。

c．水鉢

　水鉢（みずばち）は、前記a．b．の方法とも、植え付けが終わり地ならしがすんだら、改めて樹木の根元の回りに根鉢径より少し大きめの円形の浅い溝を掘り回し、外側に土を積み水鉢をつくる（図4—24）。ここに雨水などを蓄え、根に水湿を供給するのが目的である。土極めの場合には、水鉢に十分に水を供給する。

(10) その他の方法

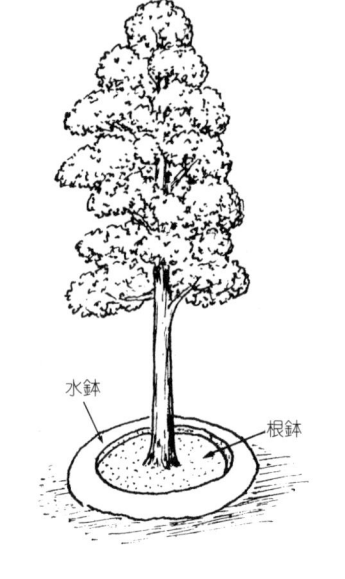

図4—24　水　鉢

a．薬剤による方法

　薬剤による方法とは、樹木の移植後、蒸散抑制剤（萎凋（いちょう）防止剤）などを散布し、葉などからの蒸散作用や発芽を抑えることによって、根の活動とのバランスをとり、植え傷みを軽減しようとする方法である。

b．ネットによる方法

　ネットによる方法は、根鉢ができていても移植の時期が悪かったり、移植した周辺環境が悪くしばらく保護する場合、目が粗く薄地で硬めの綿布（寒冷紗）で根本を遮光し蒸散作用を抑えようとする方法である。

2.5　樹木の風除養生

　植栽した高木，中木のまだ根の張っていない樹木が倒れることのないよう風除養生(かざよけようじょう)（支柱工，控木ともいう）を施す。風除養生には，布掛け，添え柱，鳥居，八つ掛けなどがあり，その代表的な工法を図4―25に示す。

　風除養生の資材には防腐処理した丸太やタケと，シュロ縄，スギ皮，鉄線などの材料が使用される。丸太，タケは支柱とされ，シュロ縄は樹木と支柱の結束に，スギ皮は支柱に結束する部分の樹木の幹当てに，鉄線は支柱相互の結束に用いられる。

　風除養生は，よく目につくものであるので，見栄えよく仕上げることが大切である。

　八つ掛けの上部の結束など高い場所の作業には脚立(きゃたつ)を使用する。八つ掛けの支柱の根元に根杭(ねぐい)（やらず杭）を打ち，支柱と根杭を鉄線で結束して固定する。

　また，地上の幹部に施される支柱に代わって，地下部の根鉢に取り付けて固定する地下埋設式の金属支柱が多用されている。特に，屋上緑化などの人工地盤上での樹木の植栽には，強風に耐えられる耐久性のある金属支柱が不可欠である。近年，自然に返る素材の丸太で根鉢を囲み固定する地下支柱も普及しつつある。

112　造園概論とその手法

布掛け
- のこ目，鉄線割掛け
- スギ皮，シュロ縄割掛け
- スギ皮，シュロ縄割掛け
- 唐竹（からたけ）
- のこ目，鉄線割掛け
- のこ目，鉄線割掛け

添え柱
- スギ皮，シュロ縄割縄
- スギ皮
- 唐竹
- 9
- 180
- 80

添え柱型二脚鳥居
- スギ皮，シュロ縄割縄
- スギ梢丸太
- 釘打，鉄線　シュロ縄綾掛け
- 綾掛け
- スギ皮
- スギ皮
- シュロ縄割縄
- 9
- 60
- 9
- 12
- 95
- 180
- 15
- 65
- 背面図　側面図

二脚鳥居

やらず杭の取付け図
- 100～125°
- スギ長丸太　釘打鉄線結束
- 90
- 60
- 20
- 20
- やらず杭（スギ切丸太　末口径6以上）

八つ掛け
- 釘打，鉄線結束
- スギ皮，シュロ縄割縄
- 唐竹又はスギ長丸太
- 釘打鉄線結束

（単位：cm）

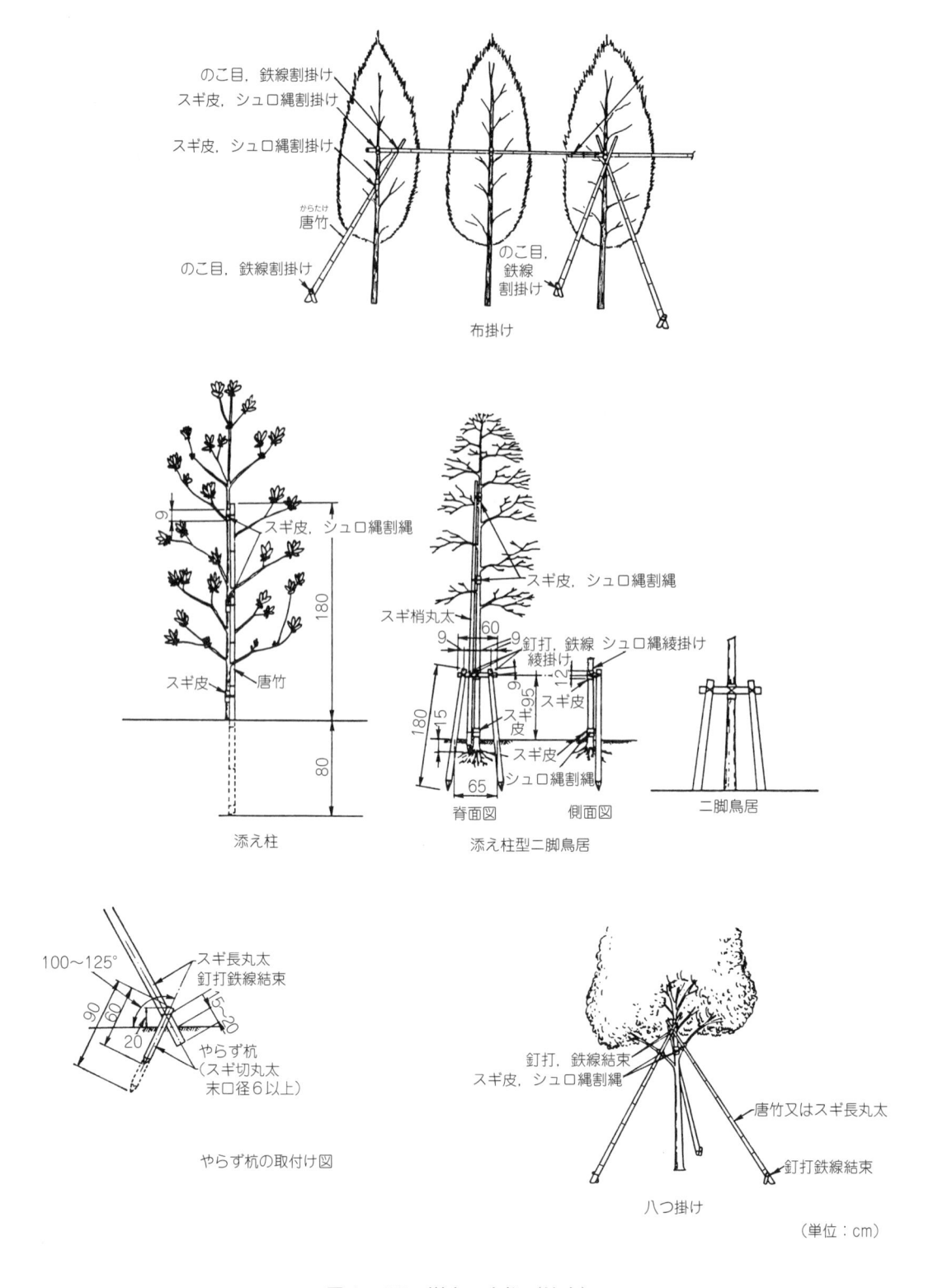

図4—25　樹木の支柱（控木）

第3節 植物管理

植物管理作業の重点は，樹木の整姿と剪定である。植栽効果を十分果たすように管理作業を行う。

3.1 樹木の管理の目的

樹木は，植栽目的に添って健全な生育を続け，造園樹木としての種々の機能を十分に発揮させるために，整姿，剪定，刈り込みなどの手入れや施肥，灌水(かんすい)，病害虫の防除などの管理作業が必要である。また，地域によっては防風，防寒の管理技術，樹木の樹勢回復の特殊技術が必要になる。

(1) 樹木の剪定と年間生育サイクル

樹木の剪定を行うには，基本的植物生理として「年間生育サイクル」と「花芽のつき方及び開花の仕方」などを知ることがポイントとなる。

一般的に樹木は，枝を長めに残して剪定すると弱い枝が出て，逆に枝を短く剪定すると強い徒長枝を多く生じる。日照による枝葉の伸長度合いも東西南北・上下・末元で異なり，樹木の上方や南側の成長の旺盛なところは強剪定を，樹木の下方や北側の方位には弱剪定を行うとよい。

表4—2　樹木の年間生育サイクル（参考・東京地方）

常緑広葉樹		落葉広葉樹			針葉樹	
12月中旬〜3月	休眠期	12月上旬〜2月上旬	休眠期		12月上旬〜3月	休眠期
4〜6月中旬	新梢成長期	3月上旬〜6月上旬	新梢成長期		4月〜6月上旬	新梢成長期
6月中旬〜8月	枝葉成熟期	6月上旬〜10月下旬	枝葉成熟・養分蓄積期		6月上旬〜8月	新葉の成熟期
9月〜12月中旬	養分蓄積期	10月下旬〜11月上旬	紅葉，落葉期		9月〜12月	養分蓄積期

(2) 剪定の目的と方法

剪定の目的は，造形，整姿を目的とするほか，樹木の成長を助長させるなど，様々な目的がある。以下目的別に剪定方法を示す。

a．造形，整姿を目的とする剪定

(a) 枝抜き剪定

枝抜き剪定は，野木(のぎ)（山野に自生した全く手入れをしていない木）などに見られる見苦しい枝，無駄な枝を取り払い，その樹木固有の樹形を基本として，姿を整える方法である（図4—26）。特にマツ類，アオギリなど，枝が車状に発生し，木の姿が乱れることが多

い樹木に施す。

(b) 玉づくり

玉づくりは，幹の直線と全体の樹形のバランスによって残す枝の位置を決定し，不要な枝を除去した後に，枝葉の塊を玉状に刈り込み，樹木全体にちりばめるように仕立てる方法である（図4－27）。なお，刈り込みに耐えられるヒノキ，イヌマキ，イチイ，スギ，イヌツゲ，モッコク，モチノキ，スダジイなどの樹木に適する。

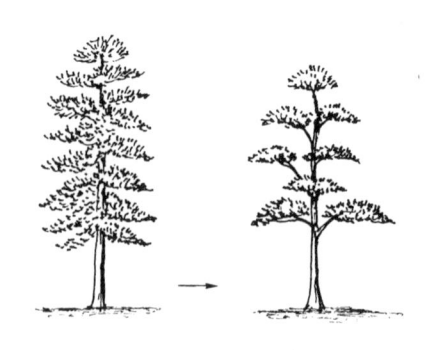

図4－26　枝抜き剪定　　　　　図4－27　玉づくりの仕立て方

(c) 曲幹づくりの枝抜き

主幹が曲線を描く樹木の枝抜きは，幹の曲線と全体の樹形のバランスによって残す枝の位置を決定し，樹木全体を整える方法である（図4－28）。この場合，樹木の裏・表がはっきり位置付けられる。マツ類，ラカンマキ，イヌマキ，イチイ，イヌツゲ，ゴヨウマツなどの樹木に適する。

(d) 寸胴切り

寸胴切りは，幹吹き形，幹の太さ，古幹など，樹幹の趣を残して仕立てる方法で，樹幹を地上4～5mで切断し，少数の小枝を吹かせるやり方である。アオギリ，モチノキ，カシ類，イチョウなどに適する。

図4－28　曲幹づくりの枝抜き　　　　　図4－29　寸胴切り

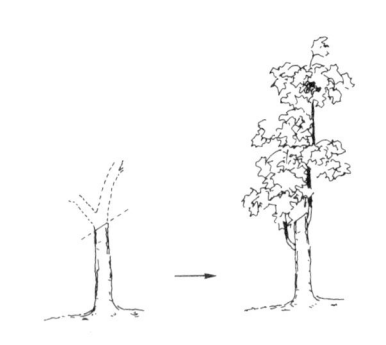

(e) 枝吹き

枝吹きは，太い枝を切断し枝葉を萌芽させる方法である。特に切り口付近に枝葉を密生させ，萌芽した枝葉に整姿を繰り返し，枝先に一群の枝葉を形成させる（図4—30）。ムクゲ，ニセアカシア，サルスベリ，マテバシイなどの樹木に適する。

(f) 枝抜き（株立物）

株立物の枝抜きは，徒長枝や混み過ぎた枝を根元から枝数を整理剪定し，枝の更新を図る方法である（図4—31）。キョウチクトウ，クチナシ，ヤマブキ，レンギョウ，アベリアなどの株立物の樹木に行う。

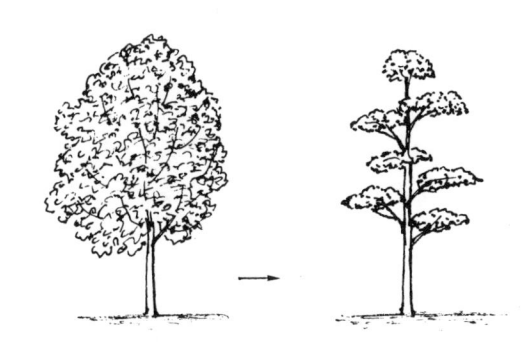

図4—30　枝吹き 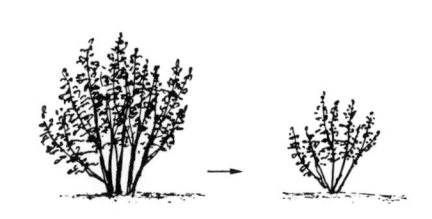　　　　　　図4—31　枝抜き（株立物）

b．樹木の成長を助長させるための剪定

(a) 上方に伸長させるための剪定

上伸成長の促進で，側枝の切り詰め，下枝の除枝を行うことにより上伸成長が旺盛になる（図4—32）。

(b) 枝振りを改良するための剪定

枝張り成長の促進で，樹幹の先端を切断し側枝の充実を促進させる（図4—33）。

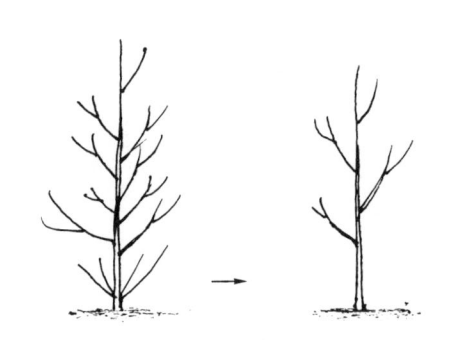

図4—32　上方に伸長させるための剪定 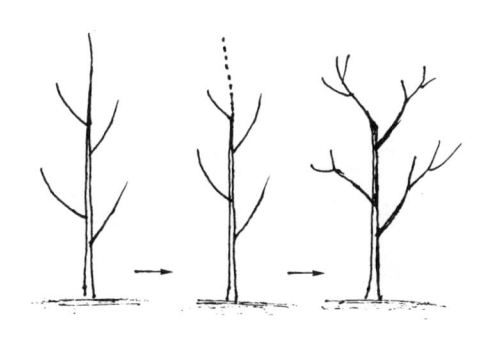　　　図4—33　枝振りを改良するための剪定

(c) 寒さへの順応力（耐寒性を増大させる）

切り詰めしない先端の枝は寒さで枝枯れを起こすことが多いため，上方の枝を切り詰め側枝を付ける（図4-34）。東京付近では，クスノキ，センダン，ニッケイなどの樹木に行う。

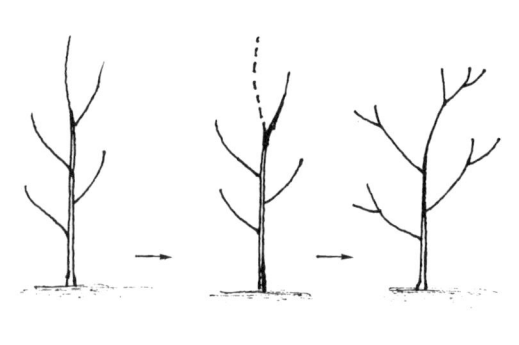

図4-34 寒さへの順応力

c．樹木の成長を抑制するための剪定

① 樹木を自然に伸ばすと相当に広がるので，剪定により樹形を一定の大きさのまま維持することを目的として行う（図4-35）。

② 樹木を特定の形（トピアリーなど）に維持，固定するために行う。生垣や刈込み物の刈込みなどもその一例である。

③ マツ類，シイ類，モチノキ，モッコクのみどり摘み（図4-36），葉摘みなども，抑制のための剪定である。この剪定は徒長を防止する目的で行われる。特に枝葉の中央の枝を除枝することを「みつ」を取るという。

そのほかに抑制のための方法として摘心，摘芽がある。

摘心とは，新梢の先端が木質化しないやわらかいうちに摘み取る方法をいう。

摘芽とは，萌芽する以前に，芽の方向，花芽，葉芽などの別や芽の性質を知り，芽の段階で摘み取る方法をいう。

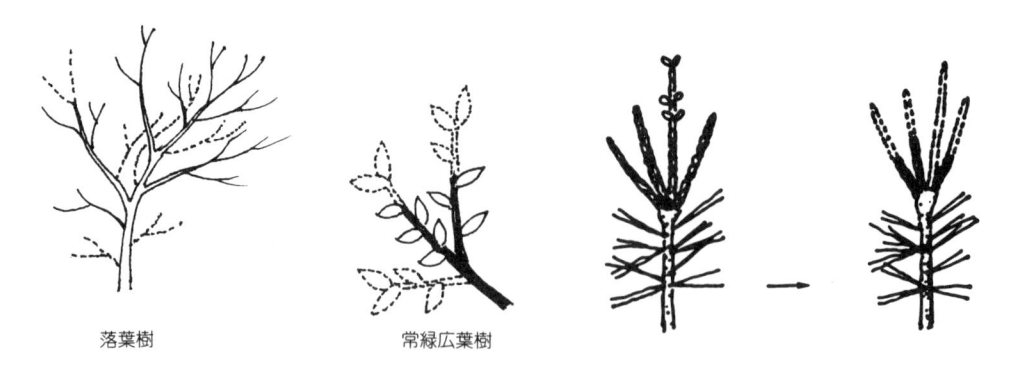

図4-35 樹形の維持（枝抜きと切り詰め）　図4-36 マツのみどり摘み（マツにのみ行う作業）

d．着花，結実を促進させるための剪定

花木や果樹などでは，多くの花芽を着芽させ開花させることを主目的に剪定する。したがって，樹木の花芽分化期と開花の時期を熟知し，これに基づく剪定を行って効果を上げる。

花芽のつき方と開花の仕方（4つのパターン）によって，剪定を行う適期や方法が異なる。この時期を誤ると，せっかく手入れしても花が見られない庭木となったり，実のつかない果樹となってしまう。

① 今年伸びた枝に花芽をつけて，今年開花するタイプ

剪定……このタイプは，夏から秋にかけて開花するので，花が終ったら翌春芽が吹くまでの間に剪定する。種類としては，アベリア，サルスベリ，ノウゼンカズラ，ハギ，フヨウ，ムクゲ（以上が頂芽と側芽*に花芽），キョウチクトウ，キンシバイ（頂芽のみに花芽），ナツツバキ，テイカカズラ（側芽のみに花芽），モクセイなどがある。

② 花芽が冬を越して翌年開花するタイプ

剪定……春に咲くことが多いので，花つきをよくするために，今年伸びた新梢は切らないこと。花後すぐ剪定をする。種類としては，サザンカ，ツバキ，レンギョウ（以上が頂芽と側芽に花芽），サツキツツジ，オオムラサキツツジ，シャクナゲ，シモクレン（頂芽のみに花芽），ウメ，モモ，ハナズオウ（側芽のみに花芽）などがある。

③ 今年の枝についた花芽が翌年わずかに伸びてから開花するタイプ

剪定……早春から春に開花する場合が多く，剪定時期や方法は前記②と同様である。種類としては，シモツケ，フジ，ウツギなどで，短枝の先に開花する。

④ 春伸びた枝に花芽を持った芽をつけ，翌年そこから伸ばした新梢に開花するもので，晩春から初夏にかけて咲くものに多いタイプ

剪定……花後すぐに切って，5月〜6月以降は枝の先端を切らないこと。花芽を確認しながら落葉期に剪定する。種類としては，アジサイ，ボタンなどがある。

e．樹木を更新させるための剪定

樹齢を重ね，老木化した樹木を若返りさせるには，次のようなことが行われる。

① 伸び過ぎた枝を切り返すことで，樹形を整えると同時に，残された枝から新梢を萌芽させる。

② 樹齢を重ね，老木化した樹木を若返らせるには，古い枝を切り詰め，新梢を萌芽させ，活力ある枝に育てる。特にヒイラギは，古木になると葉縁に鋸歯がなくなり本来のヒイラギらしさが失われる。そこで，鋸歯のある葉を発生させるために，古い枝を剪定することがある。

---

* 頂芽と側芽：枝の先端にある芽を頂芽という。枝の側面にある芽を側芽又は腋芽という。

f．樹勢保護や病害虫防除のための剪定

(a) 幹吹き枝・ひこばえの除枝（図4—37）

防寒，風倒の防止，樹勢の保護のために幹吹き枝を除去しておく。特に，デイゴなどの幹吹き枝は寒さで枯れ込むため，事前に除去しておく必要がある。

また，ひこばえ（ヤゴ）は，放置せず，早期に除去して親木の成長を阻害しないようにする。

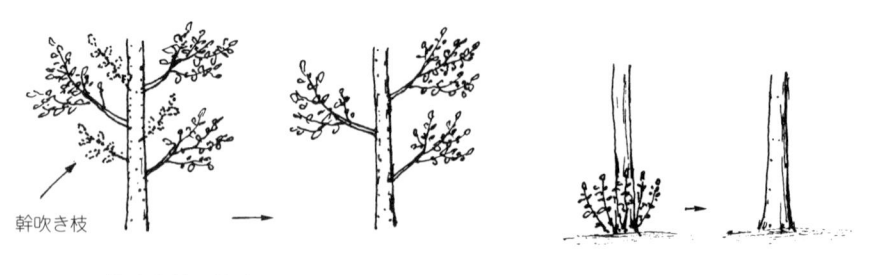

図4—37　幹吹き枝・ひこばえの除去

(b) 古葉の除去

古葉の除去とは，ドラセナ，シュロ，ヤツデなどの古葉を取って形を整えることである。病害虫発生の原因になることもあるので，すっきりさせること。

(c) 葉先の切り詰め（図4—38）

葉先の切り詰めは，葉先がとがっていて危険な樹木のアツバキミガヨランなどに行う。

(d) 病枝の除去

サクラ類のテングス病の枝は，芽が動く前に深く除枝し，マツのコブ病にかかった枝も除去する。ヤドリギなどの寄生植物に寄生された樹木は栄養不足で枯らすこともあるので，早期に除去する。

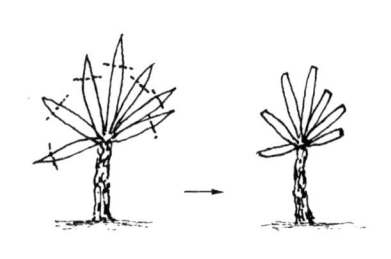

図4—38　葉先の切り詰め
　　　　（アツバキミガヨラン）

g．樹木の生理を調節するための剪定

(a) 移植に伴う剪定

移植では多くの根が切断されるため，地上部の発散を抑え地下部の吸収力とのバランスを取ることを目的としたものである。通常移植する場合は，取り除いた根の量に応じて枝葉の除去が常緑樹2／3，落葉樹1／2以上行われている。発根させるためには光合成から得られる糖分などが必要となること，移植に伴う樹体内の温度を下げてくれるものは葉からの蒸散であることを考え合わせると，過度の剪定は控えることが望ましい。

(b) みどり摘み

マツの新芽を「みどり」といい，この芽が枝になり葉が開く前に，元から摘み取って枝数を減らしたり，途中から摘み取って伸長を調整して形のくずれることを防ぐための剪定が「みどり摘み」である。みどり摘みの適期は，指先で楽に折って摘み取れる5月ごろに行われる（関東地方基準）。

(c) もみあげ（葉むしり）

もみあげは，今年の葉を残してその下方にある前年の古葉を手でもむようにして取り除くことをいう。葉をむしり取ることから一名「葉むしり」ともいう。特にマツ類のもみあげでは，10月～12月にかけて，前年枝の葉はすべてもみあげられ，下枝にも十分日光が当たるように行われている。

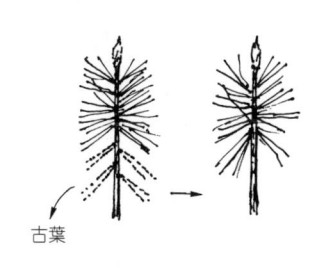

図4—39　もみあげ（マツ）

(d) とび取り

とびとは，徒長した枝をいい，これらを取り除いて樹形の乱れとなる一部の成長を抑える方法である。ウメ，トウカエデ，アベリア，トベラ，シャリンバイ，ドウダンツツジなどに多く用いられる。

図4-40に剪定枝の種類をあげる。

・車枝
1箇所から数本発生した枝

・ふところ枝
枝ばりの内側にある衰弱した枝。通風，採光の妨げになる。

・平行枝（重なり枝）

・立ち枝

図4—40(1)　剪定枝の種類（不要枝）

- さし枝（正面に長く突き出した枝）

- 下垂枝（下がり枝）
 下向きに出ている枝。

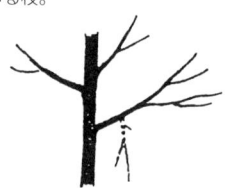

- 交差枝

- 幹吹き枝（胴吹き枝）

- 逆枝

- かんぬき
 マツ類に多く，反対方向に水平に出た枝

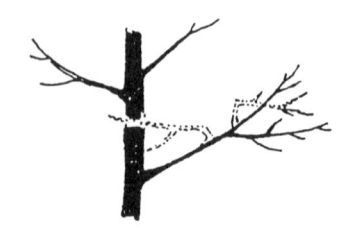

- 徒長枝（飛び枝）
 一定の枝張り線から飛び出している枝。

- ひこばえ（ヤゴ）
 根元に近い部分から発生する小枝。放置すると樹勢が衰弱する。

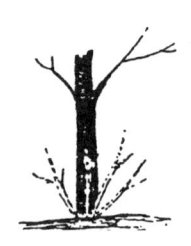

- 枯れ枝

- もたれ枝（きり枝）
 幹又は主要な枝にもたれ掛かっている枝。将来，樹形を乱す枝となる。

図4—40(2) 剪定枝の種類（不要枝）

・芽どまり枝（欠芽枝）
　新生する芽が欠けている枝。

・病枝
　サクラ類のテングス病，マツ類のコブ病

図4－40(3)　剪定枝の種類（不要枝）

（3）剪定の種類

a．枝おろし

　樹木の大枝を幹の付け根からのこぎりで切り落とす剪定方法である。街路樹では道路側支障枝の切り上げが路面から4.5mと規定されており，枝おろしがよく行われる。従来は見栄えの視点から枝とつながった樹幹部分が平滑となるような枝おろし（フラッシュカット）がなされていたが，最近では樹木の視点から大枝の適切な切断位置は，ブランチバークリッジ（幹から出ている枝の上の膨らんだ部分）とブランチカラー（枝の下の膨らんだ部分）を結んだ線で剪定を行うと損傷被覆組織の形成や変色の進行面から最適であるといわれている。ブランチカラーの内部には枝が切られた後の傷口をふさぐ保護帯と養分があり，この部分を傷つけないように剪定することが望ましい。

　枝おろしを行う際は，一気に切ると枝の重みで樹皮をはがしてしまうことが多いので，2度切りするとよい。

b．枝抜き（枝透かし）

　込み過ぎた枝や枯れ枝を根元から切り除き，適度に樹冠を透かして，通風・採光をよくし病害虫や枯れを防ぐための剪定方法である。枝抜き剪定の手法には，切る枝の大きさや量によって，大透かし，中透かし，小透かしがある。骨格枝の形成に効果がある。

c．切り返し（切り戻し）

　伸び過ぎた枝を側枝の途中，又は新生枝と側枝の間で切り返す（切り戻す）剪定方法であり，樹木の樹姿を縮小する最も適切な方法でもある。

d．切り詰め

　伸び過ぎた枝を新生枝の途中で芽を気にせずに切り詰める剪定方法で，樹形を小さくしたり，一定の大きさを維持するために切り縮めて形を整えるものである。生垣の刈込みはこの切り詰め剪定に相当する。

e. 刈込み

　生垣や玉物の樹冠全体を刈込みばさみやトリマーを用いて均一に刈り込む剪定方法で，刈込み時期は，新芽の固まった5月～6月と土用枝が固まった9月の年2回とされている。ツツジなどの花物は，花が終わった後刈り込むのがよい。玉物の天端を刈り込むときは，刈込みばさみを裏返して使うとよい。

（4）特殊管理

　日本庭園などで，樹木を大切に育てる場合や貴重な樹木などは，枝の1本ごとに大切に扱っていることが多い。

a. 雪つり

　雪つりとは，樹木の防雪保護のことで，日本海側の地域に多く見られ，雪の重みで枝が折れるのを防ぐために施す伝統的な作業である。

　雪つりで全国的にも有名な施工例としては，石川の兼六園がある。この装置は冬の庭園の風物詩ともなり，風致を一層高めている。

b. 幹巻き

　幹巻きには，移植後の日焼け，虫害，霜割れなどを防ぐために行うものと，晩秋に害虫の移動前に取り払うマツのケムシ捕獲のために行うこも巻きなどがある。それぞれの目的によって施され方が異なるが，名称は一様に幹巻きという。

（5）樹木管理の種類

　樹木管理には，

① 時間的経過に伴って重点的に対処する管理

② 発生の都度常に対処すべき管理

がある。

　①の管理は，保護管理といって，移植後1年目ぐらいに重点的に行う管理である。病害虫のある枝の剪定，移植時の剪定，移植時の幹巻き，風害予防の支柱，幹害予防の幹巻きなどを行う。

　育成管理は，育成後2～10年ぐらいに重点的に行われる管理である。有用枝の生育促進のために萌芽枝などの剪定と一般的施肥を行う。

　抑制管理は，移植後3年次以後に重点的に行う管理である。樹形維持のために行う剪定や美観維持のために剪定などを行う。

　②の管理は，障害管理といって，通行，日照，採光，通風などの除害除去のための剪定や，枯死，風倒により危険な場合には伐採を行う管理である。毛虫が人に著しい害を与え

るような場合には除去する。

管理表については参考資料（194ページ）を参照されたい。

3．2　造園樹木の樹形

樹形とは，樹木の幹，枝条，葉簇（ようぞく）の各部分から構成される全体の姿をいう。

一般に樹形は，樹齢や生育環境によって変化するものである。造園では，樹芸＊としての側面があり，強弱の差があるが自然仕立てと人工仕立ての樹形の管理を行っている。

（1）自然仕立て

自然仕立ては，自然に近い樹形に管理し，生育した樹木の形である。主として自然式庭園に多く用いられ，全体の形が自然樹形（図4―41）に近く仕立てられている。樹種によっては，特有の樹形になる。

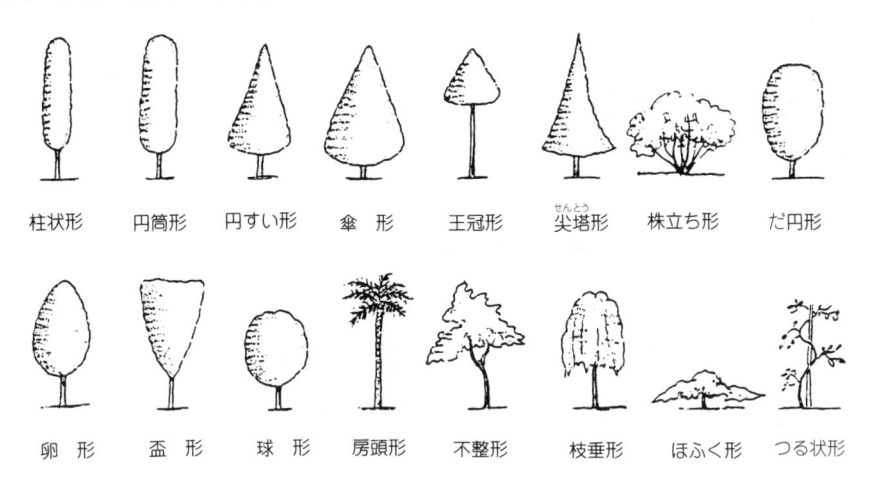

柱状形　円筒形　円すい形　傘形　王冠形　尖塔（せんとう）形　株立ち形　だ円形

卵形　盃形　球形　房頭形　不整形　枝垂形　ほふく形　つる状形

図4―41　自然樹形のいろいろ

また，樹木の幹や枝の形状により樹形は，直幹（単幹），双幹，武者立ち，曲幹，斜幹，流枝，懸崖，枝垂れなどの形で呼ばれている（図4―42）。

＊　樹芸：樹木を人間生活に，観賞・利用（木材としてでなく）の面から役立てるよう研究する学問と技術の総称をいう。

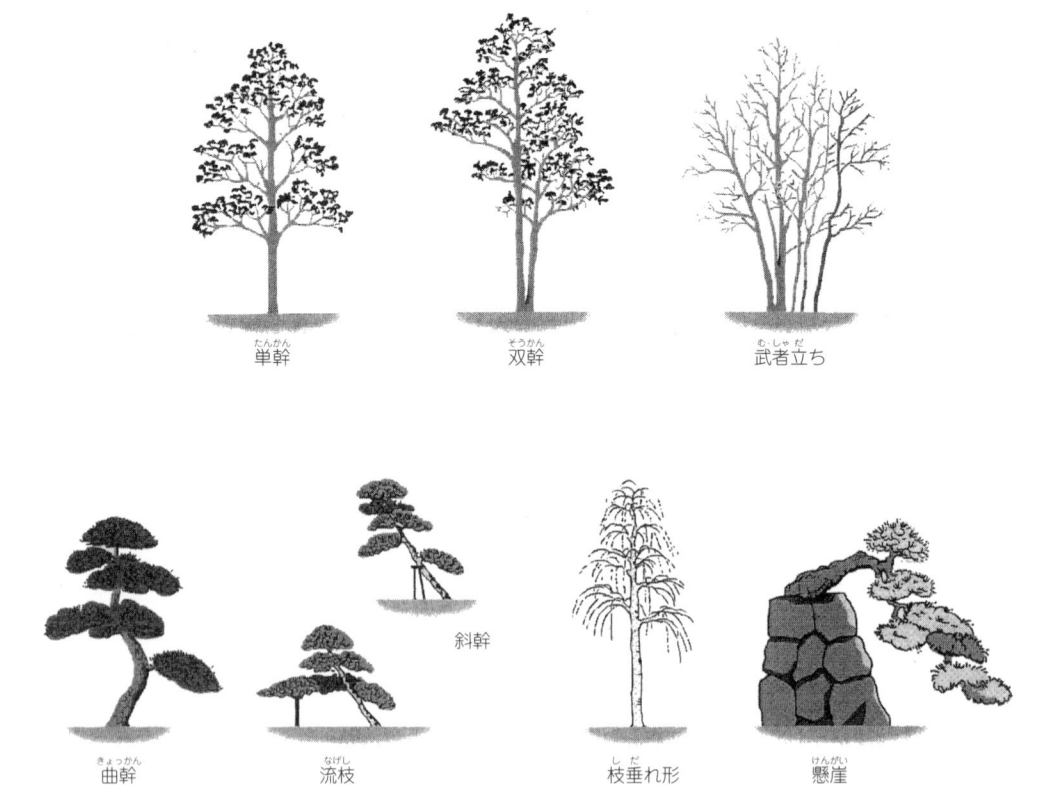

図4—42 幹や枝の形による樹形の呼称

（2） 人工仕立て

　人工仕立ては，整枝や剪定によって，主として整形式庭園や諸外国の都市緑化用樹木に多く用いられ，植栽目的にあった樹形に仕立てることである。

　人工仕立ては，樹木を彫刻形に刈り込んだ仕立てで，ファスティギアタ（直立性），スタンダード（スタンド型），トピアリー（刈込み仕立て），エスパリア（壁状仕立て）など，海外の技法をとり入れて都市緑化用樹木の樹形として近年盛んに出回りはじめている（図4—43）。

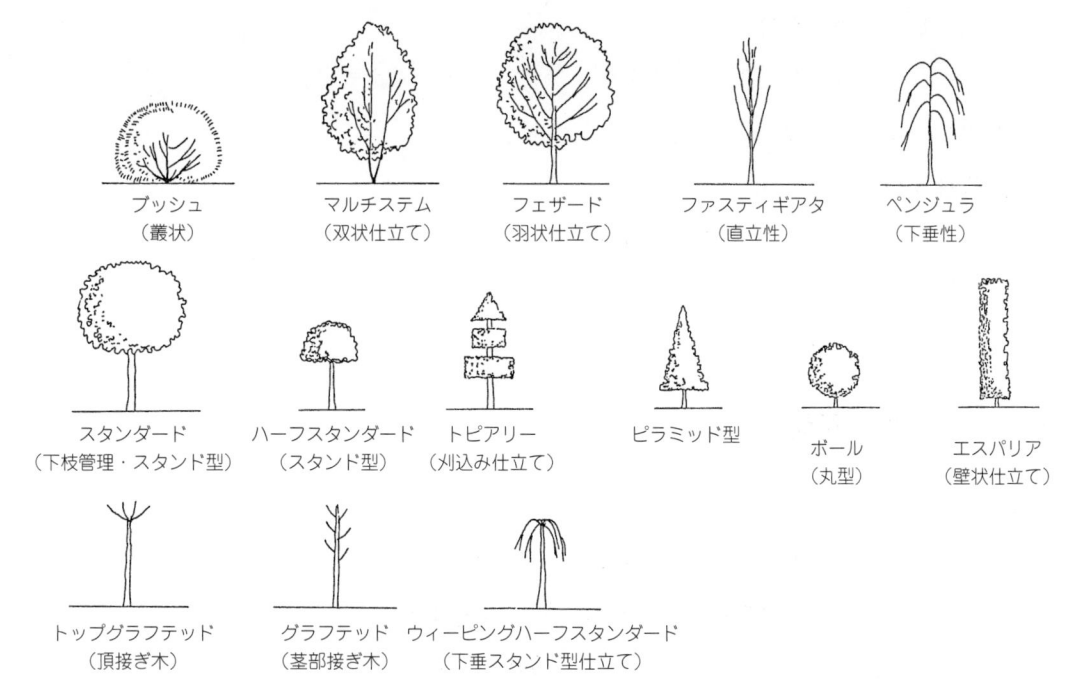

ブッシュ（叢状）　マルチステム（双状仕立て）　フェザード（羽状仕立て）　ファスティギアタ（直立性）　ペンジュラ（下垂性）

スタンダード（下枝管理・スタンド型）　ハーフスタンダード（スタンド型）　トピアリー（刈込み仕立て）　ピラミッド型　ボール（丸型）　エスパリア（壁状仕立て）

トップグラフテッド（頂接ぎ木）　グラフテッド（茎部接ぎ木）　ウィーピングハーフスタンダード（下垂スタンド型仕立て）

出所：「都市緑化用樹木の生産技術と緑化—コンテナ栽培が未来を拓く—」
近藤三雄・加藤守宏・小池英憲・河村正編，ソフトサイエンス社

図4—43　各種の仕立て方

3.3　管理用器工具

植栽植物の管理に用いられる器工具類は，主に次のようなものがある。

a．剪定工具

剪定工具には，木ばさみ（鋏），剪定ばさみ，高枝剪定ばさみ，高枝切り，刈込みばさみ，トリマー（バリカン式剪定機），剪定のこ（枝切のこ），枝打のこなどがある。

b．芝刈り・草刈り工具

芝生・草地管理工具には，芝刈りばさみ，芝刈り機（リール式・ロータリー式），除草がま，草刈りがま，刈払い機，草刈り機などがある。

c．移植工具

移植工具には，移植ごて（鏝），剣スコップ，エンピ（円匙）などがある。

d．散布機

散布機には，噴霧機，散粉機，散粒機，スプリンクラー，動力式散水機などがある。

e．清掃用具

清掃用具には，ほうき（箒），熊手，レーキ，箕（み），スイーパ，ブロアーなどがある。

f．エアレーション機器

エアレーション機器は，芝生面に穴をあけて，土壌の硬さをやわらかくし，通気をよくして芝生の再生を促すための機械である。

g．伐採器具

伐採器具には，チェーンソー，おの（斧），なた（鉈）などがある。

h．粉砕工具

粉砕工具には，チッパーがある。

3．4　芝生地管理

日本の気候風土は，生態的にみて芝生地を放置すると，芝生地のまま持続することは少なく，他の植生に移行しようとするので，芝生地を維持するために管理が必要である。

芝生地は活着と繁殖を促すため，調整した細粒の土壌を施す。その後の管理には，施肥，刈込み，雑草防除，病害虫防除などがあり，健全で美しい状態を維持するよう配慮する。

(1) 施　肥

芝生は刈込みや踏圧されると弱るが，施肥によって回復させる。

肥料は，窒素，リン酸，カリの3要素を配分したものを施肥する。施肥時期は，芝生の成長の盛んな時期を迎える少し前が効果的である。

(2) 刈込み

芝生を維持するには刈込みが必要である。施肥と刈込みが芝生管理の主な手段である。一般の芝生での刈込みは，刈込み高さを10〜20mmとするのが望ましい。

刈込みの目的は，用途に適する芝の高さにすること，雑草の侵入を防ぐこと，芝の分けつ（蘖）*を促進することである。刈込み機械は，大面積，小面積など，地形，面積に合わせて機械を選ぶ。特に，ゴルフ場のグリーンに適する芝刈り機はリール式であり，比較的長い芝生の刈込みにはロータリー式が適する。

(3) 目　土

芝生には，養土として目土を加える。別名芽隠しともいう。目土の目的は，芝草の間の根回りに細粒の耕土を振りかけるように与えるので，ほふく茎の浮き上がりを防ぎ，根の発達や新しいほふく茎の発生を促し，有機物の分解を促進させ，芝生地の凹凸をならし刈込みを容易にすることである。

目土をする時期は，夏芝は春から夏にかけてがよく，冬芝は春のはじめがよい。目土は

---

*　分けつ：一般に茎の枝分かれをいう。

雑草種子の混入しないものがよい。

目土の量は，芝の茎葉が半分隠れる程度がよい。目土を行った直後に，シマジン（CAT）など土壌の表層を処理する除草剤で雑草の発生を未然に阻止することは効果的である。

(4) 雑草防除

雑草防除とは，刈込みにより雑草の侵入を防ぎ，芝草の成長を促進させ，雑草に負けぬようにすることである。造成前の床土や目土を熱処理，化学処理によって雑草の種子を枯死させ，施肥によって芝草を強くし，雑草の繁殖を抑える。また，除草剤も有効であるが，最近は抑える傾向にある。

なお，芝生の除草剤は，非選択性のものよりも選択性のものの方が適している。

(5) 病害虫防除

日本芝は一般に病害虫の問題は少ないが，西洋芝には多い。主な病害虫には，土壌病害といわれる菌類が芝の地下部を侵害する。これに対しては，土壌浸透性の薬剤や土壌殺菌剤を用いる。

葉を害するさび病についてはマンネブ剤の散布が効果がある。その他に，ネマトーダ（寄生性線虫）による根，ランナーへの害，コガネムシも大きな食害がみられるが，幼虫駆除は困難なので成虫が地上に出る時期にMEP剤などを散布する。

病害虫対策は，環境に応じた芝草類や病害虫に抵抗力の大きい芝草種を選び，適正な管理で旺盛な成長によって病害虫の発生を防ぐ。

(6) 芝生地の更新

芝生地が古くなったり，使用頻度の激しい芝生地は次第に衰えてくる。その原因は，

① 踏圧により土壌が固結し，透水性・通気性が低下するため
② 隣接する樹木の被圧による芝生の日照不足
③ 雑草の繁茂による芝生の後退

などがある。

芝生地の更新法で最も重要なものは，芝生地の通気作業である。この通気作業をエアレーションといい，レーキかけ，フォークかけ，エアレーション機器により芝生地に穴をあけて地面をかき起こし，土壌の通気性を改良して芝生の再生を促す。ブラッシングは，余分な成長点を引き裂き，葉や根の発達の余地をつくり，更新させる作業である。

3.5　コケ類の生育と管理

　コケ類の生育環境としては，湿気をもたらす池や小川があり，光線をやわらげ，風を弱め，乾燥を抑える効果を持つ針葉樹や広葉樹の疎林で覆われたところが望ましい。

（1）　コケ類の生育環境

　コケ類の植栽は，西日の当たる場所，雨が垂落(すいらく)する場所，風の強い場所，いつも水がたまっている場所は避けた方がよい。こういう場所では美しいコケは育たない。

（2）　コケ類の管理

　コケ類の管理をしていくには，日照，湿度，通風，土質などに留意する。

　コケ類の管理は，水をやり過ぎないこと。水をやる目安は，土が乾いて白っぽくなっているとき，コケの葉がしぼんできたときである。灌水は，だいたい夏期は1日に2回，春・秋は1回，冬は2日に1回ぐらいの割合で施す。なお，空中水分があれば，土中の水分はほとんど要らない。したがって，土質は，砂質で水はけのよいものが適している。

　水は井戸水か雨水がよく，水道水は3日程度汲み置くか，一度沸騰させて冷やしたものを用いる。灌水はジョウロなどで静かに行い，除草は根気よく不要な植物を手で取り除く。コケが完全に枯れた場合はその場所だけ植え替える。霜よけ，雪よけには，ススキ，マツ葉などで覆うのがよく，むしろやこもは，重くむれやすい欠点がある。霜柱でコケが盛り上がったときは，軽く押さえて元に戻す。夏の気温の特に高いときは，日陰をつくってやる。

　コケは病害虫に強く施肥の必要がない。モグラなどが掘り起こしたときは，埋め戻してコケを固定する。その他，土ぼこりなどがかからないようにする。

第4章の学習のまとめ

この章では生きた植物材料を扱う技術が主となっている。
- 植物材料の種類には，樹木類，地被類，造園用草花類があるが，その中の種類を理解すること。
- 樹木類の識別のため，種類の見分け方を知り，誤りなく使用できるよう，樹種の特性を明らかにするための基礎知識を修得すること。
- 植栽による環境の造成では，自然式植栽，整形式植栽，植栽の効果，移植の詳細な技術を理解すること。
- 剪定はなぜ必要かを理解すること。
- 管理用器工具には種々あり，その現場に応じた工具を選択し使用できるよう習得すること。

以上を理解しやすくするため，植物材料の役割と特質，植栽による環境の造成，植物管理などに分けさらに詳細に示した。植栽設計の基本にかかわる事項もすべて含まれているので理解すること。

- 植栽材料は新しい種類を使用することがある。これについても関心を持ち，植物名，性質などを詳しく知ること。
- 植物の管理は，植物体を健康に保つことはもちろんのこと，病害虫にも冒されにくいように日照，通風，排水を良好に保つことを基本として，生育状態を細かに観察するように努める。

【練　習　問　題】

次の問題に答えなさい。
（1）　西洋庭園に向く整形式植栽に対し，日本庭園に向く植栽は何というか。
（2）　灯籠の灯口に枝がかかり，夜間の灯りがちらほらと動く様を楽しむために植栽される役木を何というか。
（3）　一般的に自然式植栽の最小単位は，真・添・対の3本をどのように配植するか。
（4）　島根県出雲地方にみられる築地マツは何の効果を求めて植栽されているか。
（5）　一般的に移植は休眠期に行うのがよいといわれているが，その理由を3つ挙げなさい。
（6）　根の切断や剥皮により，根鉢内の新根発生を促し，生育に必要な細根を生じさせ，枯らすことなく移植する方法を何というか。
（7）　樹木の掘取りに際しては，浅根性の樹木を皿鉢とするが，深根性の樹木にはどのような鉢にするとよいか。
（8）　移植を行う際に，根鉢に土をつけて落とさないようにする方法を何というか。
（9）　移植樹木を植え付ける深さは，通常，移植前の樹木のどこの位置を基準とするか。
（10）　移植樹木を植え付ける際に，移植先の土と根鉢とのなじみを図って活着を促すために，水を用いて植え付ける方法を何というか。
（11）　一般的にマツの手入で，新芽の徒長を防止するために施される剪定法を何というか。
（12）　樹姿を縮小するために，伸び過ぎた枝の側枝の途中，又は新生枝と側枝の間で切る剪定法を何というか。
（13）　移植後の日焼けや霜割れを防ぐために幹に施される養生法を何というか。
（14）　芝生のほふく茎の浮き上がりを防ぎ，根の発達や新しいほふく茎の発生を促し，芝生地の凹凸をなくすために，芝草の間に土を振りかけることがしばしば行われる。この土のことを何というか。
（15）　土壌の通気性を改良し，芝生の再生を促すためにレーキやフォークを用いて，芝生地に穴をあける通気作業がしばしば行われる。この作業を何というか。

第5章

造園施工・管理

　現在の造園の業務は，造園計画・コンサルタント業務と造園建設・施工業務とにそれぞれ分業化してきている。

　造園工事は，設計図書に基づいて行われるようになってきた。その設計図書によって実施に必要な見積書や施工図などを作成して実行に移すが，この実行を効率よく，むらなく進めるには，造園施工管理手法の適正化を図ることが重要である。また，竣工後の維持管理も造園施設の重要な項目である。

第1節　造園設計と施工

　造園を設計し施工するには，風景をイメージして，各種材料を用いて具体化するが，造園工事の特色としてあげられるのが創造性と技術力である。

　造園の特殊な工作物・施設の種類や材料のうち，特に植物材料，その施工方法及び管理業務までの一連の内容について理解が必要である。

1.1　設計図と工事

　現代の造園工事の多くは設計図に基づいて行われる。そして造園設計業務と施工業務は分業化している。

　民間発注の個人住宅の庭園の場合は，平面図のみによる施工が多いが，官公庁が発注者である公共造園工事，例えば公園に関しては平面図，立面図，施設詳細図，設備平面図，植栽図など数多くの図面による施工が多い。このため工事内容が大規模となるに従い複雑化するため設計図面類が多くなる。

　造園工事において植栽は重要な工種ではあるが，それ以外にも多くの工種がある。

　造園工事を受注する造園工事業者は，現代造園のさらに複雑な内容に対処する技量を備えていることが望まれている。一方，街路樹のように道路工事に付帯した植栽工事や集合

住宅の外構のように建築に付帯した造園工事も多く,他の工事業者との協同作業となり,全体の工期の終わりに造園工事が集中することがある。

造園工事業者が工事を受注するときは,発注者との間に工事請負契約が結ばれる。その請負契約書には設計図が含まれており,それを契約図面という。図面に描かれているとおりのものを所定の期日までにつくりあげ,それによって対価を受領して終了するという契約である。図面に表現された内容を忠実に施工に移すので,公共造園工事では工事経過,材料の調達,竣工の管理と契約図面に従って施工することが重視される。

1．2　設計図書と見積書

設計段階では予算に応じた内容の設計をするが,いくらくらいの金額で工事ができるかを計算することを積算という。それは工種ごとに金額が計算され,代価表がつくられる。代価表には材料費や人件費が計上される。工事の原価に諸経費が加えられて工事予定価格となる。これら積算をした書類を設計書という。

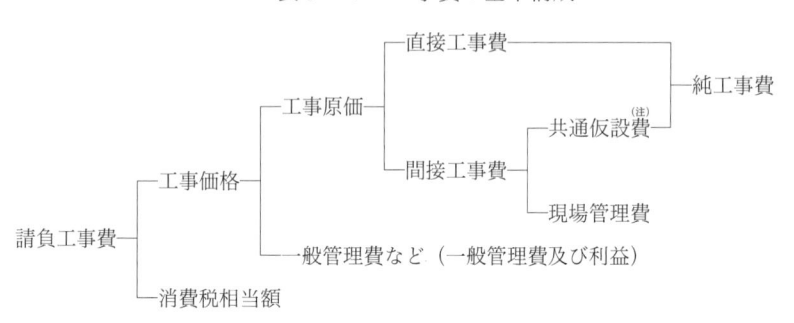

表5－1　工事費の基本構成

```
                                        ┌ 直接工事費 ┐
                         ┌ 工事原価 ┤              ├ 純工事費
            ┌ 工事価格 ┤            │ ┌ 共通仮設費（注）
請負工事費 ┤              │ └ 間接工事費 ┤
            │              │              └ 現場管理費
            │              └ 一般管理費など（一般管理費及び利益）
            └ 消費税相当額
```

（注）共通仮設費の中には運搬費,準備費,仮設費,役務費,技術管理費,営繕費,事務損失防止施設費,安全費などが含まれる。

また,設計図に表現できない設計内容を文章で表した書類を仕様書（スペック）という。仕様書には標準仕様書と特記仕様書がある。

設計書,設計図,仕様書を合わせて設計図書と呼ぶ。

造園工事は,設計図書に基づいて所用の金額の算出を行うが,この作業を見積又は積算という。公共事業では,官公庁が積算した工事予定価格に基づいて競争入札を行う。競争入札には,一般競争入札と指名競争入札とがあり,それぞれの長所がある。入札までのあいだ,必要に応じて現場説明を行い質問に答える場合がある。

業者はあらかじめ見積を行って入札に臨み,落札した業者が施工する。

1．3　設計図，施工図と竣工図

　設計図に基づいて造園工事が行われるが，図面のとおり施工できない部分や，図面に詳細な表現がなされていない部分が出てくることがある。その場合には，造園工事業者側が施工図を描き，発注者側の承認を得て工事を進めることもある。工事内容に変更の必要が生じた場合は，速やかに両者協議のうえ変更設計書を作成する。工事が終了した時点で竣工検査を受ける。検査合格後に造園工事業者側が竣工測量を行って竣工図を作成し発注者側に提出して終了となる。竣工図は保存され維持管理上の資料となる。

第2節　造園施工

　造園工事の特徴などについてはすでに記したところであるが，ここでは造園工事業の法令上の位置付け，資格及び施工の流れの中での準備段階，特に丁張りについて示す。造園工作物・施設の種類，その材料や施工法の多彩な内容のあらましを学び，さらに造園施工管理の手法の理解に役立てる。

2．1　造園工事の特徴

　造園工事の特徴は，一般に工種が多いことと各工種の規模が土木工事などに比べて小さいことである。工種には植栽，園路広場，工作物・施設さらには給・排水，電気まで含まれることがある。個人住宅の造園工事でも，門扉，カーポート各種工作物，植栽などの工種がある。

　造園工事は，工種の多いことにより，使用する材料も樹木，草花，芝生などの植物類から，石材，木材，コンクリート，アスファルトなど自然材料や加工材料など多彩である。また，建設機械を使用しての大掛かりな作業と，手作業で草花を植える繊細さとを併せ持つ工事内容である。手作業で行う内容が多いので最後の仕上げをする経験豊富な技能者を必要とする。

　造園工事の規模は1日で終わる小規模な工事から，工期が数年にわたる大規模な工事まで様々である。

　公共事業では発注者の方針により，企業規模の大きな造園工事会社に工事全体が一括発注されることもあれば，工種ごとに分けて各専門の工事会社に分割発注されることもある。

2.2　造園工事の心がまえ

　工事はチームワークで行うので，自分の役割分担や立場をよく認識して仕事に臨むことが大切である。公共造園工事のように規模が大きくなると，工事現場で働く人々の組織や現場管理体制も複雑になる。

　工事現場で働く人は，作業しやすい安全な服装が必要である。作業服，ヘルメット，軍手，安全靴，地下足袋などを着用する。

　工事現場は常に整理整とんして，1日の工事の終わりには清掃も必要である。これらは地味なことではあるが，労働安全衛生の面から欠かせない仕事である。

　造園工事分野の第一線で働く人々は，植栽工のほかにも石材やコンクリートなどを扱う工事内容にも習熟していなければならない。

　造園工事は，工種と材料が多様であるため，様々な器工具が用いられ奥の深い仕事内容であるので，経験と研究を重ねることが必要である。また，美しい仕上げができるようになるためには日頃からよい造園作品を見学するように心掛けることも大切である。

2.3　造園工事業

　造園工事業の位置付けとしては，建設業法の中の建設業の1業種で，総合性を持つ業種とされている。建築工事業，土木工事業などと並ぶ業種でもある。

　建設業は国土交通大臣又は都道府県知事による許可業種であるが，複数の都道府県で営業する企業は国土交通大臣認可，1つの都道府県内だけで営業する企業はその都道府県知事許可となる。

　許可を得るためにはいくつもの要件を満たしていなければならないが，従業員の資格も要件の1つである。発注者から直接請け負った建設工事を施工するために，3,000万円以上（建設業法施行令）の下請代金の下請契約を結ぶことのできる企業を特定建設業といい，一般の建設業と区別している。

　なお，この3,000万円という金額は，1件で3,000万円でも，数件の総額が3,000万円でも該当する。

2.4　造園工事業の資格

　造園工事業を営むためには表5—2のような資格を有する者がいなくてはならない。また，造園工事を現場で進めるために，施工条件によって表5—3の例のような資格を有す

る者が必要となる。資格を得るには実務経験を経て所定の試験を合格しなくてはならない。造園工事業に従事しながら受験の準備をして，いずれは取得したい資格である。

表5－2　造園工事業の資格

資　格　名	業務の内容	根拠法令など
造園技能士 （1・2・3級）	イ．一般建設業の造園工事業の資格の1つ	職業能力開発促進法第62条 建設業法第7条第2号 建設省（現国土交通省）告示 第352号（昭和47.3.8）
	ロ．上記イ．の工事における主任技術者の資格要件の1つ	建設業法第26条第1項
	ハ．大規模な建物（延面積3,000㎡程度以上）の建築工事のうち植栽工事における常駐	建築工事共通仕様書
造園施工管理技士 （1・2級）	イ．一般建設業の造園工事業の資格要件の1つ	建設業法第27条 建設業法第7条第2号 建設省（現国土交通省）告示 第352号（昭和47.3.8）
	ロ．上記イ．の工事における主任技術者の資格要件の1つ	建設業法第26条第1項
	ハ．特定建設業の造園工事業の資格要件の1つ	建設省（現国土交通省）告示 第353号（昭和47.3.8）
	ニ．上記ハ．の工事における管理技術者の資格要件の1つ	建設業法第26条第2項

表5－3　造園工事の必要資格（例）

施　工　条　件	技術者・技能者などの資格	根拠法令
①　掘削面の高さが2m以上となる地山掘削作業	地山掘削作業主任者（技）	施行令6条(9)
②　土止め支保工の切りばり，腹おこしの取付け，取りはずしの作業	土止め支保工作業主任者（技）	施行令6条(10)
③　型わく支保工の組立て，解体の作業	型わく支保工の組立て等作業主任者（技）	施行令6条(14)
④　つり足場，張出し足場又は高さが5m以上の構造の足場の組立て，解体又は変更の作業	足場の組立て等作業主任者（技）	施行令6条(15)
⑤　機体重量3t以上の次に掲げる建設機械の運転 　　ブルドーザー，トラクターショベル，パワーショベルなどの厚生労働省令で定めるもの	1．車両系建設機械技能講習修了者 2．建設業法施行令に定める建設機械施工技術検定合格者 3．建設機械運転科の職業訓練修了者	施行令6条(12)
⑥　つり上げ荷重1t以上のクレーン，移動式クレーンの玉掛けの業務	1．玉掛け技能講習修了者 2．玉掛け職業訓練修了者	施行令20条(16)
⑦　つり上げ荷重1t以上の移動式クレーン，5t以上のクレーンの運転の業務	移動式クレーン運転士 クレーン運転士	施行令20条(6)，(7)

注）　（技）：技能講習を修了した者
　　　施行令：労働安全衛生法施行令

2．5　施工の準備

　工事の責任者は施工に先立って図面を理解し，図面の内容を熟知することが必要である。これには経験が必要である。

　次に図面に示された材料を入手する準備と作業する人員を確保し，工事に必要な機械・道具類を手配することになる。

　工期は契約書に明記されているため厳守しなくてはならないので，工程の計画を立てることになる。これらのことを総称して段取りともいう。

　しかし受注した造園工事会社側だけで工程計画を立てられるものではなく，発注者側との打ち合わせも必要である。例えば居住者のいる住宅や，営業中のビルでの造園工事などは，事前に慎重な打ち合わせを必要とする。また並行して進められる他の工事がある工事現場を出合丁場というが，その場合は相手の会社との工程の打ち合わせも重要である。

　造園工事は雨降りの日は休みになることが多いが，何日も雨が降り続くと工程が予定どおりに進まないこともある。

　また，更地に造園工事をする場合もあれば，既存の庭園や公園の改修工事をする場合も多い。この場合，まず敷地を造成する前に，現地の片付けから工事が始まり，不要な樹木を撤去したり，既存の庭石を移動する作業から進められる。

2．6　丁張り

（1）丁張り

　丁張りとは，現地に工事規模が分かるように位置と高さを出すために設けられる仮設物を総称していう。また遣形ともいう。丁張りをつくる作業の基礎は測量である。

　図面に基づいて工事現場に樹木を植えたり，工作物をつくったりするには，現地にそれらの縦，横の平面的な位置と高さの立体的な位置を出さなければならない。そのために工事測量が行われ，丁張りがつくられる。現地に位置が決定されてから植栽や工作物の工事をするのである。

　丁張りには図5―1のような例がある。

① 丁張りに伴って使用されるのが水糸である。水糸の示す線は水平のときもあるし，斜めのときもある。いずれにしても水糸の示す線に従って土をならしたり，材料を並べたり，施設を据え付けたりする。

② 工事現場に張られている水糸は大切なものであるので，誤って切らないように注意

を払う。

なお，樹木を植栽する位置は，竹串を地面に刺して示すことが多い。

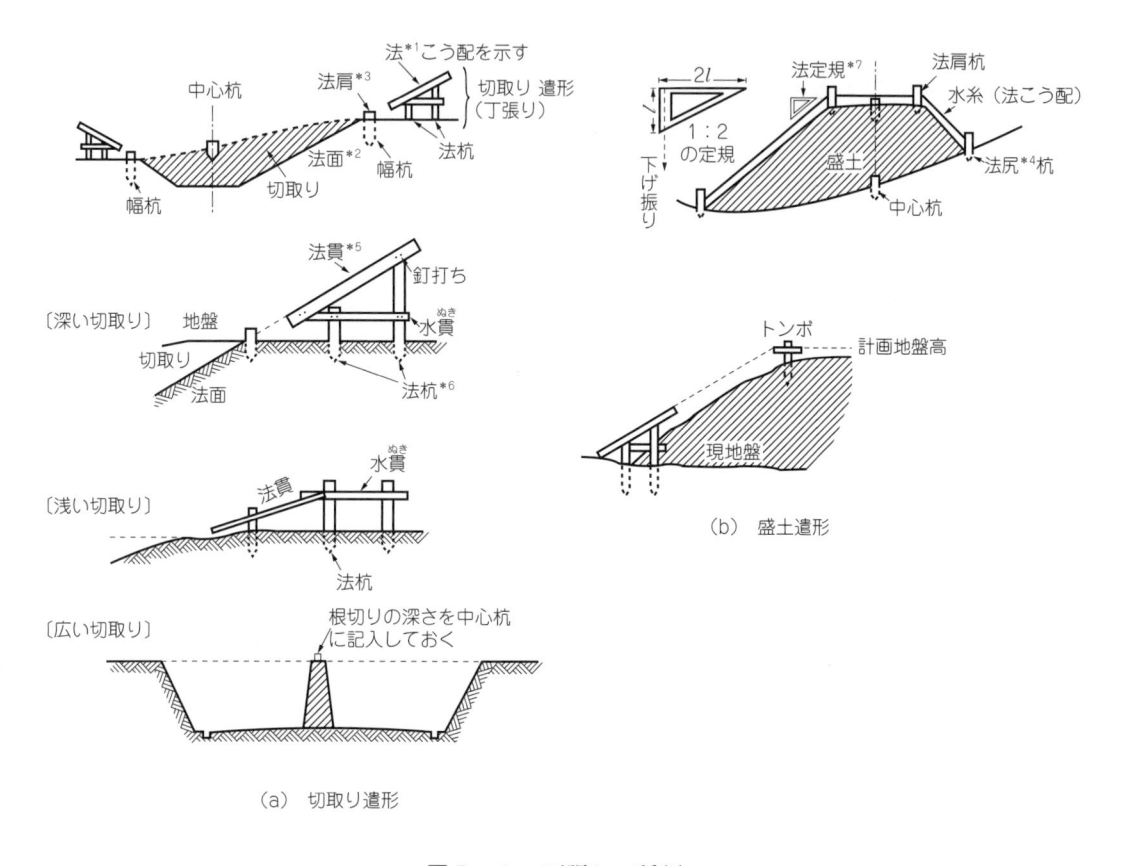

図5—1　丁張りの種類

（2）測　量

測量技術を本格的に習熟するには，計算方法など専門の学習が必要となるが，初歩の工事測量においては機械器具の取扱いなどを現場で慣れることが大切である。巻尺を使用したり，ポールや標尺を持ったりする仕事から，積極的に作業に取り組み，少しずつ慣れることが必要である。また，工事現場では測点として杭を打つような作業もある。

＊1　法　　　：水平に対して傾斜していることでT斜面・こう配を指すこともある。
＊2　法　面　：傾斜している部分
＊3　法　肩　：法面の一番上の部分
＊4　法　尻　：法面の一番下の部分
＊5　法　貫　：傾斜角を示すもの。
＊6　法　杭　：法貫を支える杭。
＊7　法定規　：傾斜角を測るためのもの。

(3) 長さ・高さ・角度の単位

日本の建設工事で使用されている長さの単位はmm，地盤の高さを表す単位はm，角度の単位は度，分，秒が基本である。設計図もこれらの単位が使用されている。工事現場では材料の寸法の単位として，古典的な尺貫法による尺，寸，分が今日でも使用されることがある。1尺＝30.3cm，1寸＝3.03cm，1分＝0.30cmである。

(4) 測量器具

長さ，高さ，角度を測定する測量器具には各種あるが，代表的なものを次に示す。

a．トータルステーション

従来の測量作業は，セオドライトを使用する測角作業と光波測距儀を使用する距離計測作業を行い，その結果を野帳に記録するという外業と，外業の結果に基づいて面積を計算し図面を作成するなどの内業があり，この作業は多大な手間と時間を要していた。

この作業を軽減するために開発されたのがトータルステーションである（図5−2）。これは，電子セオドライトと光波測距儀の機能を併せ持ち，水平角・鉛直角・斜距離を一度に計測できるものである。また得られたデータは野帳の代わりにメモリーカードや電子野帳に記録し，コンピュータへ出力したり，現場にて内蔵プログラムを使い各種計算を行うことができるため多くの建設現場で使用されている。大きく分けると，数kmの距離観測を行えるプリズム測距型と200mまでの距離観測において作業が困難な場所で使用されるレーザー光測距型の2つがある。

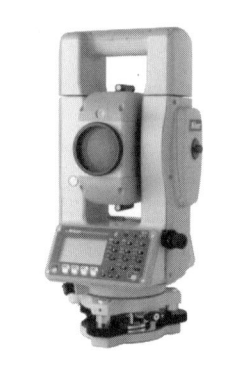

図5−2　トータルステーション

b．トランシット

トランシットは，測点の上に据え付けて，他の2つの測点との角度を測る光学器械である。例えば60°30′20″（60度30分20秒）のように秒の単位まで精確に角度を測定できる。また，水平角と鉛直角も測定できるが，水平角の測定においては測点を指し示すためにポールを使用することが多い。

トランシットは，測点の鉛直線上に水平に据え付けなければならない（図5−3）。

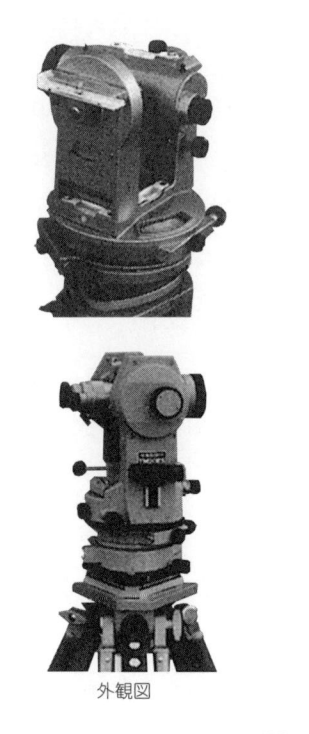

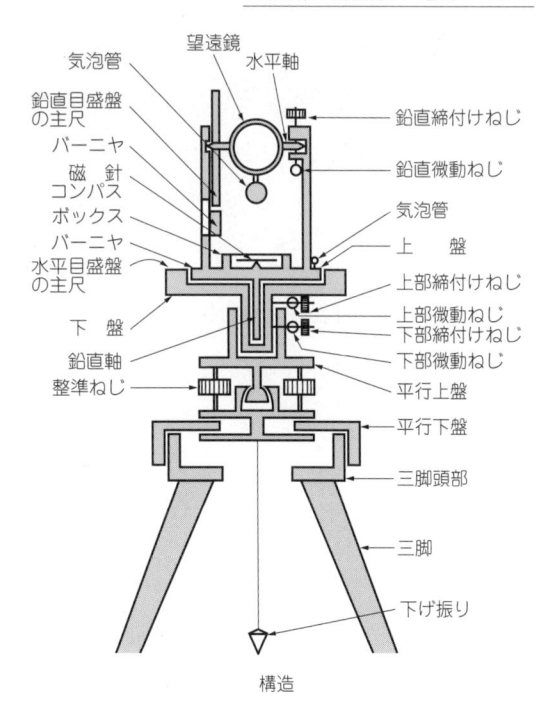

図5-3 トランシット

c. レベル

　レベルは，高低を測る光学器械で，標尺（スタッフ）とともに使用し，例えば1.542mのように精確に高さを測定できる。

　標尺は測点の上に置くが，レベルは測点の上に据え付ける器械ではない。作業のはじめにレベルの器械を据え付けるときは，水平に据え付けて使用する（図5-4）。

　トランシットもレベルも据え付けに手間のかかる器械であり，しかもレンズを組み合わせた精密器械であるので，工事現場で使用中のものを誤って傾けたり倒したりしないように注意する。

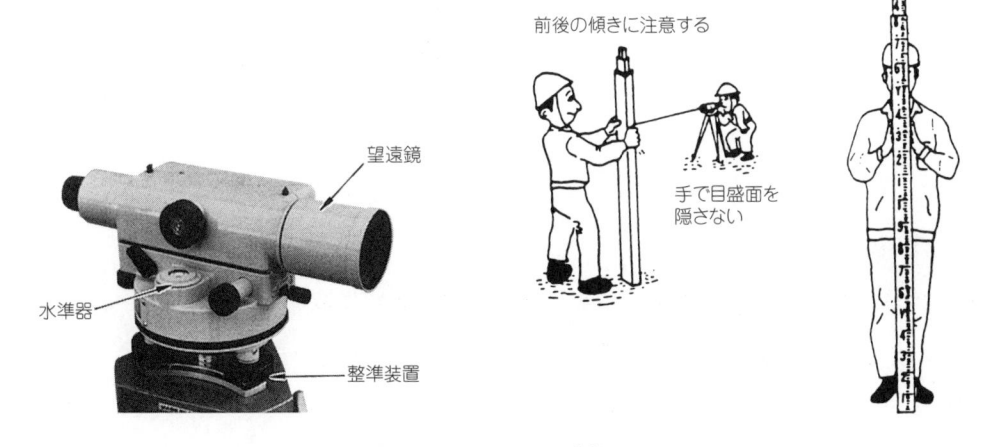

図5-4 レベルと標尺

d. 巻　尺

巻尺は，距離を測定するのに用いられ，長さの種類には30m，50m，100mなどがある。

平面図に示されている距離は基本的には水平距離であるので，現場で巻尺を使用して距離を計測するときは，極力水平に張り，一定の張力で引っ張るようにする。また，水平距離と斜距離はきちんと区別して計測する。

なお，図面に寸法や距離の記入が不足している場合は，図面の縮尺に応じたスケールで図面上の長さを測って確認する。

公共事業では，図面に表現された工作物の寸法よりも，工事の結果できた工作物の寸法が小さいことは，基本的に許されないことである。

e. 平　板

平板は，三脚の上に測板を取り付け，ケント紙など図紙を張り付けて測点上に据え付け，測量しながら現地で測量図を描くための器具一式である。アリダード，ポール，巻尺を用いると，小面積の現況図や竣工図を作成するには便利である。この器具の操作は比較的簡易であり，複雑な計算もないので慣れるようにしたい（図5－5）。

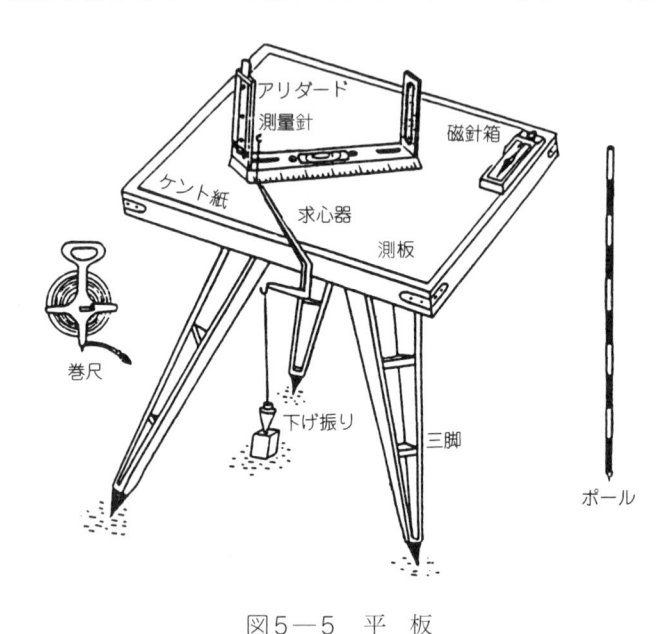

図5－5　平　板

(5) 測量杭

測量杭は，測量するときの基準になるものなので大切に取り扱う。特に仮ベンチマーク（K.B.Mともいう）は，工事中の基準の杭として重要である（図5－6）。

仮ベンチマークは，2箇所以上設け定期的に相互にチェックしたり，必要に応じて工事中でも基準点からチェックにより修正を行うなど慎重に扱うことになっている。

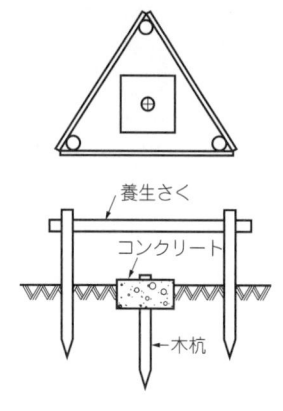

図5—6　仮ベンチマークの例

2.7　工作物・施設

　生活様式の変化に伴って，住宅建築も庭園のデザインも変わり，植物材料はもとより，造園工作物に対する需要も変化しつつある。また，新しい造園工作物に目を向けるようにすることも大切であるが，造園に関わる者として伝統的で基本的な造園工作物はよく知っておくことが必要である。

(1)　日本庭園の工作物

　日本庭園の伝統的工作物には，石組（いしぐみ），石灯籠（いしどうろう），手水鉢（ちょうずばち），飛石（とびいし），延段（のべだん），藤棚（ふじだな），竹垣（たけがき），庭門（にわもん），四阿（あずまや）などがある。参考資料（184～188ページ）を参照されたい。

(2)　現代住宅庭園の工作物

　現代住宅庭園の工作物には，住宅外構又はエクステリアと総称される製品群がある。それには，フェンス（鋼，アルミニウム，プラスチック），カーポート（鋼，アルミニウム，プラスチック），デッキ（木），門扉（鋼，アルミニウム）などがある。

　住宅の門扉や外柵は，外構工事として造園会社が施工することが多く，工事の手順としては植栽工事に先立って，排水工事などとともに順序よく施工されることが必要である。

　今日の住宅の門で最も多いのは，コンクリートブロックを積んで門柱をつくり，その内側に金属製の柱を建て金属製の扉を取り付ける方式である。この場合ブロックも扉も既製品であるので，施工内容としてはコンクリート基礎を強固につくること，モルタルと鉄筋を使用してブロックを正確に積み上げることが要点となる。

(3)　都市公園の施設

　都市公園法に規定されている公園施設は，次のようなものがある。

① 園路及び広場
② 植栽，花壇，噴水，その他の修景施設で政令で定めるもの。
③ 休憩所，ベンチその他の休養施設で政令で定めるもの。
④ ブランコ，すべり台，砂場その他の遊戯施設で政令で定めるもの。
⑤ 野球場，陸上競技場，水泳プールその他の運動施設で政令で定めるもの。
⑥ 植物園，動物園，野外劇場その他の教養施設で政令で定めるもの。
⑦ 売店，駐車場，便所その他の便益施設で政令で定めるもの。
⑧ 門，柵，管理事務所その他の管理施設で政令で定めるもの。
⑨ 前各号に掲げるもののほか，都市公園の効用を全うする施設で政令で定めるもの。

図5－7～図5－9に示すパーゴラ，トレリス，壁泉は，都市公園においては修景施設に含まれる。

図5－7　パーゴラ

図5－8　トレリス

図5－9　壁泉

2.8　工作物・施設の施工

造園工作物・施設の中から，いくつか代表的なものを選び，材料と施工法について示す。

建設資材の標準的な価格は，(財)建設物価調査会の月刊誌「建設物価」，(財)経済調査会の月刊誌「積算資料」に示されている。また，造園で用いる植物材料も建設資材として価格が示されている。それらの雑誌は通称「物価版」と呼ばれている。

公共事業の場合，工事に使用する材料に関しては，材料の種類ごとに材料検査が行われ検査に合格した材料でなければ使用してはならない。

以下に示す（1）から（13）までは，主として日本庭園の伝統的施工法であり，（14）から（21）までは，現代的施工法である。

鉄筋コンクリートを使用する大規模工事では，型枠の組立て，鉄筋の加工，組立ての専門の技能者を，また，れんが，タイルを使用する大規模工事ではそれを積む，張る専門の技能者を必要とする。

しかし造園工作物で鉄筋コンクリートやれんが，タイルを使用する小規模工事の場合には，造園工事の担当者が行うことが多い。

（1）石　材

a．庭石（景石）

庭石は，石が採取された場所によって山石，川石，海石に区別される。

石の表面が自然に風化した状態を野面というが，山石，川石，海石で野面の表情は異なる（図5―10）。

図5―10　庭石（景石）

庭石は据えつけた状態における各部の名称がある。その名称と内容は次のとおりである（図5―11）。

　天　端：石の上面のことで，天端が平らな面になるように据えられた石を"天端がある"という。

　見つき：石の正面のことで，面，表などの呼び名もある。

　見こみ：石の左右の側面のことで，石を据える際のポイントとなる。

　肩　　：天端・見つき・見こみとの境界の部分のこと。

　鼻　　：石の横方向に突き出た部分のことで，ものによってはない場合がある。

　あ　ご：鼻の下にくぼみがある場合にこの部分のことで，石の据え方によっては欠点となるので地中に埋めてしまう場合が多い。

　しゃくり：石の表面に自然にできたくぼみのこと。

根入れ：石を埋め込む深さのことで，"根入れが浅い"，"根入れが深い"などといい，石を据える際のポイントとなる。

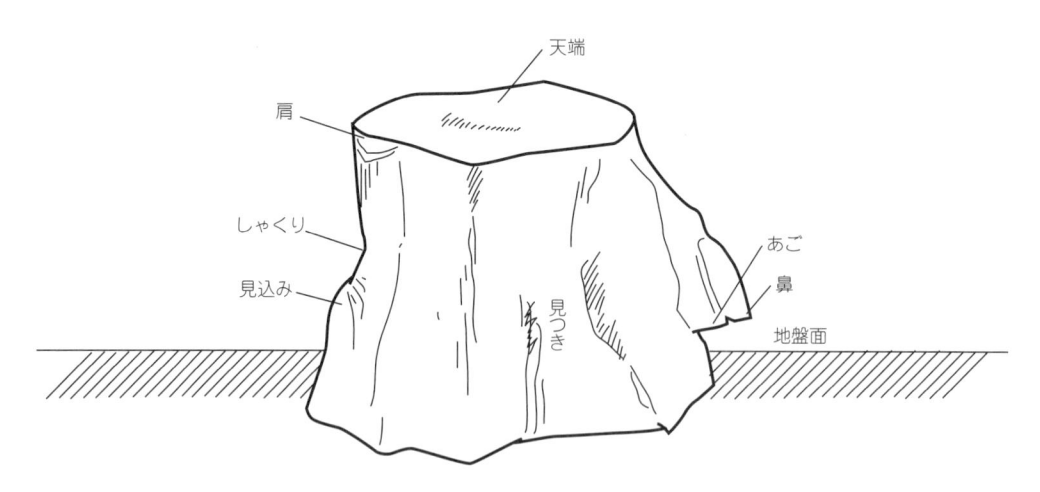

図5—11　庭石の部分名称

また小さな石を，寸法によっておおよそ次のように呼んでいる。

(a) 玉　　石

玉石は，径15〜30cm程度の丸みのある石で，玉石積みなどに使用される。

(b) ごろた石

ごろた石は，粒径10〜15cm程度の丸みのある小石である（図5—12）。延段（のべだん），洲浜（すはま）などに使用される。

(c) 砂利，砂

図5—12　ごろた石

日本庭園に用いる砂・砂利と呼ばれるものは，粒径5〜50mm程度である。枯山水の敷砂などに使用される。

造園でよく使用される砂・砂利の種類は次のとおりである。

白川砂（砂利）：花崗岩（かこうがん）の白川石を砕いたもので，その美しい白色で敷砂といえば白川砂といわれており，特に京都では多用されてきた。

桜川砂（砂利）：花崗岩が風化したもので，さびが強く褐色で落ち着いた印象を与える。

大磯砂（砂利）：神奈川県大磯海岸で採取され，青みを帯びたもので関東地方ではよく使用されてきた。

伊勢砂（砂利）：伊勢ごろたを産出する川床に産する花崗岩質のもので，白色系に褐色のさびが点在しているもの。現在は原石を砕いたものが使われている。

五色砂（砂利）：錦石などとも呼ばれ，全国各地の海岸で産出されるもので，白，赤，黒，青，褐色の五色が混ざり合っているもの。

那智砂（砂利）：黒那智，白那智は，三重県熊野市神川町を起点として熊野川を流下し七里御浜海岸で採取されるもの。

日本の石は，産地名で呼ぶことが多く，例えば，御影石，稲田みかげ，庵治石などと呼んでいる。日本の代表的な石の産地，特徴，主な用途を表5—4に示すが，工事現場や産地などで実物を見て，名称を確認して覚えるようにしたい。

今日石材を大量に使用する分野としては建築，土木，墓石であり，造園の使用量はそれに次ぐ。したがって表5—4の主な用途に建築材，土木材，墓石と書かれている石はニーズも産出量も多いと考えてよい。

表5—4には著名な石を記載している。これらは，各地の庭園や公園に使用されている石で，材料として重要であるからである。しかし，その中にはすでに産出しなくなり，庭石店のストックや古い庭が解体されて出た石が大切に使用されているものがある。例えば甲州みかげ，白川石，泉州青石，貴船石，赤玉石，多摩川石，秩父青石，紀州青石，伊予青石，神居古潭石などである。

なお，表5—5に主な岩石の性質を示す。

146 造園概論とその手法

表5-4 主な庭石

庭石名	別名	産地	特徴	主な用途	岩石名	分類
桜みかげ	福島石	福島県いわき市	薄紅色、やや水目	建築材、墓石	花崗岩	火成岩
稲田みかげ	稲田石	茨城県笠間市稲田区	白色、黒斑有、ち密	建築材、板石、角石、石造物	黒雲母花崗岩	
筑波		筑波山	灰色、山さび有	庭石、飛石、沓脱石、ごろた	〃	
甲州みかげ		山梨県塩山市	白灰色又は暗色、粗質又は中目	板石、飛石、沓脱石、飛石	〃	
三州みかげ		愛知県岡崎市	暗灰色、硬質、光沢良、さび付難	建築材、板石、沓脱石、墓石	〃	
伊勢みかげ		三重県菰野市	淡灰青色、硬質と軟質あり、さび付良	石造物、墓石、石造物	〃	
千種石		京都市左京区北白川	白灰色、硬質と軟質あり、風化難	石造物、砂	〃	
白川		神戸市御影	薄紅色、硬質、光沢良、さび付良	庭石、建築材、石造物	〃	
御影		奈良県生駒山	灰青色、さび色小突起あり、加工難	庭石、積石、沓脱石、飛石	〃	
生駒		岡山県笠岡市	白色、日本最大の産地	建築材、土木材、墓石	〃	
北木石		香川県庵治町	淡紅色、粗質	庭石、墓石、建築、灯籠	〃	
万成石			灰紅色、硬質	庭石、墓石、土木材、石造物	〃	
庵治石		小豆島	薄紅色、粗質、光沢なし、さび付良	建築材、土木材、石造物	〃	
小豆島みかげ						
甲州鞍馬	新鞍馬	山梨県東山梨郡大月地方	褐色の鉄さび、皮が厚くはげる	庭石、石造物	閃緑岩	
鞍馬石	本鞍馬	京都市左京区鞍馬	褐色の鉄さび、皮が薄くはげる	庭石、飛石、石造物		
須賀川石	江持石	福島県須賀川市	ち密、灰白色	板石、角石、飛石、石造物	安山岩	
松小松	本小松	神奈川県真鶴町	灰色、硬質、風化しにくい	庭石、建築材、土木材	〃	
新小松	大浜石	〃	灰色、白色斑有、やや軟質	庭石、墓石、建築材、土木材	輝石安山岩	
白丁場石	白石	湯ヶ原町	白色、硬質	建築材、土木材	〃	
根府川石		小田原市	褐色、硬質、板状節理	建築材、土木材	〃	
鉄平石	諏訪鉄平	長野県諏訪市	暗褐色、赤味有り、板状節理	庭石、板石	〃	
伊豆石		静岡県大仁町、韮山町	暗灰色、硬質と軟質あり、縞模様あり	庭石、張石	〃	
丹波鞍馬		京都府亀岡市	淡褐色、本鞍馬に比べさび色劣る	庭石、飛石、沓脱石、さび色劣る	〃	
六方石		静岡県大仁町	灰褐色、柱状節理	庭石、土留	玄武岩	
ほくく	黒ぼく	浅間山、富士山など	黒色、多孔質で保水力大	庭石、積石	玄武岩紫熔岩	
抗火石		静岡県天城山、東京都新島	灰色、軟質、保水力大、加工容易	石造物、建築材	石英粗面岩	
泉州青石		大阪府泉南地方		建築材	砂岩	堆積岩
玄昌石	雄勝石	宮城県雄勝町	ち密、板状組織、黒色光沢あり	張石、敷石、舗石(硯石)	粘板岩	
仙台石	稲井石	石巻市	黒色で灰色の模様、硬質	庭石で灰色、建築材、石造物	〃	
大谷石		栃木県宇都宮市	灰黄色、灰緑色、軟質、耐火性大	庭石、墓石、建築材、土木材	凝灰岩	
竜山石		兵庫県高砂市	黄色、赤色で白斑あり	積石、板石	〃	
貴船石		京都市左京区貴船	暗青色、赤紫色、硬質、光沢良	庭石、ごろた	輝緑凝灰岩	
赤玉石	佐渡赤玉	新潟県佐渡島	赤色、暗赤色、硬質、品格あり	庭石(飾石)	チャート	
多摩川石	青梅石	東京都多摩川上流	青色、赤紫色、縞模様あり	庭石	〃	
高野川石	十津川石	奈良県十津川	暗灰色、暗青色	庭石、玉石	〃	
秩父青石		埼玉県秩父	青色、紫色、硬質	庭石	緑泥片岩	変成岩
紀州青石		和歌山県和歌山市	青色、やや軟質	庭石、玉石	〃	
伊予青石		愛媛県北部・西部	青緑色、硬質	庭石、飛石	〃	
神居古潭石		北海道旭川市	黒青色、黒青質、光沢あり	庭石、飛石	〃	
揖斐川石		岐阜県揖斐川	暗青色、赤紫、やや軟質	庭石、玉石	結晶片岩	
佐治石		鳥取県佐治川	暗灰色、黒色、縦にしわあり	庭石(飾石)	〃	

(西村建依著:造園入門講座・造園材料、誠文堂新光社より)

表5—5 主な岩石の性質

岩石の種類	成因	特徴	用途
花崗岩	火成岩（深成岩）	・石質はち密で研磨すると光沢が出る。 ・御影石とも呼ばれ，耐久性，圧縮強度は高いが，耐火性は低い。 ・主要構成鉱物は石英，長石，雲母。 ・色は白色，淡灰色が多い。	角石，板石，間知石など広範囲に使用されている。
安山岩	火成岩（火山岩）	・石質は堅硬で耐久性，耐火性，圧縮強度は高い。 ・主要構成鉱物は斜長石，角閃石，黒雲母など。 ・色は白色，淡灰色，暗褐色，暗灰色が多い。	土木用材料として広範囲で使用されている。
玄武岩	火成岩（火山岩）	・石質はち密である。 ・色は黒色又は灰褐色で，鉄分の含有量により赤紫色となる。 ・冷却固結するときに柱状節理が生じやすい。	庭石，積石，乱杭などに使用されている。
凝灰岩	堆積岩	・石質は軟質で加工が容易，耐火性は高いが耐久性，圧縮強度は低い。 ・欠点は吸水率が高く，風化しやすい。 ・色は白色，淡灰色，緑灰色である。	建築材，石造物などの加工品が多い。
チャート	堆積岩	・石質は極めて硬く，ち密である。 ・主要構成鉱物は石英など。 ・色は黒色，灰色，赤褐色，褐色など。	庭石などに使用されている。
結晶片岩	変成岩（広域）	・石質は地下深部で再結晶したもので板状に割れやすい。 ・主要構成鉱物は雲母や角閃石など。 ・緑泥片岩は通称青石と呼ばれる。	庭石，飛石などに使用されている。
大理石	変成岩（熱）	・石質はち密で堅硬であり，耐火性，耐酸性は低く，風化しやすい。 ・主要構成鉱物は方解石など。 ・石灰岩がマグマの熱を受けて変成，再結晶したもので，研磨すると光沢が出る。	建築材，内装材，装飾品などに使用されている。

（2）石組

　石組は，日本庭園の技法として世界に誇れるものである。一口に石組といっても造形的に組む場合（図2—2参照）もあり，自然風に組む場合（図5—13）もある。庭園が表現しようとする内容によって石の組み方もまた異なるものである。

　石組には，伝統的な三尊石組，滝石組など基本的な組み方がある。元来は野面石を組み合わせたものであったが，現代造園には石材加工技術の発展に伴って，切石や磨いた石を使用した石組も用いられてきている。野面石を材料として使用する場合は，形や表面の模様が最も美しく見える向きを表とし，その反対側を裏として扱う。

　石組は，石の高さと石の前面をそろえないように変化を付けるなど工夫する（図5—14）。

図5—13　自然風の石組

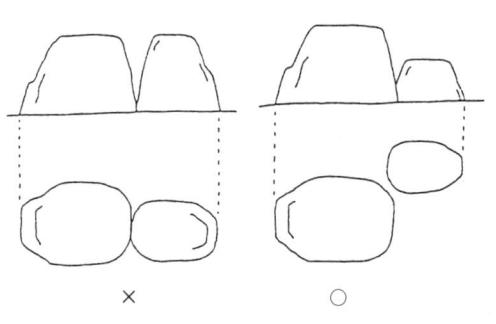

図5—14　石　組

また，設計図に石組が描かれていたとしても，図面のとおりに施工できるというわけにはいかないことが多い。それは石が自然の材料であり，形状寸法，表面の状態，色つやが1つひとつ異なっているためである。石組をよりよく仕上げるためには工事現場で石を選びながら，石の組み方を工夫しなければならない。

そのため石組には経験を必要とするし，日ごろ石組のよい作品を見るように心掛けていなければならない。

作業内容としては，地面の穴掘り，石の立て込み，突き固めての据え付けがあり，作業手順を次に示す。

① はじめに材料の石を見て，主石（中心になる大きな石），添石（より小さな石）を選び，石組全体の構成を考える。

② まず主石を据え，ついで主石との構成を考えながら添石を組んでいく。1つひとつの石については次のような作業をする（図5─15）。

図5─15① 石を立て込む穴掘り

図5─15② 石の位置の調整

図5─15③ 完　了

1) スコップなどで石を立て込む穴を掘り，石の根入れよりも大きな穴を掘って，石を立て込んでから埋め戻すようにする。

2) 石をつり上げ移動する。その際，移動式クレーンを使用すると便利であるが，工事現場が狭い場合にはチェーンブロックが有効である。移動式クレーン，チェーンブロックのいずれも石をつるためのつり具にワイヤロープを用いる。このとき作業する者は玉掛けの技能があることが望ましい。

3) 石を穴の上につり，石を立て込む向きを考える。石をワイヤロープでつっていれば石を水平方向に回転させて向きを調整することは容易である。

4) 床掘りした穴に石をつり下げて立て込む。石の傾きの調整には、てこの原理を応用してバールを使用する。石の下には必要に応じてかいものをするなどして土を埋め戻す。
5) 石の周囲に土を詰め込み、突き棒を使用して土を突き固める。

以下1つひとつの石にこの作業を繰り返す。

石組作業に使用する道具を次にあげる。

三又（三脚）：3本の丸太の頂部を正三角形に結束し、主に石や樹木などの重量物をつり上げる作業に使用するもの。丸太の結束部分にチェーンブロックを取り付け、重量物を上げ下げする。図5—16は木製であるが、鋼製のものもある。

チェーンブロック：滑車と歯車にチェーンを組み合わせ、石や樹木などの重量物をつり上げて移動させるもの。造園施工では通常1〜5tつり用が使用されている（図5—17）。

図5—16 チェーンブロックを使用しての作業

チルホール：石や樹木などの重量物を引張るときに使用される手動式ウインチである。滑車を使用してつり上げる作業も可能である（図5—18）。

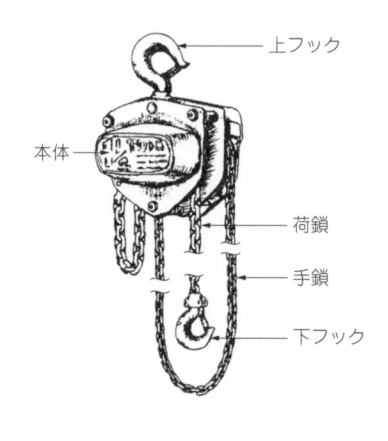

図5—17 チェーンブロック

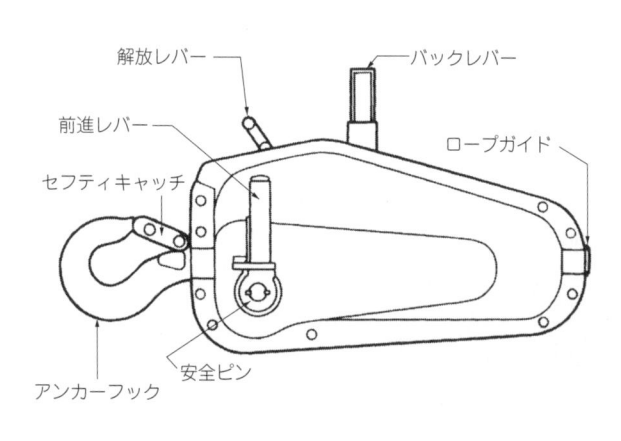

図5—18 チルホールの各部名称

(3) 石灯籠

灯籠には，石製，木製，金属製，陶器製などがある。これらは神仏への献灯として使用されたものであったが，茶道の発達に伴い茶庭から次第に書院の庭に利用されるようになり，庭の装飾的な添景物として重要なものとなった。

基本的な設置場所は，普通形及び生込形は園路照明として庭の中の通路脇，生込形は蹲踞の手水鉢脇，脚付形・岬形は池や流れ（枯れ流れを含む）などの水際となっている。

据え付けについては，庭園設計図に基づき，あらかじめ位置を選び仕上がり予定の高さに従って基礎掘り，床固めのうえ慎重に設置する。石灯籠の各部の名称は図5－19のとおりである。

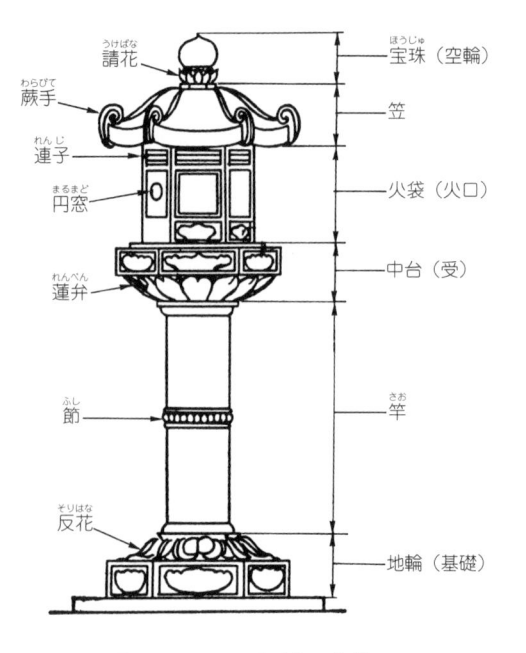

図5－19　石灯籠の名称

a．普通形（基本形）

四角形……御間形，西ノ屋形，神前形など

六角形……平等院形，太秦形，般若寺形，元興寺形，橘寺形，西円寺形，三月堂形，祓戸形，善導寺形，蜻蛉形，春日形

八角形……当麻寺形，柚木形

特殊形……三角灯籠，円形灯籠，勧修寺形，妙山寺形

b．変形形

生込形……円形，八角形，六角形，四角形，織部形

脚付形……蘭渓形，琴柱形，雪見形

層塔形……三重形，五重形

置灯籠形……三光形，岬形，草屋形

特殊形……袖形，道しるべ形，橋杭形，山灯籠（自然石による），寄せ灯籠（各部分の組合せによる），朝鮮灯籠（かつて朝鮮半島で製作されたもの）

(4) 蹲踞

蹲踞の基本的構成は参考資料（186ページ）に示すようなものである。前石の上に人が

しゃがみ，ひしゃくを使用して手水鉢の水を汲み，手を清めた水を蹲踞の海にこぼす。手燭石は夜間の茶会の際に手燭を置き，湯桶石は寒中の茶会の際に湯を入れた桶を置くというのが本来の役石の役割である。

したがって，手燭石，湯桶石ともに天端が平たんなものであることが本来の姿である。しかし現在では，蹲踞を庭園の添景物として扱い，役石が省略されたり，手燭石にとがった石を使用したりすることも少なくない。

手水鉢を大きく分類すると次のようになる。

① 自然石の手水鉢：自然石に穴をうがったもの。
② 創作手水鉢：石材を加工・造形して創作したもの。
③ 見立てものの手水鉢：石燈籠や石塔などの一部を再利用したもの。

それぞれの代表的なものは図5—20〜図5—22に示すとおりである。

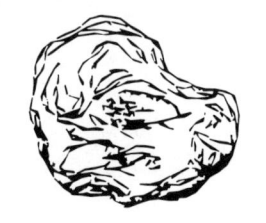

(a) あんこう（鮟鱇）型　　(b) 富士型

図5—20　自然石の手水鉢

(a) 銀閣寺型　　(b) 龍安寺型

図5—21　創作手水鉢

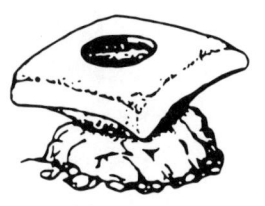

(a) 笠型　　(b) 基礎型

図5—22　見立てものの手水鉢

工事には，給水管，排水管の設置も必要であるが，ここでは石の組み方についてのみ示す。使用する器工具類は石組とほぼ同様である。設置場所は，露地の入口付近とする。

手水鉢，前石，手燭石，湯桶石の役石を仮に置いてみて，見栄えよく，使用しやすいような配置を考える。こういうときに茶事の経験があることが望ましい。手水鉢と前石の距離の取り方は，使用しやすさに深く関わる要素である。

工事の手順としては，

① まず手水鉢を据え付ける。手水鉢は水を入れて使用するので，それを据え付けるには水平器を使用して水鉢の天端の水平を確かめる。

② さらに水を注いであふれた水が蹲踞の海にこぼれるように据え付ける。海の下には排水管を埋設しておく。

③ 次に，前石を据え付ける。手水鉢，前石，手燭石，湯桶石を据え付けたすき間には，鉢囲い石を見栄えよく埋め込む。

④ 海には砂利を敷き，水門石を置く（図5-23）。

図5-23 蹲踞

（5）飛　石

飛石は茶庭において発達した。飛石を評価する言葉として「用と景」が用いられるが，石の上を歩く実用性（用）と，石の配置の美しさ（景）を兼ね備えていることが重視される（図5-24）。

飛石は，最初に「踏込石」と呼ばれる始点となる石，次に「踏止石」と呼ばれる終点となる石，次に「踏分石」と呼ばれる分岐点となる石，という順に置いていき，その他の石は動線に従って仮置きする。そのとき，試しに石の上を歩いてみて歩きやすいか，見た目に配置が美しいかを調べる。

飛石の天端の高さをそろえたいときには水糸を張り，水糸の示す高さに従って据え付ける。石の天端は水平になるように据え付けるが，水平器を用いて石の水平をチェックするとよい。

図5-24 飛石

石を配置する際には，合端*のなじみに留意する。飛石をすべて据え付けたあとに，笄板を用いて地面をならす。

笄板とは別名かき板，手板とも呼ばれ，部分的な地ならしや低木類の植栽，飛石，延段，敷石などの作業時に土を突き込んだり，ほじくったり，たたいたり，土粒をつぶしたりするもので造園施工の仕上げには欠かせない小道具である（図5—25）。

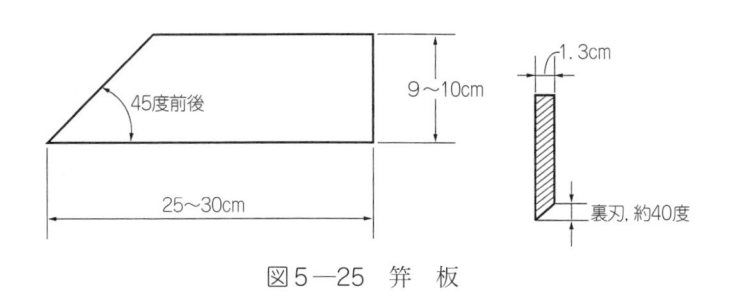

図5—25 笄 板

（6） 敷　石

日本庭園の敷石にはいくつもの様式がある。用いられる石材には四角形の板石，不整形の板石，野面の玉石など，様々なものがある。いずれの敷石も石材の選定から始まって，石材の配置のバランス，目地の美しさが仕上げの要点となる。ことに茶庭で発達した小規模で平面形の短冊形のものは延段と呼ばれている。

（7） 延　段

延段は，茶庭において発達した。延段は，切石を組み合わせたものや，不整形な野面の石と玉石を組み合わせたものなど様々な形態がある（参考資料187ページ参照）。

延段（敷石を含む）の施工時の留意点は，まず歩きやすいように平たんにつくることであり，次に自然石などの材料を使用するときは目地模様を美しくつくることであり，図5—26に示す「四つ目地」，「通し目地」，「八つ巻き」などの忌み目地は避けなくてはならない。

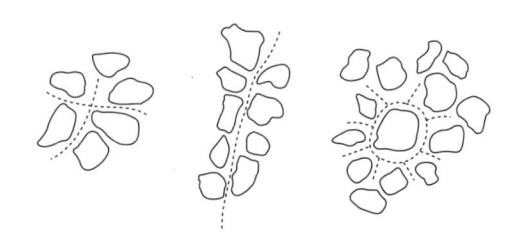

(a) 四つ目地　(b) 通し目地　(c) 八つ巻き

図5—26 忌み目地

各種の延段を真・行・草で呼ぶことがある。これは江戸時代末期になって庭園とその工作物を真・行・草の型にあてはめることが行われるようになった影響である。真は正格，草は崩した形，行はその中間という3段階論は，日本の伝統文化である書，茶の湯などに広く行われている。

---

*　合端：石材と石材との接合部分のこと。

延段の真は四角形の板石を用い，草は不整形の板石や玉石を用いている。

延段を設ける地盤が軟らかい場合は，必要に応じて砕石基礎を設けることがある。

縁の直線を出すときに水糸を張り，それに従って石を配置する。そのときに使用する石が玉石の場合，まず玉石の中から直線的な部分を持つ石を選んで外周に配置し，その内側にさらに玉石を配置していくと美しく仕上がる（図5—27）。

石を固定するには土を突き固めるだけの場合もある。また，空練りモルタルを使用して大きめの石を据え付け，そのすき間に小さな石をモルタルを使用して安定させることもある。

図5—27　延段（行に相当する）

(8) 石張り

石張りは，コンクリート基礎の上にモルタルを使用して薄い石を張っていく。まず砕石基礎を設け，次いで基礎コンクリートを打ち，それが硬化してから石を張る。

石張りは，方形張りは長方形の石を，乱張りは不整形の石を張るがいずれもサイズは不ぞろいの石材であり，目地を美しく見せる必要がある。水平器と水糸を使用して平たんに仕上げる。

(9) 石　材

造園作業では基本的にはあるがままの自然石を使うが，延段などの敷石や飛石などにおいて合端の納まりがよくない場合，又は石灯籠や手水鉢などの石造品の製作時に次のような工具を使用する。

　こやすけ：別名"くいきり"とも呼ばれ，石を割るときに使用するもの。造園作業では合端合わせや石割り作業などで使用し，こやすけを石を割る位置に当てて，こやすけの頭を石頭でたたくと石が割れる。

　石　　頭：小型の槌(つち)で，こやすけやたがね（鏨）の頭をたたいて石を割る・削るときに使用するもの。

　た が ね：別名"はつり"と呼ばれ，石の表面を削ったりする鋼鉄製のもの。こやすけ同様，削る位置にたがねを当てて石頭などで頭をたたくと石が削れる。

　びしゃん：たがねなどで削った石の表面などをたたいて平滑に仕上げるときに使用する鉄槌(てっつい)である。びしゃんは槌の重量を利用してたたくものである。

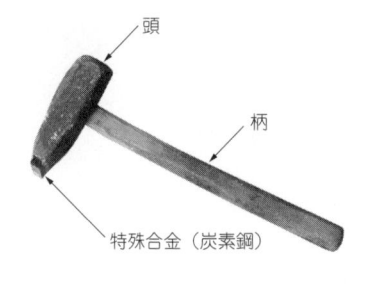

図5—28　こやすけの各部名称

図5—29　石　頭

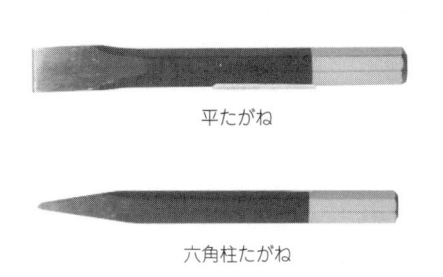

図5—30　たがね

図5—31　びしゃん

(10) 木　材

　木材は，四阿（あずまや），パーゴラ，ウッドデッキや竹垣の柱などの工作物・施設，また，植栽した樹木の支柱のような仮設物にも使用される。

　丸太は，根元に近く径の大きな方を元口，反対側の径の小さな方を末口という。上部も下部も均一の直径に加工されたものは丸棒と呼ばれる。

　丸太の加工の状態によって呼称がある。樹皮のついたままの丸太は皮付き丸太，樹皮を除去した丸太は長丸太，これを適宜に切ったものは切丸太，樹皮を除去し肌を磨いたものは磨丸太（みがきまるた）である。磨丸太は高価であるが，四阿の柱に用いられることもある（図5—32）。

図5—32　磨丸太の四阿

　長丸太は樹木支柱の八つ掛けに用いる。梢丸太（こずえまるた）と呼ばれる梢に最も近い部分の細い丸太は，樹木支柱の添え柱に用いることがある（図4—25参照）。

　造園分野で使用する丸太は，中小径木といわれるようなサイズのもので，スギやヒノキの人工林，すなわち人間が植林して育てる森林の間伐材（かんばつざい）が多い。間伐とは人工林をより大

きく育てるために間引きをすることで，重要な作業である。間伐材を利用することは環境破壊とは無縁である。

本格的な建築物に使用される木材の規格には，日本農林規格（JAS）＊や製材規格がある。

(11) 竹　　材

竹材は，竹垣や樹木支柱の布掛けなどに用いられる。種類としては，マダケ，モウソウチク，ハチク類で市場品がある。マダケは唐竹とも呼ばれ耐久性があり，竹材として最も使用されている。

竹の取引きに用いられる太さの単位は，直径約20cmの輪の中に何本入るかで決められている。例えば10本入れば「10本もの」，3本しか入らなければ「3本もの」という。

(12) シュロ縄

シュロ縄は，竹垣や樹木支柱の結束などに使用される。一般にシュロ縄と呼ばれるが，実際にはヤシの実の繊維（パーム）を主原料にしている。市場品には，黒と赤があり，全長27mを45cmに折りたたんで1把としている。

(13) 竹　　垣

最も代表的な竹垣の種類と特徴は次のようである。

四つ目垣：透かし垣を代表する竹垣で，柱間に3〜4本の胴縁を渡し，表裏から立子を胴縁と直角に交わるように格子状に組んだもの（図5—33(a)）。

金閣寺垣：柱間に丸竹の立子を等間隔に一列に配し，丸竹か丸竹を縦に半分に割った（半割竹という）押縁を表裏から立子を挟むように渡し，上部に半割竹の玉縁を取り付けたもの（図(b)）。

建仁寺垣：遮へい（蔽）垣を代表する竹垣で，柱間に胴縁を何段か渡し，それに立子をすき間なく取り付けて半割竹の押縁を当て，上部に半割竹の玉縁を乗せるもの（図(c)）。

御簾垣：柱の側面に溝を掘り，そこに晒竹の組子を横に差し込んでいき，表裏から縦の押縁を当てたもの（図(d)）。

通常，柱と柱の距離は1.8mとし，始めと終わりは親柱，その間は間柱とする。

＊　日本農林規格（JAS）：日本で生産された農産品，林産品を原材料として製造加工されたものについて等級や標準を制定している。農林物資規格調査会の答申に基づいて，農林水産大臣が告示する。造園材料では木材が該当する。農林物資規格法（昭和25年法律第175号）

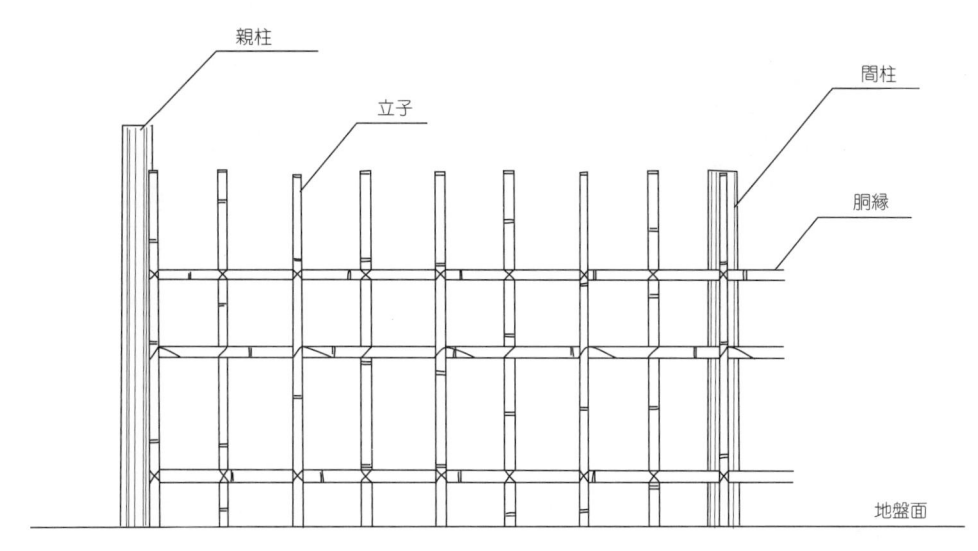

袖　垣：前述の竹垣を多様に応用したもので，縁先の端などの柱・壁から庭に向かって1.8mを限度に突き出させたもの。

(a)　四つ目垣（透かし垣）

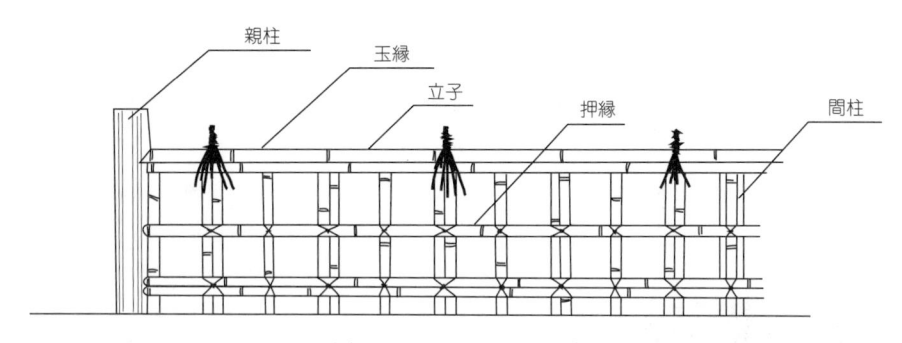

(b)　金閣寺垣（透かし垣）

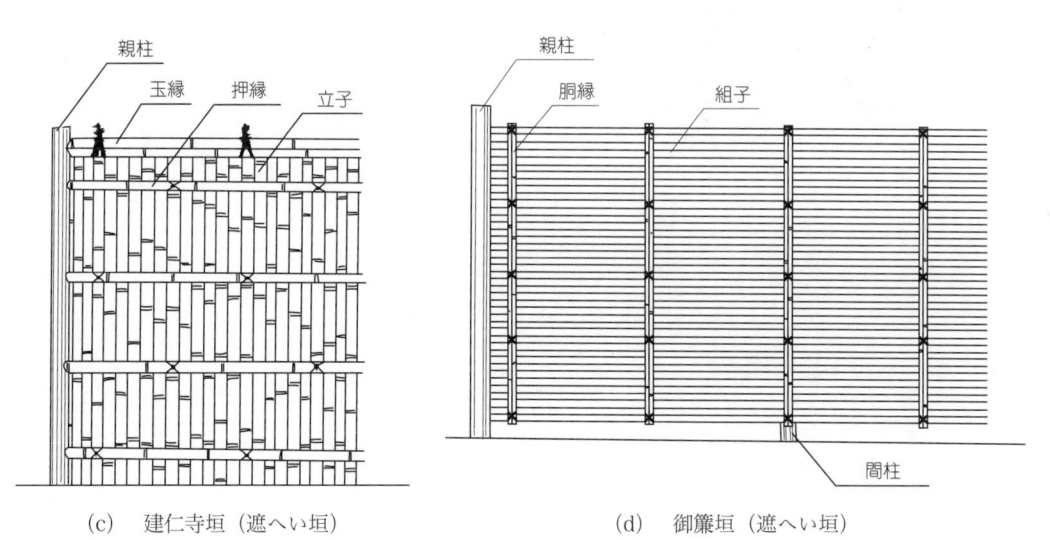

(c)　建仁寺垣（遮へい垣）　　　　(d)　御簾垣（遮へい垣）

図5－33　主な竹垣の種類

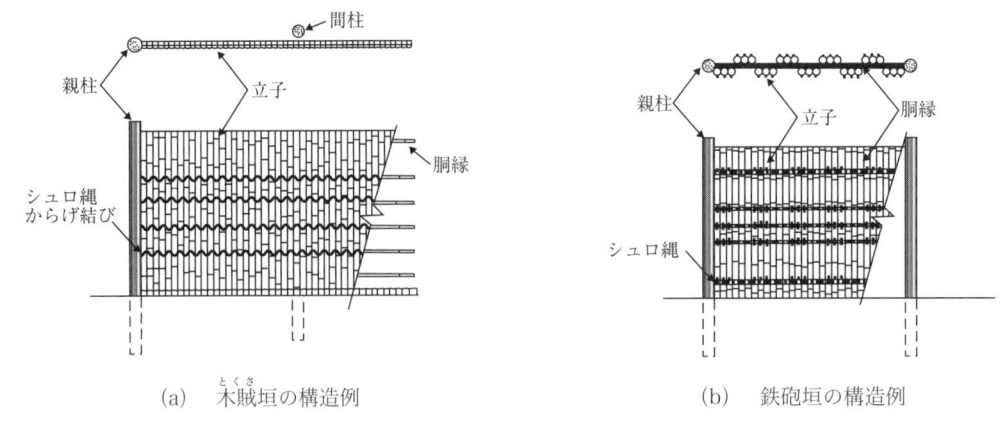

(a) 木賊(とくさ)垣の構造例　　(b) 鉄砲垣の構造例

図5−34　遮へい垣

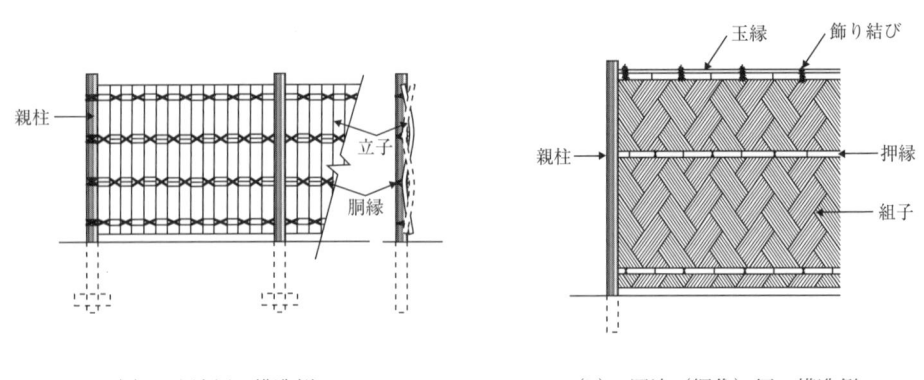

(a) 大津垣の構造例　　(b) 沼津（網代）垣の構造例

図5−35　編み組み垣

(a) 竹穂垣の構造例　　(b) 桂垣の構造例

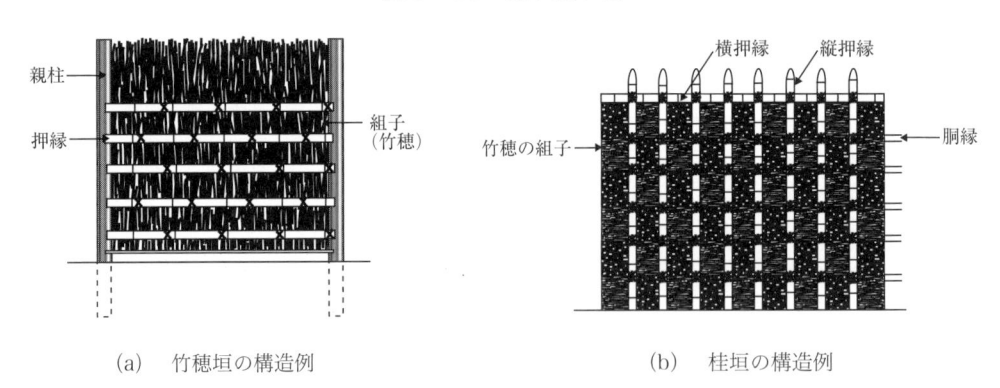

図5−36　枝穂組み垣

a．四つ目垣の施工順序

① 2本の親柱を立てる。

丸太を「法(のり)使い」といい，末口(すえくち)（梢(こずえ)方向）を上に元口(もとくち)（根元方向）を下にする。

② 親柱間に水糸を張る。

立子の天端頭の位置に張る。

③ 間柱を立てる。

　丸太の天端を水糸に合わせ，親柱間の中間に胴縁分だけ外側（裏側）に立てる。

④ 胴縁を取り付ける。

　胴縁の末口の節を残し（末節止めという）斜めに切って（図5―37），三つ目きり（錐）*1（図5―38））で穴をあけ（図5―39），親柱にくぎ止めする（図5―40）。元口は親柱の取り付け面に合わせ，末口と同じように取り付ける。間柱にもくぎ止めする。留意点は，段ごとに末口と元口を交互にする。また表側から見てまっすぐに見えるようにする（図5―41）。

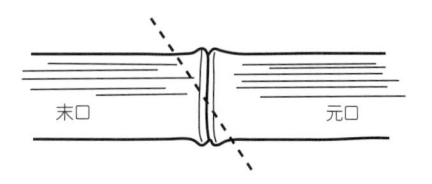

図5―37　胴縁の末節止め

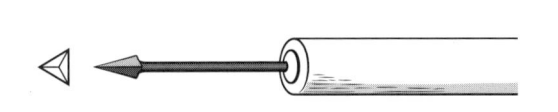

図5―38　三つ目きり

図5―39　三つ目きりでの穴あけ

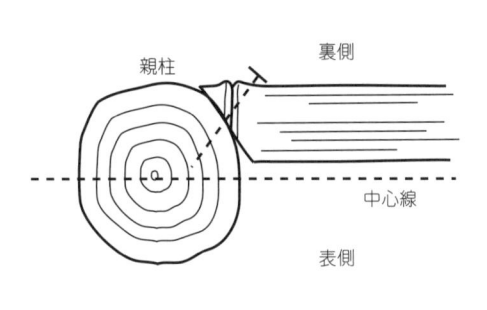

図5―40　胴縁の取付け方

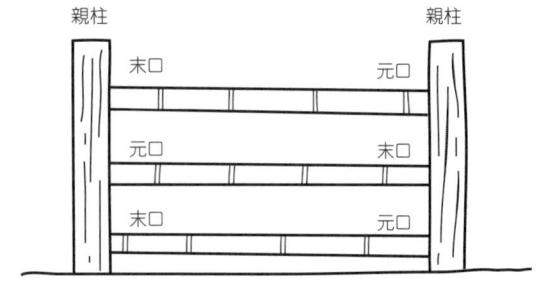

図5―41　胴縁の取付け方向

⑤ 立子を取り付ける。

　末口を節止めとし（図5―42），水糸に合わせてコノキリ*2（図5―43）で地面に打ち込む。立子間の間隔を等間隔にし，表側を取り付け次に裏側の順とする。親柱又は間柱に接する立子は正面側で一番細いものを使用する。また表側から見てまっす

*1　三つ目きり（錐）：刃先の断面が正三角形で，きり身は丸くなっている。一定の大きさの穴を深くあけるときに使用する。
*2　コノキリ：立子の打ち込み・高さぞろえや樹木の移植作業時の縄のたたき締めにも使用する。立子をたたくときはまっすぐに振り下ろさないと立子の頭が割れる。

ぐに見えるようにする。

図5―42　立子の末節止め　　　　　図5―43　コノキリ

のこぎりで破線の部分を竹を手前に回しながら切る。

⑥　立子と胴縁を結ぶ

　基本的には「いぼ（男）結び（図5―44）」で結ぶが，印象を和らげるために中段の胴縁は「からげ結び（図5―45）」とする。いずれもシュロ縄2本使いである。

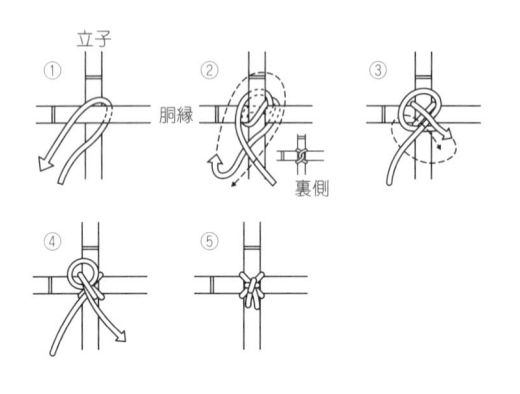

図5―44　シュロ縄のいぼ結び 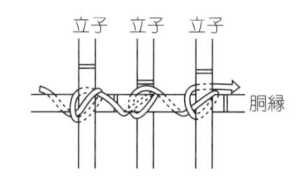　　　　図5―45　シュロ縄のからげ結び

b．建仁寺垣の施工順序

①　親柱・間柱を立てる。
　　四つ目垣施工の①～③の要領で行う。
②　胴縁を取り付ける。
　　四つ目垣施工の④の要領で行う。胴縁の矯正が必要な場合はくせ直し竹で行う。
③　立子を取り付ける。
　　丸竹を縦に4～5分割したものを割竹といい，これを立子として胴縁にシュロ縄又は針金にて固定する（これをかきつけという）。留意点は，図5―46に示すように，左親柱寄りの3枚の立子は法使いとする（4枚目以降は末口，元口を交互とする）ことと，隣り合う立子の節がそろわないようにする（図5―46）。

親柱　立子　シュロ縄又は針金　胴縁　法使い

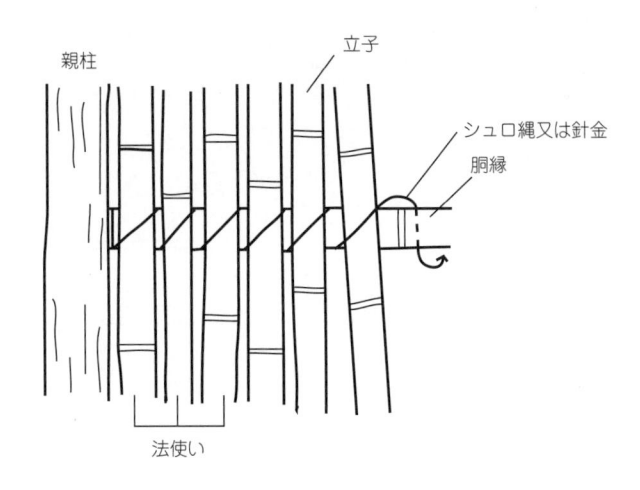

図5—46　立子のかきつけ方

④　押縁と玉縁を取り付ける。

　図5—47に示すように，半割竹の押縁は，裏側の胴縁の位置で立子を挟むように針金で取り付ける。押縁も胴縁と同じように各段ごと末口と元口を交互にする。半割竹の玉縁は，立子に乗せやすくするため節の内側を取り除き，立子にかぶせるように乗せ，胴縁・押縁合わせて針金で取り付ける（図5—48）。丸竹を半割りにするときは竹割りなた（鉈）＊（図5—49）を使用する。留意点は，丸竹の芽（枝の跡）を目印に，押縁は芽を両側に残すように，玉縁は芽の位置で半割りにするとそれぞれ取り付けたときに竹がまっすぐに見える。また「木モト竹ウラ」といい，竹は末口からなたを入れるときれいに割ることができる。

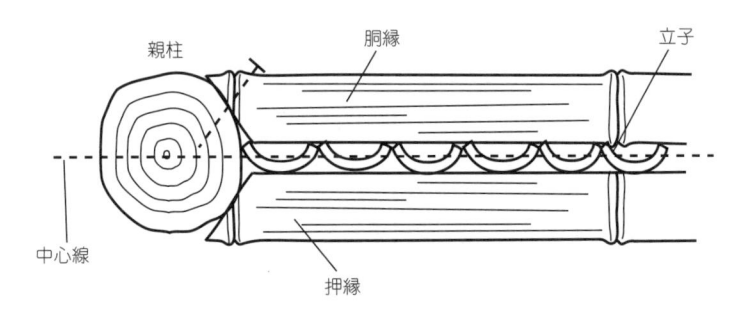

親柱　胴縁　立子　中心線　押縁

図5—47　胴縁と立子と押縁の関係図

＊　竹割りなた（鉈）：仕様は刃の長さは18〜25cm，幅は3〜4cm，厚さは5mm前後である。構造は，峰から刃に至る中間にしのぎ（鎬）があり，これが竹を割るときに割れを正確に導く役目をしている。

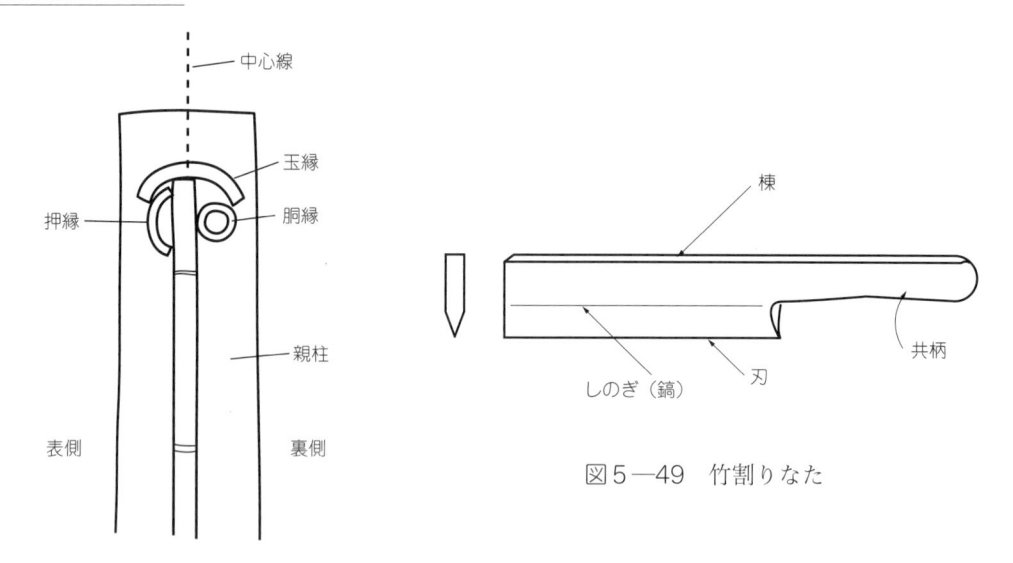

図5―48　玉縁・押縁・胴縁・立子の関係図

図5―49　竹割りなた

⑤　押縁の結束

　　④の針金と同じ要領でシュロ縄2本使いで，いぼ結び又はねじりいぼ結びとする。結束位置は，奇数の段はまず親柱から3枚目の立子とし，それ以降は70～80cm間隔で結ぶ。偶数の段は奇数の段の結束位置間の真ん中に結ぶ。シュロ縄を立子と立子のすき間に通すのが難しいので繰り針*（図5―50）を使用する。

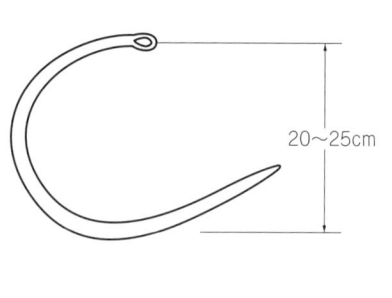

図5―50　繰り針

⑥　玉縁の結束

　　④の針金と同じ要領でシュロ縄2～3本使いで，飾り結びとする。結束位置は，押縁の奇数の段と同じ位置である。このときも繰り針を使用する。

(14) 庭　門

　日本庭園の庭門には様々な美しい様式がある。参考資料（184ページ）を参照されたい。日本庭園の庭門として最も素朴なものは2本の丸太を立て並べただけのものであるが，丸太の素材が吟味されなくてはならない。2本の丸太の柱の間に素朴な竹製，板製の扉を付ける場合がある。また，丸太は耐久性の見地から焼き丸太を用いることもある（図5―51）。

　なお，洋風庭園の庭門で最もなじみ深いものにバラなどをまとわせたアーチがある。

　都市公園の門は，様々なデザインが施され，素材もコンクリート，鋼，木，石など多彩

＊　繰り針：穴にシュロ縄を通し，立子の間に表から裏に回し，また表に戻すことにより結束作業を容易にできるもの。

である。

柱は焼き丸太　　　　　　　　　　柱は出節（でぶし）丸太

図5—51　庭　門

(15)　鉄筋コンクリート

セメントコンクリートは，型枠の中に打ち込んで自由な形をつくり出すことができ，現代の建設工事に欠くことのできないものであり，造園工事にも頻繁に用いられる。施工する者としては，コンクリートの基本的性質を知っておくことが重要である。

コンクリートは圧縮応力に対して強く，鉄筋は引張応力に対して強い。圧縮応力，引張応力に対する強度的特性を活かしてコンクリートの中に鉄筋を配置したのが鉄筋コンクリートである。

a．コンクリート

コンクリートは，日本工業規格（JIS）*の規定のもとに生産されている。生コン工場のコンクリートを使用する場合は，原則としてコンクリートミキサー車の1時間以内の運搬時間を原則とする。

通称生コンと呼ばれているものは，専門用語としてはフレッシュコンクリートという。その材料はセメント，粗骨材（砕石又は砂利），細骨材（砂），水であり，それらを所定の割合で配合し，練り混ぜたものである。練り混ぜるには機械練りと手練りがある。手練りの配合には容積比で，セメント，砂，砂利を$i:m:n$と表し，1：2：4（富配合），

---

*　日本工業規格（JIS）：工業標準化法（昭和24年法律第185号）に基づいて，日本工業標準調査会（JISC）で調査・審議され，政府によって制定される我が国の国家規格。

1 : 3 : 6（貧配合）がある。現在の市販の生コンは重量比で配合し正確を期している。

配合に際し，水の量を多くすることは，コンクリートを練ることも型枠に打ち込むことも容易にするが，コンクリートの硬化後の強度を低下させる原因となるので注意を要する。

コンクリートが硬化するのは，セメントの成分が水と反応し，水和作用と呼ばれる化学変化を起こすためである。したがって，フレッシュコンクリートの中の水が凍ってしまうような寒中や気温が極めて高くなる暑中は，コンクリートの打ち込みに最適とはいい難い。

モルタルはセメントと細骨材（砂）と水を練り混ぜたものである。れんがを積んだり，タイルを張ったりするのに用いられる。

セメントは石灰岩を焼成したものを主原料とする。袋詰めのセメントの保管は積み重ねる場合は13袋以下，長期保管の場合7袋以下とする。セメントの入った袋は床から30cm以上の湿気を吸収しない場所で，風通しのよくないところに貯蔵するようにする。それはセメントが袋の中で硬化してしまうのを防ぐためである。湿気や通風によってセメントが硬化することを「セメントが風邪をひく」という。

(a) 品質のテスト

コンクリートを大量に使用する場合は，品質を工事現場で管理するが，そのための品質管理試験方法の代表的なものにスランプ試験がある。これは図5—52のようなスランプコーンと呼ばれる器具を使用し，上からコーンの中にフレッシュコンクリートを詰め，コーンを抜き取ったときにコーンの高さからフレッシュコンクリートが下がった値を測定する試験である。これは主として

図5—52　スランプコーン

水の量の多少によるフレッシュコンクリートの軟らかさを測定するものである。

圧縮強度の試験をするには円筒型のテストピースを作成して行い，4週間（28日）強度を測定するのが基本である。言い換えればフレッシュコンクリートを打ち込んでから4週間くらいたたないと，硬化したコンクリートが所定の強度を発揮するようにならないということである。しかし工事現場では，測定データを早く欲しいので1週間（7日）圧縮強度の測定もよく行われる（図5—53）。

これらの試験方法はJIS規格に決められた方法で行われる

図5—53　テストピース

もので，経験を重ねると慣れる内容である。

(b) 型枠の注意

コンクリートの工作物を美しく仕上げるには，型枠がゆがんだりしないように美しい形に組み立てられていなければならない。型枠には板や合板を加工して使用したり，アルミ製の型枠を用いたりする。また，ボイドと呼ばれる紙製の筒形型枠もある。

型枠の内側に剥離剤を塗布しておくと型枠を取り外す作業は容易になる。板や合板の型枠は，工事現場で所定の形に加工して組み立てるのに便利であり，合板型枠はコンクリート表面をより平滑に仕上げることができる。アルミ製型枠は転用回数が多い。

(c) 養　生

フレッシュコンクリートを型枠に打ち込み後，表面が乾燥しないように日光の直射，風を避けるため土木シートなどで覆っておく。コンクリート養生期間は，コンクリートの湿潤状態を保つようにする期間であるが，3日〜5日以上を標準とする。その後に型枠を取り外す。

b．鉄　筋

鉄筋は，JIS 規格の規定に従って製造されている鋼材である。丸鋼は表面が平滑であり，異形棒鋼は表面に突起（リブ）又はふしがある（図5－54）。

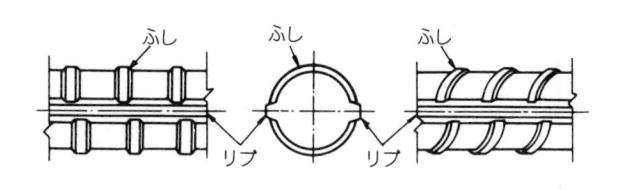

図5－54　異形棒鋼

鉄筋を所定の配置に組み立てることを配筋といい，それを図示した図面を配筋図という。図面上で鉄筋の間隔（ピッチ）は，例えば@250のように表されるが，これは鉄筋の心と心が250mmずつの等間隔であることを示している（図5－55）。

鉄筋が交差するところは，細い鉄線で結束する。鉄筋はコンクリート表面のごく近くにあるといずれさびてしまうので，さびを防止するには鉄筋の上にコンクリートの厚み（これを「かぶり」という）を確保しなくてはならない。そのためにスペーサーと呼ばれるものを使用することがある（図5－56）。

図5—55　配筋（黒板の@250は間隔を示す）

図5—56　スペーサーの例（鉄筋を支えている2個の金具）

(16) コンクリート縁石（コンクリート二次製品使用）

　コンクリート二次製品とは，工場でコンクリートを型枠に入れて製造した製品群をいう。ここで述べるコンクリート縁石ブロックはその一例である（図5—57）。

　設計図面に従って丁張りを設け，所定のコンクリート縁石の基礎の深さになるよう床掘りをする。その後掘り下げた土を転圧締め固めをし，転圧後の土の深さが設計図のとおりでなくてはならない。

① 基礎用の砕石を所定の厚さになるよう敷きならす。その砕石をタコやランマーを使用して転圧し，砕石の天端を所定の高さにする。

② コンクリート基礎を設けるための型枠を設置する。型枠はコンクリート基礎が設計図どおりの寸法になるよう仕上げる。型枠内を清掃の後，フレッシュコンクリートを打ち込む。型枠が木製の場合は，型枠を湿らせておく方がよい。フレッシュコンクリートが型枠内にまんべんなく行き渡るように細い棒などを使用して突き固め，天端はこて仕上げとする。

図5—57　コンクリート縁石の施工状況

③ コンクリートを養生するために土木シートなどで覆っておく。

④ 養生期間を経て，型枠を取り外す。

⑤ 水糸に従って，コンクリート縁石ブロックを置き並べる。

⑥ このときコンクリート基礎と縁石ブロックとの間及び縁石ブロック相互のすき間にモルタルを使用する。

モルタルが硬化するまで養生する。

(17) ベンチ

　ベンチは，都市公園の工作物として必ず登場するものである。木，石，コンクリート，プラスチック，鋼など様々な素材の多彩なデザインのベンチが専門メーカによって生産されている。公園のベンチは基本的にはコンクリート基礎の上にアンカーボルトによって固定されるので，施工に際してはコンクリート基礎を強固につくり，ベンチの座板が水平になるように据え付けて固定することが要点となる。

(18) れんが

　れんがのJIS規格の寸法を表5—6に示す。また，れんがの代表的な積み方・敷き方を図5—58に示す。

表5—6　れんがの寸法（mm）

項目 寸法	長さ	幅	厚さ
寸　法	210	100	60
許容差	±6.0	±3.0	±2.5

　れんがの配置は，水糸に従って決め，施工をする際は目地にモルタルを用いる。れんがは工事使用前にあらかじめ吸水させておくが，それはモルタルの水分が奪われずによく硬化するようにするためである。

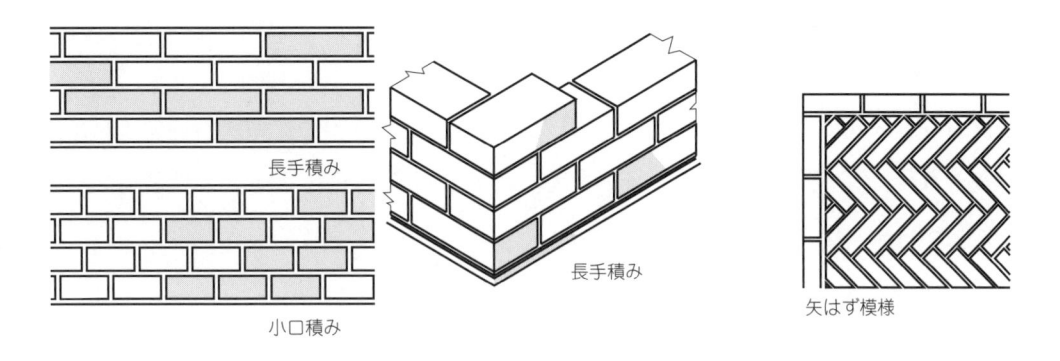

図5—58　れんがの積み方と敷き方の一例

　目地の仕上げ方には図5—59に示すようなものがある。その施工には目地ごてが用いられる。

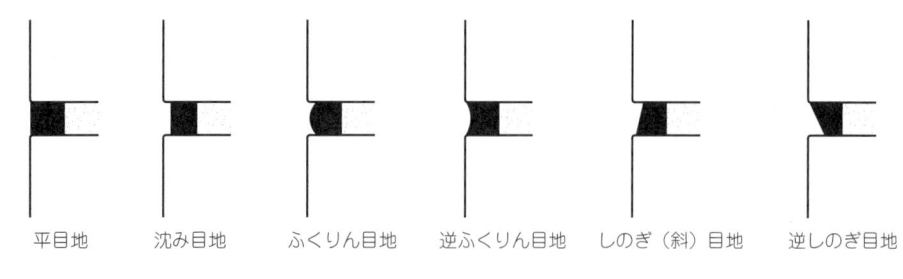

平目地　沈み目地　ふくりん目地　逆ふくりん目地　しのぎ（斜）目地　逆しのぎ目地

図5-59　化粧目地

(19) アスファルト

　一般にアスファルトといわれている舗装材は，専門家の間ではアスファルト混合物，合材，アスファルトコンクリート，アスコンなどと呼ばれている。アスファルト混合物は，現代の舗装工事に欠くことのできないものである。アスファルトそのものは，原油からガソリンなどを精製した残渣（ざんき）から製造され，これに粗骨材・細骨材などを混合したものがアスファルト混合物で，加熱混合方式が採られている。アスファルトプラントで混合されたもの（120℃を超える高温）がダンプトラックにより工事現場に搬入される。アスファルト舗装は公園でも広く使用される。施工の要点は，路床の土，路盤の砕石，そして基層と表層のアスファルト混合物を均一に転圧することである。

(20) 池

　伝統的日本庭園の池や流れの水源は，自然の川の水やわき水である。いい替えれば，水源の豊かな場所に池や流れのある庭が立地したのである。そこでは川から庭園に水を引き，庭園から流れ出た水は再び川に戻すという水の使い方をしている。

　今日，庭園や公園につくられる池や流れの水源の多くは上水道である。ポンプで池や流れの中を循環させて水の使用量を節約し，汚れたら下水道に流すという方式である。上水道から水を引く工事は専門の水道工事店でなければ行うことができない。

　そうした池や流れの底や護岸は，鉄筋コンクリートと防水モルタルによる工法又はアスファルト系のライニング工法によって施工されることが多い。底や護岸が鉄筋コンクリートの池に石組を設けることは，いわばコンクリートの箱の内側に石を組むことになる。

　さざなみが立つ，水がはねるなど，流れる水の動きの変化は庭園の見どころの1つであるが，その水の演出は流れの底や護岸のつくり方の工夫によるものである。例えば，浅い流れでさざなみを立てるには，底は粗面である方がよく，底に小石を敷くなどの施工をする。

(21) 噴　水

　ヨーロッパの古典的庭園で噴水の利用が発達した。その水を吹き上げる力は，高い場所

の水源から低い場所の庭園に水を引いてくることによる天然の水圧を利用している。現在日本でつくられる噴水は，専門メーカが大小様々な演出を工夫した多彩なものであり，電力を利用したポンプで水圧を与えている。噴水の水も池の中を循環させて使用している。

(22) 機械施工

造園工事で人力では困難な作業や，効率の悪い作業は様々な建設機械を使用して施工される。また，材料，器具の輸送や人員の移動に自動車は必須のものとなっているので，造園工事に関わる者は普通自動車免許を持っていることが望ましい。

車両系建設機械や移動式クレーンなどは，労働安全衛生法に基づいた技能講習を修了した者でなければ操作してはならないことになっている。

工事現場では機械と人が一緒に作業を行うことが多い。それは機械にはできない細かな仕上げを人が行うからであり，機械の作業状況をよく見て行動し，誤って機械と接触などすることのないように注意しなければならない。各種建設機械の機能の例を以下に示す。

① トラッククレーン：つり上げ，つり下げ
② バックホウ：掘削（地面より低い部分），押土，積み込み
③ ブルドーザー：押土
④ ショベルドーザー：掘削（地面より高い部分），押土，積み込み
⑤ ダンプトラック：運搬
⑥ 高所作業車：足場
⑦ ランマー，コンパクター，振動ローラー：転圧

2.9 植栽の施工

植栽の施工は第4章第2節2．4造園樹木の移植技術の応用である。よってここではタケ類の移植と芝生の造成について触れるにとどめる。

(1) タケ類の移植

タケ類の移植は，地下茎から出るタケの芽（たけのこ）が動こうとするころが移植の適期といわれている。ただし，タケに着いている地下茎を長さ1m程度に切って一体で植えるのが活着にも今後の伸長のためにもよい。

『築山庭造伝』には，「タケを植えゆるによき月日の事」として，6月20日（旧暦）があげられているが，これは新暦6月初旬に当たり，竹酔日（ちくすいび）といい必ず活着するといわれている。タケの植栽はそれほど適期が短いといわれている。

(2) 芝生の造成

造成方法は，張芝法，植芝法，播種法に大別される。おおむね日本芝は張芝法，西洋芝は植芝法，播種法によって造成される。

張芝法は切芝を張って植え付ける方法，植芝法は芝の茎をばらばらにほぐして植える方法，播種法は種子をまく方法である。

日本芝にはノシバ，コウライシバ，ビロードシバなどの種類がある。日本芝の市場品の形状として，切芝，ロール芝がある。

芝生を造成する時期は，適期を選ぶ。3・4・5月は施工後の芝の育成が最もよい時期である。次いで雨が多いが6月，秋の9・10月がよい。秋も深くなると芝が霜柱で持ち上げられることがあり，芝の成長も遅くなって十分な繁茂は望みにくい。7・8月の真夏の芝生の施工は，施工後十分な灌水ができる体制でなければ困難である。

整地と施肥はどの種類の芝生を造成するにしても，共通して行わなければならない重要な作業である。整地に当たっては，20～30cmの深さに耕して瓦礫を取り，雑草を除去し，地表面の凹凸をじょれんなどでならす。必要に応じて土壌改良剤を使用する。

芝は一般に湿気を嫌い，地下水位の高い場所は病害も多く生育も悪いので，芝生地の地盤を高くするか，排水を万全にする必要がある。

張芝法の切芝の並べ方には，図5-60のようなものがある。

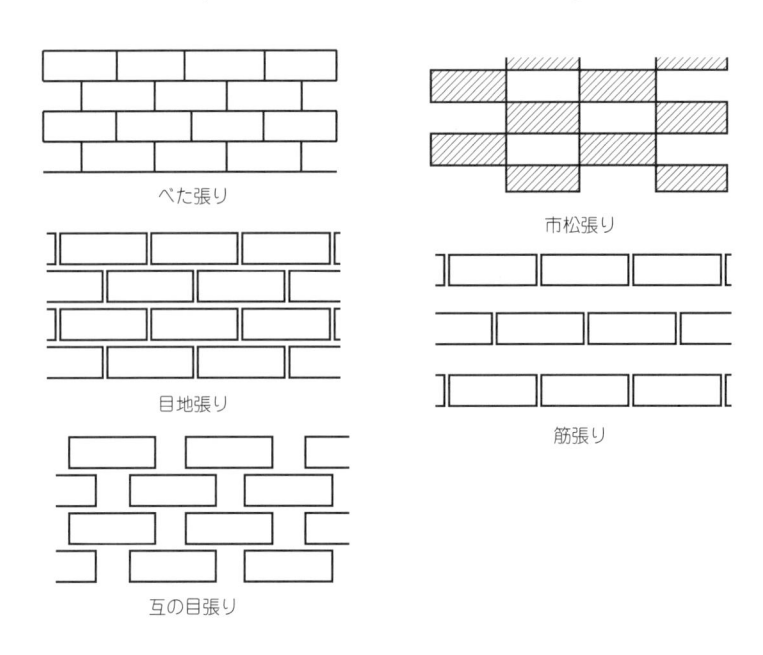

図5-60 張芝の並べ方

切芝は1枚ずつ手で広げ加減にして表土に押し込むように植え付けるが，全体が同じ高さになるように，手や板でたたきながら1枚ずつ並べていく。切芝を張り終わったら，ローラー転圧するなどして，芝の根と土壌が密着するようにする。その後，あらかじめ用意した目土を，芝の葉が半分隠れる程度に全面に均等にかける。

急傾斜地に芝生を造成するには，図5−61のように芝を芝くし（目ぐし）で固定する。これを筋芝という。

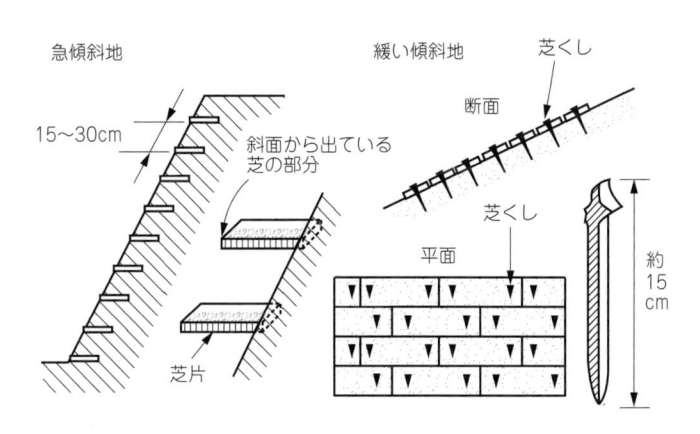

図5−61　傾斜地での芝生の造成法

最近各地で行われている校庭の芝生化の効果としては，健康保全面（騒音の削減，光の反射の減少，アレルゲン物質の制御），環境保全面（汚染物質の吸収，酸素の発生，微粒子物質の除去，気温の調節，地下水の補充，土壌づくり），教育効果面（体育活動の活発化，環境教育の教材）などが挙げられる一方，施工及び維持管理費の高額化や専任の管理者の確保などの課題がある。

しかし，校庭の芝生化により環境への負荷を低減でき，問題になっている砂塵飛散，土砂の流失，ぬかるみの防止，照り返しの防止，排水の改良などはほとんど解決できる。

2．10　施工管理

(1)　工程管理の目的

施工を合理的に進めるためには，むり，むだ，むらをなくすることが課題である。中でも施工の工程管理をする立場からは，むらを省くために時間と空間の利用計画を立てることが求められている。

工程管理は，発注者側からは工期内に十分な品質，出来型をもって施工されていく工程過程の管理である。また，受注者側からは，会社経営という経済的要素が加わり，最小の費用で最大の効果をあげるための工事を管理していくことにある。

(2) 工程管理の対象

工程管理の内容は，計画と実施についての管理に大別される。

a. 計　画

① 施工計画……施工法，施工順序，方針の決定など
② 工程計画……手順と日程の計画，工程表の作成など
③ 調達計画……労務，機械，材料，賃金などの調達期日，品目，数量など

b. 実　施

① 作業量管理……作業量，使用量などのチェック
② 進度管理……工程の進捗状況と計画との比較
③ 調達管理……労務，機械，材料などの調達
④ 修正……作業内容の改善，工程促進，計画の再検討

(3) 工程管理図表

工程管理図表は，工程を図表化し各種の工程表を作成し，施工の管理のための基準として使用する。

工程表は，基本工程表，部分工程表や細部工程表に分けられる。基本工程表は月単位，部分工程表や細部工程表は週単位となり，細部をより明確に把握できるようにつくられている。

一般に工程表には，横線式工程表（ガントチャート，バーチャート），曲線式工程表，ネットワーク式工程表などがある。

これらの得失についてあげると次のようである。

a. ガントチャート

ガントチャートは，各作業の完了時点を100%として横軸にその達成度をとったものである。各作業の現時点での進行度合いはよく分かるが，各作業に必要な日数は分からず，工期に影響を与える作業がどれかもよく分からない欠点がある（図5—62）。

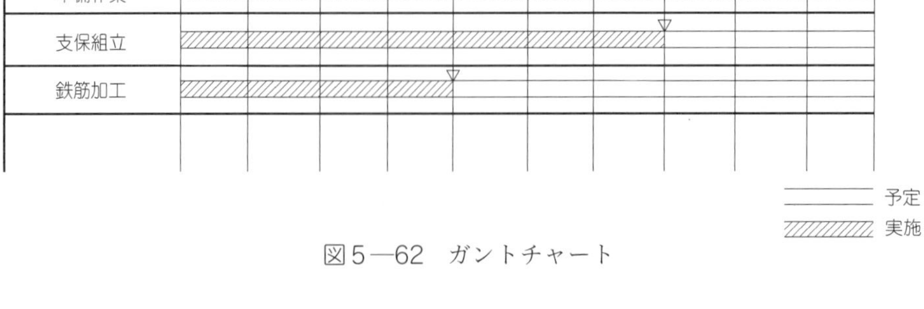

図5—62　ガントチャート

バーチャートは，上記ガントチャート方式の改良形である。横軸に日数をとり，各作業の所要日数が分かり，作業の流れと作業間の関連がある程度つかめる利点がある（図5－63）。

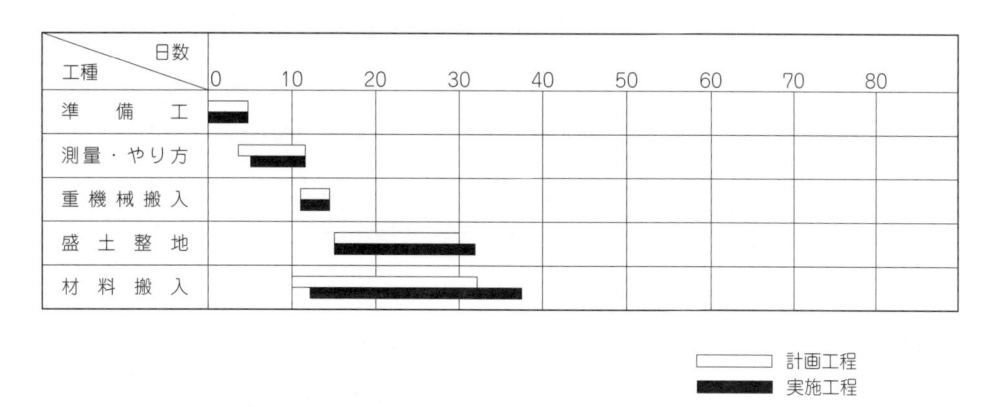

図5－63　バーチャート

c．曲線式工程表

曲線式工程表は，工事や作業の開始に先立って計画出来高工程曲線をつくり，作業の進展に伴ってこれに実施出来高の曲線を入れて，両方の曲線を比較対照して工程の管理をするものである。

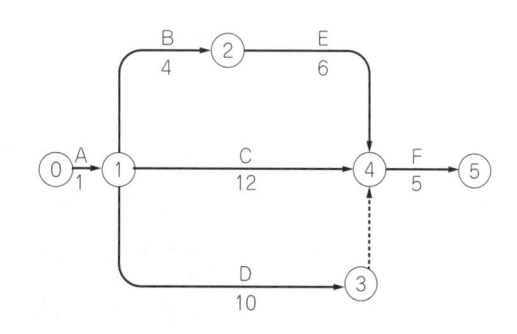

d．ネットワーク式工程表

ネットワーク式工程表は，前記の各工程表の欠点を解決したものといわれている。線と丸の結びつきで表現され，線が作業の関連性，方向，内容を表示している（図5－64）。

(a) ネットワーク作図の基礎

6つの作業からなるプログラム（仕事）を想定してその考え方（図5－64）を説明すると，このプロジェクトを完成させるために必要な各作業の相互関係を示したことになる。

(b) 記号と作図の注意

○印はイベント又はノードと呼び結合点を表す。

図5－64　ネットワーク式工程表

→をアクティビティ又はジョブと呼び作業を表す。下記のように作業内容を上に，時間を下に書く。

点線の矢印はダミーと呼ばれ，その作業に要する時間は関係なく，単に作業の方向を示す。

ネットワーク手法には次のものがある。

① PERT（Program Evaluation and Review Technique）

PERTは，時間を基本にした管理手法である。1つのプロジェクトをある工期内に完成させるために，プロジェクトを構成するおのおのの資源やコストなどの要素を合理的に組み合わせて最も効率的な作業順序を見つけ出す手法であるとともに，実施段階でも計画と実績を比較し必要な処置がとれる技法である。

② CPM（Critical Path Method）

CPMは，ノーマルタイム（正規の時間），ノーマルコストと最短時間，最小の経費をふまえて間接費を考慮し，最小で最適な工期を求める計画技法である。

③ RAMPS（Resource Allocation and Multiple Project）

前記PERT，CPMが単一のプロジェクトを対象にしているのに対して，RAMPSは同一の資源を分け合って同時進行している複数のプロジェクトを取り扱う技法である。

（4） 出来型管理

出来型管理とは，工作物の形状寸法の管理である。レベルで高さを，巻尺で寸法を測定するなど設計図に示された形状寸法になっているかどうかチェックする。

公共造園では，日々の工事の中で工事記録写真を撮影することが，出来型管理の大切な要素になっている。これは竣工検査の際に工事写真帳に工種ごとに工程に従って整理し，検査員に工事の過程を示し，特に地面の下に隠れてしまうような部分を記録して示すものである。

よい工事写真を撮影するには，必要事項を記入した黒板を写し込んだり，スケールや水糸を写し込むなどの一定の約束ごとをマスターしなければならない。

工事写真の撮影は1人でできる仕事ではないので，黒板を持つなど積極的に協力して慣れるようにする。大きな工事では写真撮影の頻度も高くなり，写真の枚数も多くなる。

（5） 安全衛生管理

造園など建設産業は，屋外で労働環境が一定しないこと，様々な機械や資材とともに働くことなどの事情のために，他の産業に比べて労働災害が多い。「安全はすべてに優先する」という標語を建設工事現場でよく見かけるが，建設関連の会社は安全衛生管理には特に気を配っている。

労働安全衛生法には様々な規程があり、それを厳守して仕事を進めなくてはならない。
そのために、
① 作業しやすい服装にする。
② 互いに怪我をしないように注意する。
③ 工事現場内の整理整とんをする。
など基本的なことを大切にしなければならない。

第5章の学習のまとめ

造園施工は，工事請負契約の設計図書に基づいて行われるが，設計に表せない繊細な仕上げを現場にあてはめ，なじませる技術が要求されることがある。

・設計の内容を理解し，現場の状況を把握して適切な施工をするために，創造性と高度な技術力が必要となる。経験の積み重ねによって施工責任者になる道は誰にも開かれているので目標とすること。

・施工では工種が多く，取り扱う材料も多彩である。現場の判断，植物の取り扱いに慣れ，コンクリート作業にも詳しく，また，伝統技法にも精通すること。

・造園管理の適正化を図ることを目的とすること。

・施工と管理は，現場の経験を積むことによって良好な結果へ近づくものであるので努力を惜しまないこと。

・造園の施工は，建築，土木などを含む総合的な事業においては終末期に位置付けられる場合が多く，工事が錯綜したり，工期が十分取れないなどの問題点が生じるため，むりなく，むだのない施工運びが要求されることを理解すること。

・造園工事は竣工後の維持管理の適切さも重要となる。植物などの管理については理解を深めること。

・造園の維持管理は地味ではあるが，植物などの生きものを扱う立場から重要な部門であることを理解すること。

【練習問題】

次の問題に答えなさい。
（1） 建設業を複数の都道府県で営業する場合は，誰の許可が必要か。
（2） 掘削面の高さが２ｍ以上となる地山掘削作業時に必要な資格は何か。
（3） つり上げ荷重が１ｔ以上のクレーン，移動式クレーンの玉掛け作業時に必要な資格は何か。
（4） 現地に工事規模が分かるように位置と高さを出すために設けられる仮設物は何か。
（5） トータルステーションとは，２つの機能を併せ持つがこの２つとは何か。また一度に３つの値を計測できるがこの３つとは何か。
（6） 庭石は採取された場所により３つに区別されるがその３つとは何か。
（7） 庭石の各部分の名称で，「見つき」とはどのような部分のことか。
（8） 造園材料の「ごろた石」の大きさはどのくらいか。
（9） 錦石とも呼ばれ全国の海岸で産出されるいろいろな色が混ざり合っている砂・砂利を何というか。
（10） 石灯籠の各部分のうち，笠の下の部分名は何か。
（11） 蹲踞に湯桶石を置く目的は何か。
（12） 飛石と飛石の間のことを何というか。
（13） 四つ目垣や建仁寺垣で竹と竹を結束するために使用する縄は何というか。
（14） 建仁寺垣で結束作業を容易にするために使用する道具は何か。
（15） セメントと細骨材を水で練り上げたものを何というか。
（16） コンクリートの品質管理試験の代表的なものを何というか。
（17） れんがの施工時に，れんがにあらかじめ吸水させておく目的は何か。
（18） 工程管理図表で，各作業の進行度合いはよく分かるが各作業に必要な日数や工期に影響を与える作業が分からないという欠点のあるものは何か。
（19） 工程管理図表で，各作業の所要日数が分かり作業の流れと作業間の関連が分かるものは何か。
（20） 工程管理図表で，事前に計画出来高工程曲線をつくり進捗状況に伴って実施出来高の曲線を記入して工程の管理をするものは何か。

参 考 資 料

（1） 製図の細かな指示

　a．線の表示

線の種類とその用途

線の種類		線の太さ	名称及び用途
実　線	————————	太　線	外形線
		中　線	一般外形線
		細　線	ハッチ線・基準線・寸法線・寸法補助線
破線（点線）	- - - - - - - -	中　線	かくれ線・中心線
一点鎖線	—・—・—・—	細　線	切断線
		中　線	中心線・ピッチ線
二点鎖線	—・・—・・—	中　線	想像線

　b．寸法の表示例

　寸法は細線を使用し，文字や数字は大きさに十分注意を払い，わかりやすく書く。寸法補助線と本体との間は若干間隔をとる。寸法は，対象物の部分の長さを内側に，全体の長さを外側に書く。

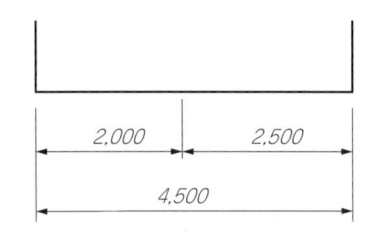

① 寸法線と寸法補助線　　　　　② 引出し線と矢印の種類

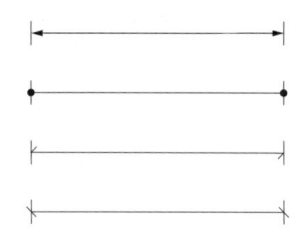

③ 寸法記入の例

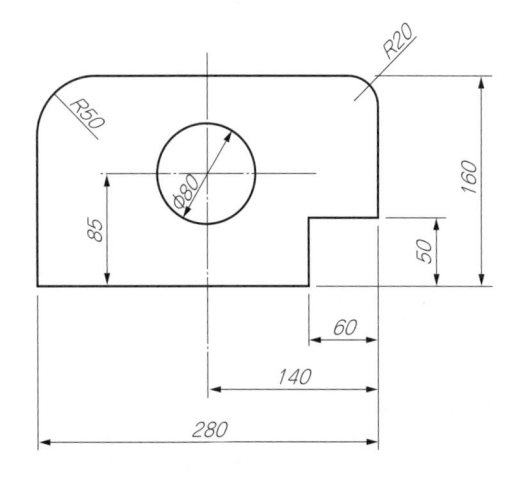

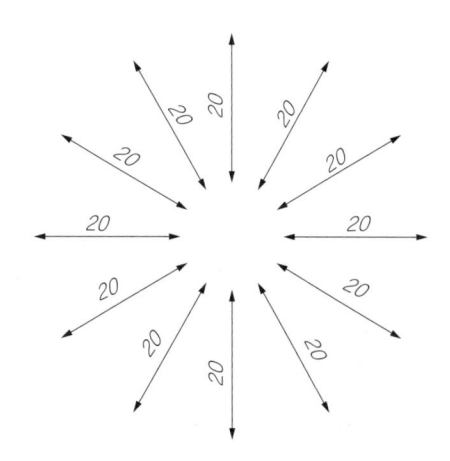

④ 狭い寸法の記入方法（適宜使い分ける）

線外に記入する　　　交互に記入する　　　引出し線により記入する

⑤ 半径，直径などの寸法記号とその表示

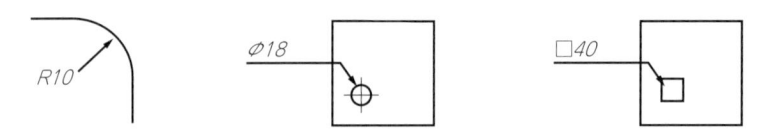

⑥ こう配の表現

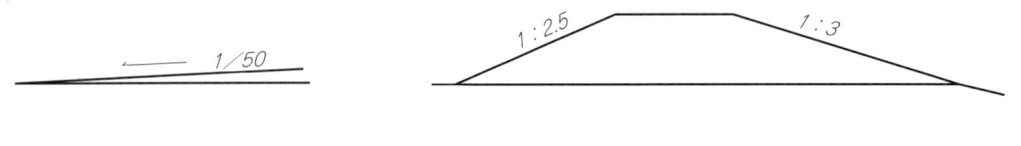

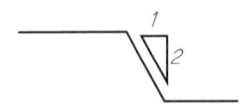

⑦ 寸法補助記号の各種

区分	記号	呼び方	用法
長さ	L　l	える	長さの寸法の，寸法数値の前につける。
高さ	H　h	えっち	高さの寸法の，寸法数値の前につける。
幅・間口	W　w	だぶりゅ	幅・間口の寸法の，寸法数値の前につける。
奥行き・深さ	D　d	でー	奥行き・深さの寸法の，寸法数値の前につける。
直径	φ	まる	直径の寸法の，寸法数値の前につける。
半径	R	あーる	半径の寸法の，寸法数値の前につける。
球の直径	Sφ	えすまる	球の直径の寸法の，寸法数値の前につける。
球の半径	SR	えすあーる	球の半径の寸法の，寸法数値の前につける。
正方形の辺	□	かく	正方形の一辺の寸法の，寸法数値の前につける。
板の厚さ	t	てぃー	板の厚さの寸法の，寸法数値の前につける。
厚さ一般	⑦	あつさ	厚さ一般の寸法の，寸法数値の前につける。
単位当数値	@	まるえー	単位当たりの数値の前につける。
円弧の長さ	⌒	えんこ	円弧の長さの寸法の，寸法数値の上につける。
45°の面取り	C	しー	45°面取りの寸法の，寸法数値の前につける。
理論的に正確な寸法	□	わく	理論的に正確な寸法の，寸法数値を囲む。
参考寸法	( )	かっこ	参考寸法の，寸法数値（寸法補助記号を含む。）を囲む。

（日本造園学会編　造園製図規格より）

c．表示記号

① 断面図示記号

［コンクリート及び鉄筋コンクリート］　　　［石　材］

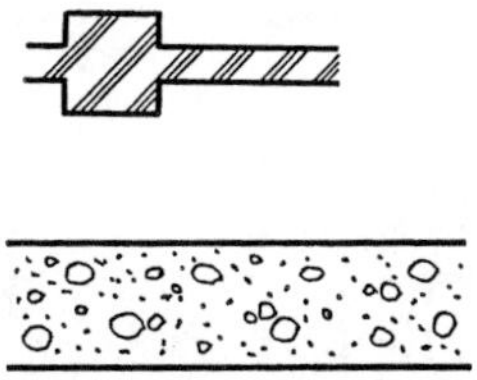

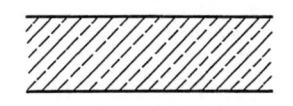

石材名又はぎ石名を記入する。

［コンクリートブロック］　　　　　　　　　［左官仕上げ］

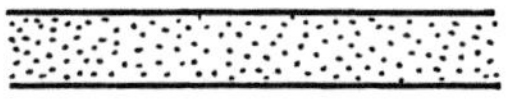

材料名及び仕上の種類を記入する。

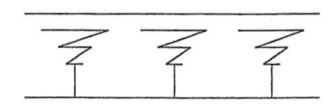

［地　盤］　　　　　　　　　　　　　　　　［水　面］

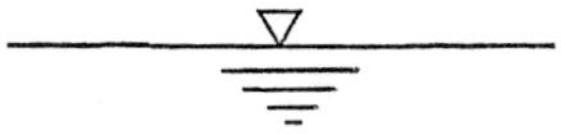

［割　栗］ 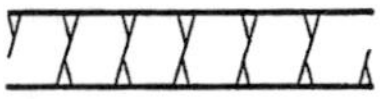　　　　　　　　　　　　　　　　［法　面］

② 図面に用いられる略字・略号例

番　手：＃
地　盤：G
水　面：WL
中心線：CL
体　積：V
面　積：A
ガス管：GP
塩ビ管：VP

（3） 木戸及び庭門の名称

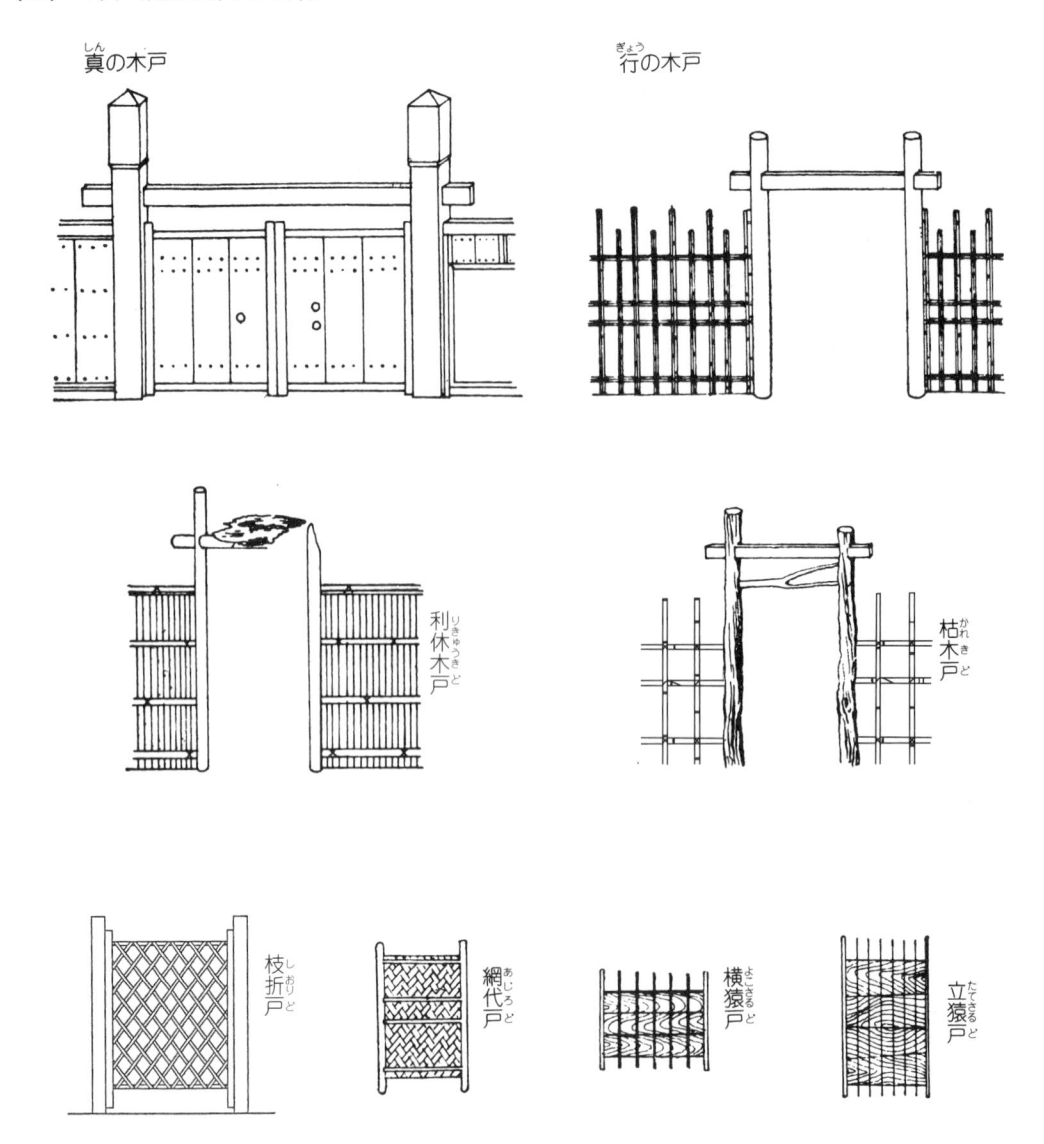

真の木戸　　　　　　行の木戸

利休木戸　　　　　　枯木戸

枝折戸　　網代戸　　横猿戸　　立猿戸

（4） 僧都・水琴窟の細部

a．僧　都

　僧都（添水）を「ししおどし（鹿威し）」ともいう。農作物を荒らす「イノシシ」や「シカ」を追い払うための器具であったが，庭に風流のために使用するようになった。

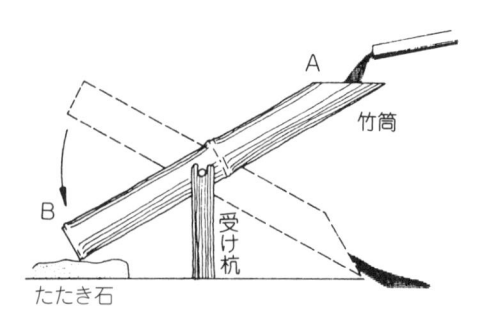

A　竹筒　B　受け杭　たたき石

僧都は，長さ約1mの太いモウソウチク又はマダケの一端（A）を斜め切り，他端（B）を節止めとし，図のように流れの中に仕掛け，斜め切りの部分から流水が流れ入るようにする。Aから入った水が節の中にたまるとその重みでAが下がり，水をはき出す。これが元へ戻るときB端がたたき石に当たり空洞となった竹の振動によって甲高い音を発する。

b．水琴窟

水琴窟は，江戸時代中期に手水鉢，蹲踞の水落より落ちる水滴を反響させ，かすかな音が聞こえるようにし滴水音を楽しむようにつくったものである。窟底の貯水・排水，落水の方法，滴水量，間隔など微妙な細部構造となっている。

（5） 石灯籠の種類

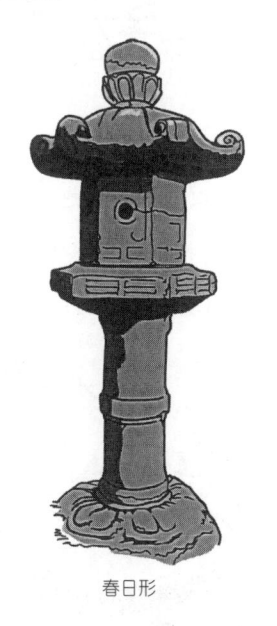

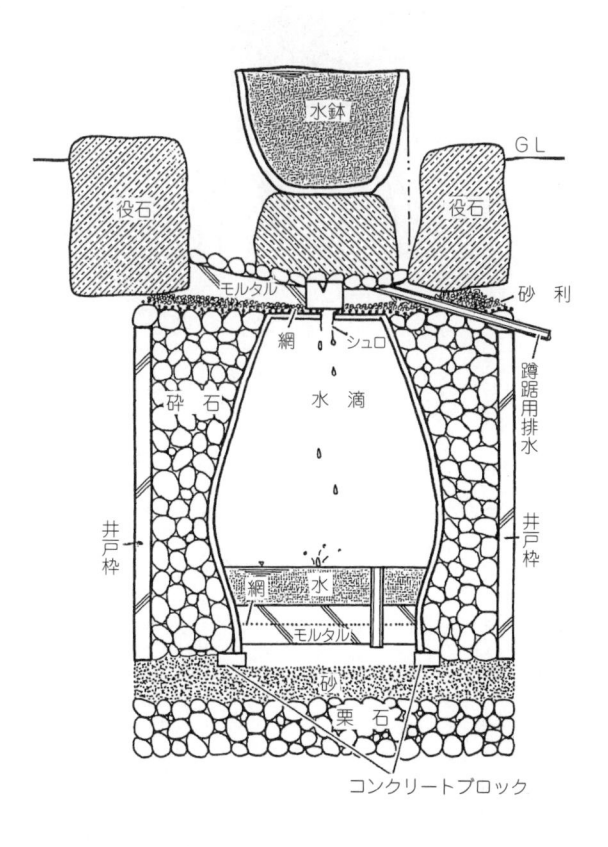

春日形

織部形

雪見形　　　　　　　　　勧修寺形

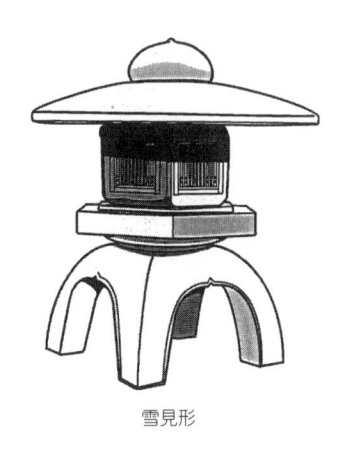

(6) 手水鉢の配置と名称

　手水鉢は，茶室に入るとき，手を洗い，口をすすぐ習わしから，入口付近に設置する。

　目的は，筧（かけい）から落ちる水の音を聞き，手水鉢の姿，周囲の役石などを眺めながら，茶席に入る心身の準備をするためである。

a. 書院手水鉢

　書院手水鉢は，縁側から使用するため，高い手水鉢と役石で構成される（台石，鏡石（かがみいし），清浄石（しょうじょうせき），水汲石（みずくみいし），水揚石（みずあげいし），鉢請の木（はちうけ）（ニシキギ，ナンテン，アセビ，ヒイラギナンテン））。

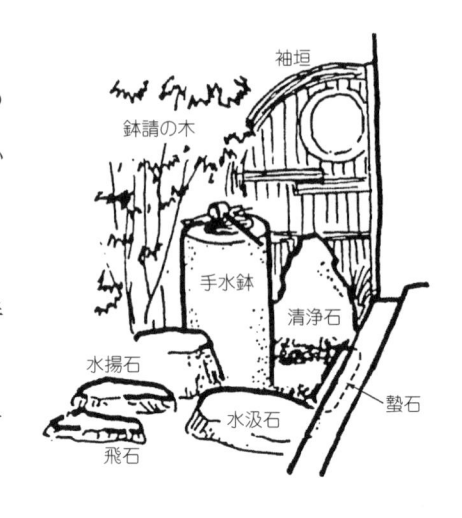

b. 蹲踞

　蹲踞は，しゃがんで使用するため，低目に据える。手水鉢を中心に前石（まえいし），手燭石（てしょくいし），湯桶石（ゆおけいし）などの役石とこれらを中心に海から構成される。前石とは，手水を使うために乗る石で方向転換するために飛石より大きめであり，据え高は10cm内外である。手水鉢とは，手水をためるためのもので，据え高は前石より20cm内外高く据える。湯桶石とは，冬などの寒い時期に手水として使う湯を入れておく桶を置くためのもので，手水鉢に向かって右側に前石より10cm内外高く据える。手燭石とは，夜会のときに使用する手燭を置くためのもので，手水鉢に向かって左側に前石より

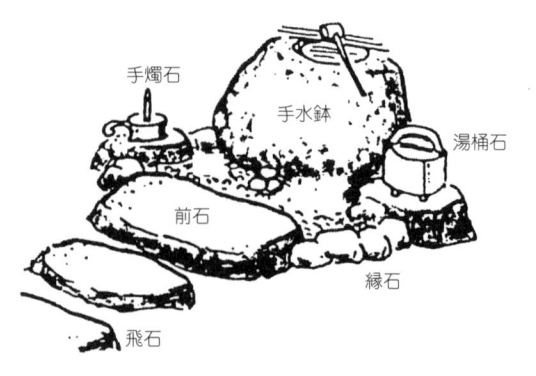

5 cm内外高く据える。なお，湯桶石と手燭石の配置は，茶の湯の流派によって異なる。

（7） 飛石・延段の細部

（単位：cm）

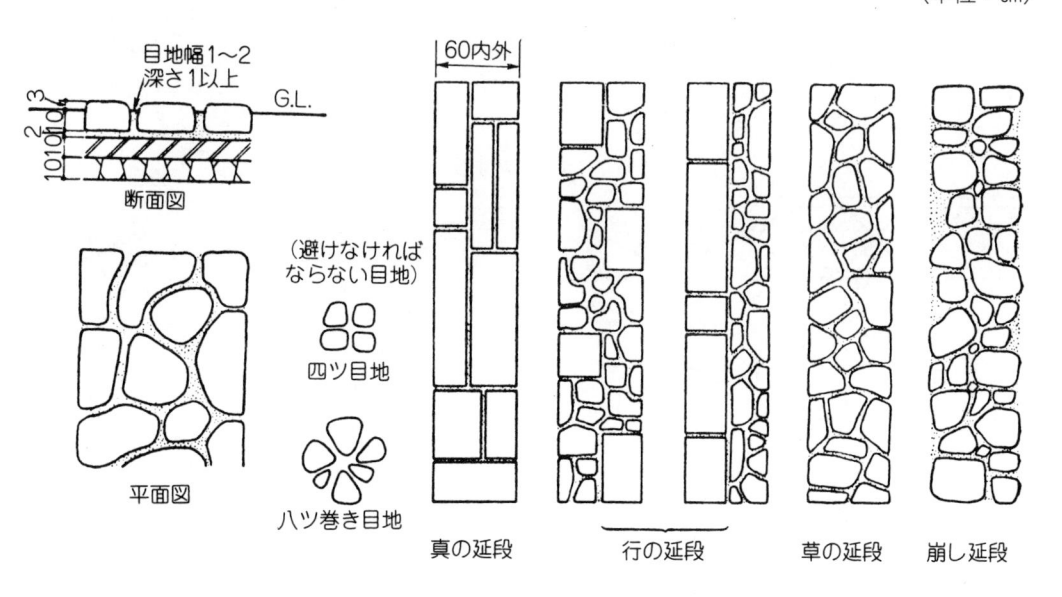

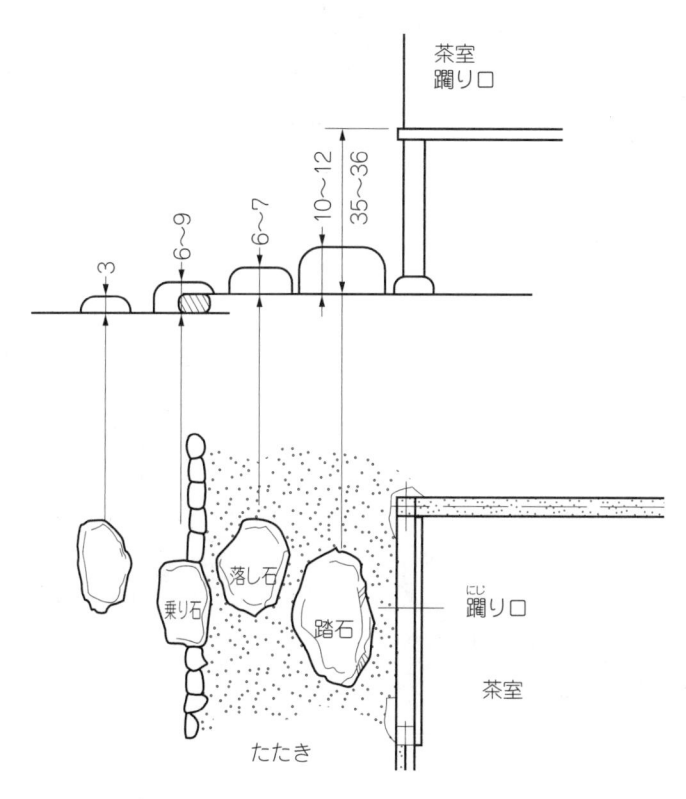

切石の飛石，敷石

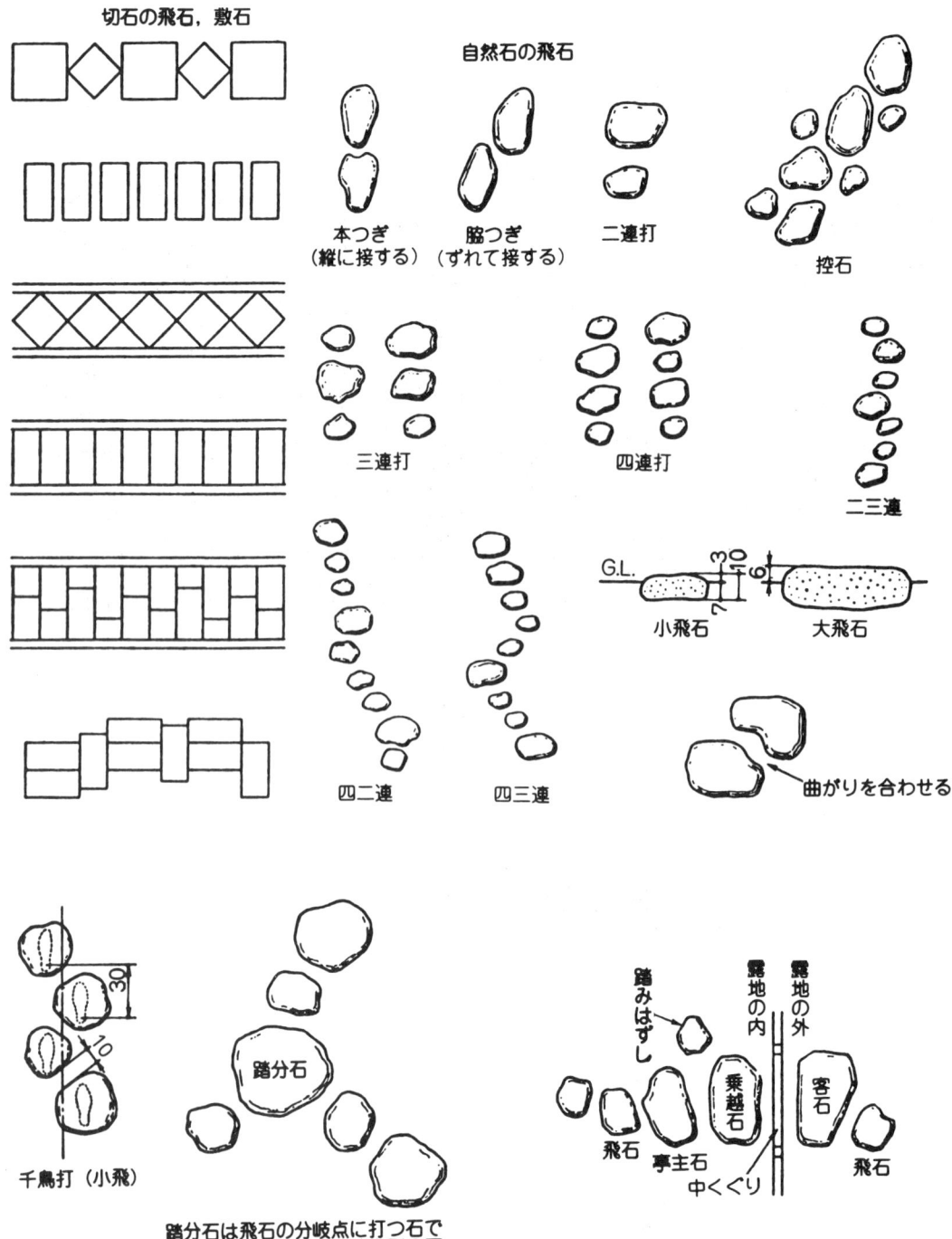

自然石の飛石

本つぎ（縦に接する）　脇つぎ（ずれて接する）　二連打　控石

三連打　四連打　二三連

小飛石　大飛石

四二連　四三連　曲がりを合わせる

千鳥打（小飛）

踏分石

踏分石は飛石の分岐点に打つ石で前後の飛石と同質でやや大形の石を用いることがある。

踏みはずし　露地の内　露地の外
飛石　亭主石　乗越石　客石　飛石
中くぐり

[関守石(せきもりいし)]
　通行禁止の標示として飛石の上に置くもので，玉石にシュロ縄を十文字に結んだもの。留め石・極石(きめいし)とも呼ぶ。

飛石の上の関守石

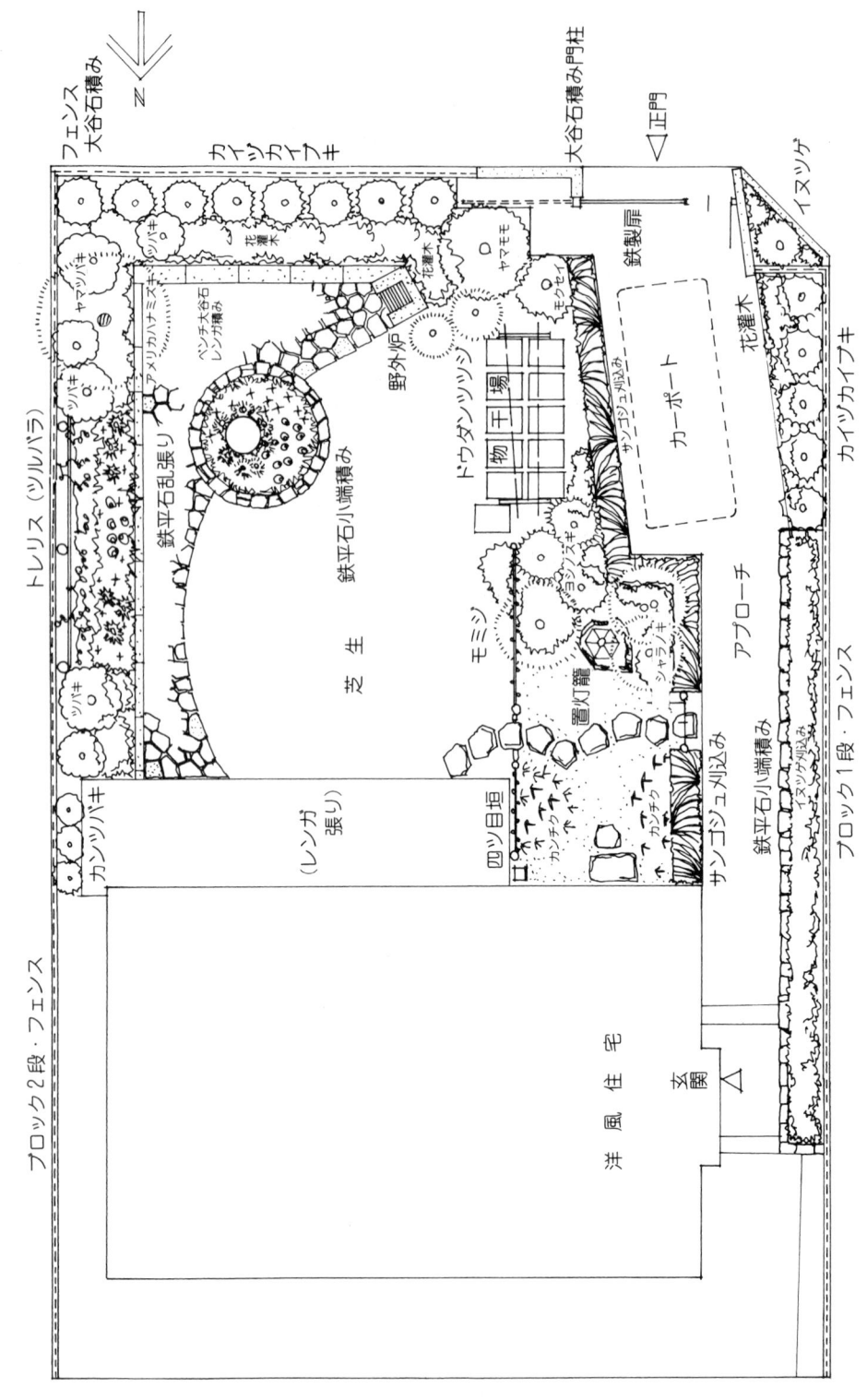

(8) 住宅庭園平面図とスケッチ①

○鉄平石乱張りのような場合全面に表示をせず一部分省略する場合がある。

参考資料 191

・住宅庭園平面図とスケッチ②

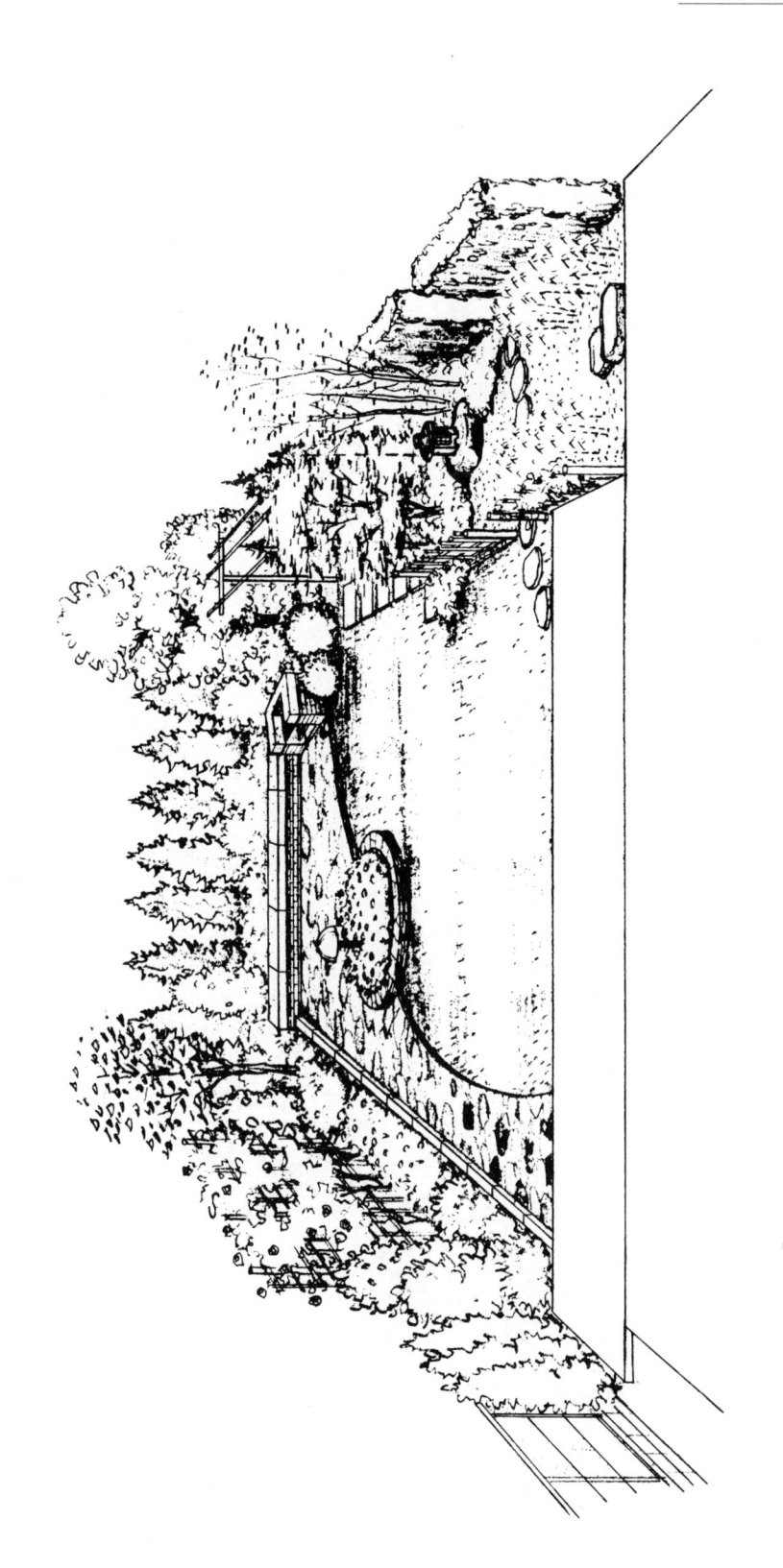

192　造園概論とその手法

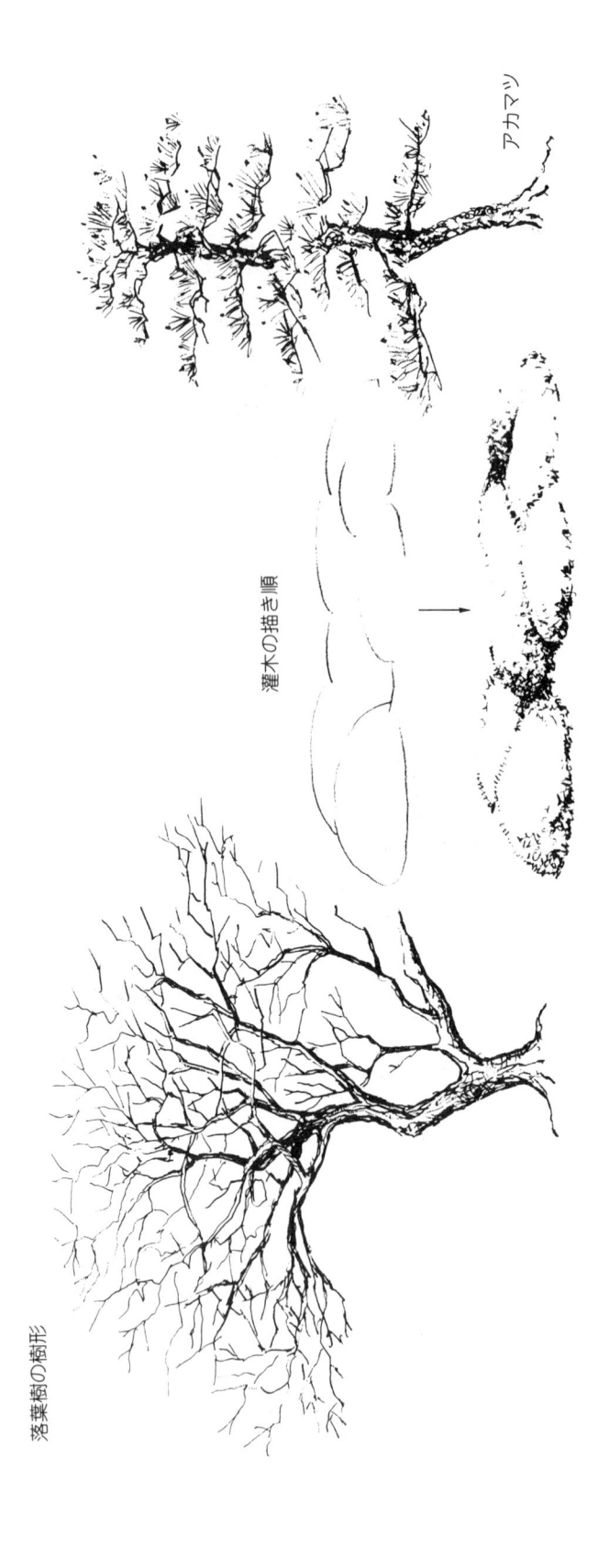

(9) 透視図・スケッチの描き方

落葉樹の樹形

灌木の描き順

アカマツ

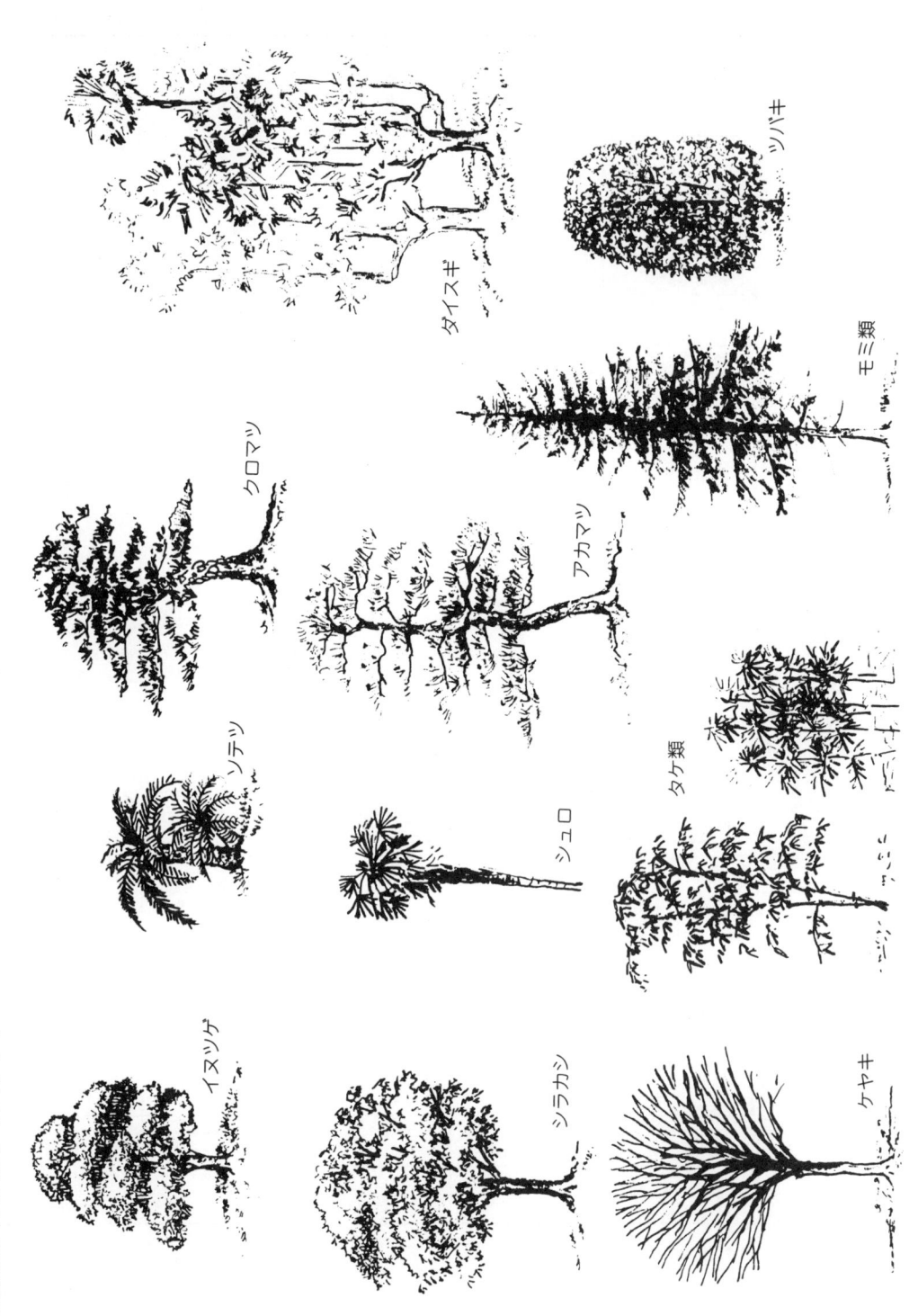

(10) 庭に使用される樹木のスケッチ

タイスギ　ツバキ　モミ類　クロマツ　アカマツ　ソテツ　シュロ　タケ類　イヌツゲ　シラカシ　ケヤキ

(11) 植物管理項目の定性的分析表

・：該当する場合，―：該当しない場合

	管理項目	保護管理	障害管理	育成管理	抑制管理	備　考
樹木管理	剪　　定	・病害虫枝の剪定，移植時の剪定	・通行，日照，採光などの障害除去のための剪定	・萌芽枝，育用枝の生育促進のための剪定	・樹形維持のための剪定	夏季・冬季の２種あり
	枝　抜　き	・同上	・同上	・同上	・同上	常・落葉樹の２種あり
	刈り込み	―	―	・萌芽促進のための刈り込み	・同上	
	枯葉取り	―	―	―	・美観維持的	枯花取りも含む
	幹巻(1)	・幹焼け防止及び移植時の幹巻き	―	―	―	
	幹巻(2)	―	―	―	・シュロ縄など美観上の幹巻き	
	こも巻き	・被害大な場合	―	・被害普通の場合	―	
	防　　寒	―	―	―	―	特殊樹木のうち，暖地型のもの
	支柱管理	・風害予防	―	―	―	移植後数年間，及び風害を受けやすい樹木，生育不良樹など
	病害虫防除	・被害大な場合	・毛虫など，人に著しい害を与える場合	・被害普通の場合	―	必要の都度
	灌　　水	・干ばつ時など	―	―	―	幼樹，植栽後および悪質土壌の樹木，干ばつの都度
	葉面散水	・汚染著しい場合	―	・汚染普通の場合	―	大気汚染地，じん害，潮害などの著しい場合又はその都度
	マルチング	・幹害予防	―	―	―	灌水に同じ。必要の都度
	施　　肥	・土壌改良をも目的とした施肥の場合	―	・一般的な施肥の場合	―	
	地盤改良	・土壌条件などの特に悪い場合	―	―	―	客土，土壌改良，置換，排水施設の設置など
	中　　耕	―	―	―	―	土壌の固結した場合，生育不良の場合
	エアレーション	・老木の場合特に	―	―	―	同　上
	間引き	・競合大な場合	―	・弱い木を保護し，間引き樹を育成する場合	・林形を保つ場合	植込み内，既存林内の管理
	移　　植	・他工事の邪魔になる場合の移植	・通行，通風，日照，採光などの邪魔になる場合	・他の植物を保護する場合	同　上	
	補　　植	―	―	・樹木を追加して緑量をふやす場合	―	
	伐　　採	―	・枯死した場合，風倒により危険な場合	―	・移植不能の場合	
	倒木起こし	―	―	―	―	
	根回し	・移植前に行う	―	―	―	高木(特に老木，大木)

(12) 植栽樹種の選定資料

植栽についての一般的な選定項目は，第4章第1節1．6に掲げてあるが，目的と植物の種類については下表を参考として選択する。

・造園デザインの基本

目　　的	植　物　の　種　類
生垣用（遮へい，境界など）	ベニカナメモチ，セイヨウカナメモチ，レッドロビン，イヌツゲ，イヌマキ，マサキ，サンゴジュ，アラカシ，シラカシ，サワラ，ベニバナトキワマンサク，ヒイラギモクセイ
地被用（グランドカバー）	クローバー，リュウノヒゲ，コケ類，チゴササ，コクマザサ，クマザサ，オオメザサ，テイカカズラ，フッキソウ，ナツヅタ，オタフクナンテン
記念樹（季節と想い出のために）	ゲッケイジュ，ハナミズキ，メタセコイア，ハクモクレン，ハナカイドウ，クスノキ
学校緑化用（木の名を覚え育てるために）	クスノキ，ソメイヨシノ，ハナミズキ，メタセコイア，ケヤキ，ゲッケイジュ，キンモクセイ
花を長く楽しむ木	サルスベリ，ブーゲンビリア，ムクゲ，サザンカ，クレマチス
花が目立つ木	アジサイ，タイサンボク，シャクナゲ，ボタン，ノダフジ，ハクモクレン，関山（サトザクラ），ゴショザクラ，オオデマリ
幹肌の美しい木	シラカバ，ナツツバキ，ヒメシャラ，リョウブ，カリン，モウソウチク
野趣を楽しむ（武蔵野の風情を）	タマアジサイ，アオハダ，ネジキ，ダンコウバイ，カツラ，カマツカ，サワフタギ，ムシカリ，キブシ，コナラ，コシアブラ，タマシバ

・四季折々の変化を楽しむ植物

目　　的	植　物　の　種　類
早春に咲く（冬枯れに楽しむ）	ロウバイ，カンヒザクラ，カンツバキ，ウメ，マンサク
新芽鮮やかに（春と初夏に）	ベニカナメ，レッドロビン，チシオ（モミジ），チャンチン，オオバベニガシワ，イヌエンジュ，キバナコデマリ
実のなる木（野鳥のために）	ウメモドキ，センリョウ，マンリョウ，クロガネモチ，イイギリ，リョウブ，ピラカンサス，ナナカマド，マユミ
色とりどりの葉（きれいな葉）	ムラサキブナ，フイリネグンドカエデ，ブンキンストウヒ，ベニスモモ，ノムラカエデ，イチョウ，マンサク，ハギ，シラカバ
紅葉する木（秋の色の代表）	イロハカエデ，ハウチワカエデ，メグスリノキ，ハゼノキ，ハナミズキ，マルバノキ，シラキ，ナンキンハゼ，モミジバフウ，イチョウ，ヒトツバカエデ，カキ，カシワ，ヤマザクラ，ドウダンツツジ，カリン，ニシキギ，ナナカマド，マユミ

・特殊な目的に向く植物

目　　的	植　物　の　種　類
芳香を楽しむ木（芳香の部分）	花……ウメ，オガタマノキ，カラタネオガタマノキ，カロライナジャスミン，クチナシ，ジンチョウゲ，キンモクセイ，バラ類，セイヨウバイカウツギ 葉，茎……ゲッケイジュ，ニッケイ，サンショウ，クスノキ 実……カリン
壁面緑化のために	ピラカンサス，コトネアスター，セイヨウナシ，ニシキギ，ツキヌキニンドウ，カロライナジャスミン，ヒメリンゴ，ムベ，アケビ，ノウゼンカズラ，ナツヅタ，テイカカズラ
樹芸によって演出を	イチイ，イヌツゲ，カイヅカイブキ，マキ，サザンカ，チャボヒバ
防火，防風用に	防火……イチョウ，サンゴジュ 防風……トウネズミモチ，トベラ，マテバシイ，カシ類，イチョウ，カイヅカイブキ，タブノキ，ツバキ

・公害や悪環境に耐える植物

目　　的	植　物　の　種　類
日陰でも育つ木（陰樹）	アオキ，イチイ，イヌツゲ，イヌマキ，カクレミノ，サカキ，ヒイラギ，ヤツデ，ヤブニッケイ，ヤマモモ，マサキ，アスナロ，カヤ，ナギ，サワラ，ナンテン，モチノキ，アセビ，マンリョウ，ナツツバキ，エゴノキ
乾燥に強い木	アカシア類，アカメガシワ，シャリンバイ，ネムノキ，マツ類，ユーカリ，ユッカ，キョウチクトウ，モクマオウ
湿地に強い木	ヤナギ類，ハンノキ類，ドロノキ，ミズキ，ヤチダモ，ラクウショウ，スイショウ
やせ地に耐える木	ウバメガシ，アカメガシワ，ニセアカシア，マツ，モクマオウ，ヤマモモ，ナツメ，ハギ類，アキグミ，ナツグミ，フサアカシア，モリシマアカシア，オオバヤシャブシ，ハンノキ，ヤマハンノキ，ヒメヤシャブシ，アカマツ
海辺で飛砂防止のために	イヌマキ，オオイタビ，カイヅカイブキ，トベラ，ハマゴウ，ハマナス，ユッカ，ヒメユズリハ，マテバシイ，モクマオウ，ヤブツバキ，アキグミ，ヤマモモ，ウバメガシ，マテバシイ，フクギ，オオシマザクラ
排気ガスに耐える木	イチョウ，イヌマキ，クスノキ，クロガネモチ，ナワシログミ，マテバシイ，サンゴジュ，ハマヒサカキ，シロダモ，オオムラサキ，サツキ，ピラカンサス，シンジュ，エンジュ，ニセアカシア

目的	植物の種類
つる植物を構造物に	ヒメイタビカズラ，キヅタ，ツタ，アイビー，ツルウメモドキ，ムベ，ブドウ，ツルバラ，ライカズラ，イタビカズラ，ヘデラ，ツルマサキ，ツリガネカズラ，サネカズラ，カロライナジャスミン，ツルニチニチソウ，ノウゼンカズラ，ツルアジサイ，ナツヅタ，エビヅル，スイカズラ，フジ，ツキヌキニンドウ
コニファーを集めて	オオゴンキャラ，ブルーバード，ラインゴールド，ニオイヒバ，ブンゲンストウヒ，ポプシー，スパルタン，ブルーアイス，ゴールドクエスト
タケ，ササを中心に	ナリヒラダケ，モウソウチク，クロチク，オカメザサ，コクマザサ，チゴザサ
エキゾチックに	カナリーヤシ，ワシントンヤシ，ニオイシュロラン，ユッカ，ソテツ
果樹をならせるために	ブルーベリー，ナツミカン，カキ，ナツグミ，ウメ，ハナモモ，キウイフルーツ
斑入りを集めて	キンマサキ，レインボー（ハナミズキ），フィリネグンドカエデ，ナカフアオキ，フィリコクサギ
屋内園芸のために	ベンジャミンゴム，ガジュマル，コーヒーノキ，ハイビスカス，アローカリア，フクギ
枝垂れものを集めて	シダレモモ，シダレエンジュ，シダレアカシデ，シダレザクラ，シダレヤナギ，ヒヨクヒバ

・要注意の植物

目的	植物の種類
目的で雌雄を選ぶ（雌雄異株）	イチョウ，クロガネモチ，キンモクセイ，ジンチョウゲ，キウイフルーツ，ゲッケイジュ，モチノキ，ヤマモモ，イタツゲ，アオキ，サルスベリ，コブシ，アカマツ
病害虫に弱い木（早期発見）	サクラ類，ツバキ類，サザンカ，マツ類，ウメ，モミジ，アジサイ
移植が困難な木（適期の移植）	オガタマノキ，タイサンボク，チャボヒバ，イタリアンサイプレス，スギ，カシ類
狭い庭には植えられない木	ダイオウショウ，ヒマラヤスギ，ユリノキ，ソメイヨシノ，ケヤキ，シンジュ，サイカチ
危害のある植物（有害な部分注意）	ウルシ，ハゼノキ，キョウチクトウ，ドクウツギ，ヒョウタンボク，ニセアカシア

(13) 主要花壇材料とその特性

季節	一年草	二年草	球根	宿根草
春花壇	ビオラ，キンセンカ，パンジー	ルピナス，デージー	スイセン，チューリップ，クロッカス，ムスカリ，アネモネ，アマリリス	シバザクラ，シラン，オダマキ，プリムラ，ジャーマンアイリス
夏花壇	インパチエンス，ジニア，サルビア，ペチュニア，マリーゴールド，ホウセンカ，ハゲイトウ，バーベナ，キンギョソウ，ヒマワリ	コリウス	ダリア，グラジオラス，ユリ，カンナ	ヘメロカリス，ガーベラ
秋花壇	サルビア，コスモス，ハゲイトウ		サフラン，グラジオラス	キク，リンドウ，ハマギク
冬花壇	ハボタン，パンジー			フクジュソウ，シロタエギク

造園の用語

造園について初めて学ぶ人にとって，全くなじみがない言葉がつかわれるもので，なかなか理解しがたいようだがそれを少しでも分かりやすく取り組めるようにするため，ここに網羅したものである。

本編は，「造園概論とその手法」の内容に沿って，出現の用語を集めてあるので参考にされたい。

【あ 行】

赤坂離宮庭園（あかさかりきゅうていえん）：現在は迎賓館として整備されて，昭和49年（1974）に改修完成した。建築物の外観はバッキンガム宮殿を，内部はベルサイユ宮殿をモデルにつくられた旧赤坂離宮で，庭園は和洋併置式である。

四阿（あずまや）：園内で小憩を兼ねて眺望，談話，ときには飲食などを楽しむための小建築物，園内の添景物ともなる。四阿の文字は四方葺き下ろし屋根を意味する。

アトリウム（Atrium）：古代ローマの住宅庭園の一部で，前庭，回廊で囲まれた付近の総称で，商談，接客などに使用されていた。床はタイル張り，屋根はなかった。現代建築においては，屋根や壁面がガラス張りの巨大な吹き抜けのことをアトリウム空間という。

イエローストーン国立公園：アメリカの国立公園として，はじめて1872年5月に設定された。887,929haの面積（わが国の四国の面積の約1/2）を有し，間欠泉，野生動物（バイソン，熊，ヘラジカ）が豊富に見られる。

頤和園（いわえん）：北京にある名園。西郊の景勝地，万寿山に数百年かけてつくった人工の修景が，山と湖に施されている。

陰樹，陽樹（いんじゅ，ようじゅ）：樹木の性質で，日陰地に耐えるものと，耐えないものとがある。植栽地については性質に合った位置を選ぶことが必要である。

羽状複葉（うじょうふくよう）：小葉が羽状に並んだ複葉で，奇数羽状複葉と，偶数羽状複葉とがある。

営造物公園（えいぞうぶつこうえん）：都市公園のように，行政主体の国又は地方公共団体が土地の権限を取得し，それに基づいて整備する公園をいう。

エステ荘庭園（伊）：ローマの東約40km，海抜230mの避暑地。イタリア式庭園の代表的様式で，面積約46,200㎡。噴水，池，カスケードなどが見られる。

円覚寺庭園（えんがくじていえん）：鎌倉市の庭園は明治時代改造の池泉観賞式様式の庭園。

園冶（えんや）：中国最古の庭園書。著者は計無否（1582〜不明），中国明時代の人。1635年53歳で本書を刊行する。日本では寛永11年に当たる。内容は，一般設計論，建築物，門，窓なども扱われている。中国庭園では，色々な形をした入口が塀にあけられている。窓は，形，窓枠などが細かにあけられている。舗地として敷石の道の手法が見られる。曲水，太湖石で代表される景石に関すること，景観をまとめる借景にまで及んでいる。

オープン・スペース（open space）：建築物のない一定の地域的な広がりをいう。イギリスには「オープン・スペース法」があり，庭園として設計されているか，レクリエーションを目的に使用されているか，また，自然のままかなど，オープン・スペースの効用を高く評価し，重要に考

えている。

岡山後楽園（おかやまこうらくえん）：江戸時代初期の池泉回遊式様式で，面積134,073㎡。中央部にある「曲水の宴」ができる2階建の流店（りゅうてん）は有名である。

【か 行】

懐風藻（かいふうそう）：奈良時代にできた日本最古の漢詩集で，64人，120編の詩が収められている。当時の上流階級の思想が分かり，造園や樹木に関するものも含まれている。

回遊式庭園（かいゆうしきていえん）：正式には池泉回遊式庭園と呼ばれ，園路によって配置され，庭空間を巡りながら観賞する庭園。多くの場合，池泉を中心とする形式であり，この場合は池泉回遊式となる。大名庭園で広く採用された。

筧（かけい）：手水鉢に水を落とすための装置。材料はタケ，木材が用いられる。

桂離宮庭園（かつらりきゅうていえん）：江戸時代初期の池泉回遊式様式で，面積56,000㎡。宮内庁の管理となっている。

カナール（水路，運河）：庭園のビスタ，眺望の方向に効果的につくられた水路をいう。ベルサイユ宮苑には広大なものがある。

枯山水（かれさんすい）：日本特有の象徴式庭園の1つで，平庭に初めから水を用いず，水があるような姿に構成し，水の代わりに白河砂などを使用する。「かりさんすい」とも，「かれせんずい」ともいう。

環境施設帯（かんきょうしせつたい）：高速道路，国道など，幹線が住宅地などを貫通する場合，騒音，排ガスなどの影響を軽減するために設けられる植樹帯・遮音壁などで，幅員10～20mとされている。

緩衝区域（かんしょうくいき）（緑地）：主に公害対策の地域的予防措置として，発生源と住宅地などを分離する目的で設置される。緩衝緑地が制度化されたのは昭和40年（1965）制定「公害防止事業団法」からである。

気温緩和（きおんかんわ）：気温観測の結果，森林などによって気温格差の少ない，和らいだ気温条件がつくられていることが分かる。森林にはこの特色があると指摘されている。

近代造園学（きんだいぞうえんがく）：造園は庭園学から発生したが，健康的な生活環境を求めて土地を造園の学と術によって再構成していこうとする考え方である。それには美学的，科学的な理論を活用して，人間の肉体にやさしい環境に改善することを目的としている。さらにこれから挑戦する分野でもある。

クラインガルテン（独）：分区園という。都市郊外にあって，都市住民の保健のため，園芸作業が目的の畑の区画である（市民農園）。

グランドキャニオン国立公園：国立公園になったのは1919年2月で，面積258,000ha。コロラド河の大渓谷，両側は1,800～2,000mの断崖が続いている。イエローストーン国立公園とともに利用客は多く年間約300万人である。

建長寺庭園（けんちょうじていえん）：江戸時代初期の池泉観賞式様式，面積7,848㎡。

兼六園（けんろくえん）：江戸時代の池泉回遊式様式で，面積100,738㎡。

小石川後楽園（こいしかわこうらくえん）：江戸時代初期の池泉回遊式様式で，面積70,847㎡。東京都の管理。

公園に関する太政官布達（だじょうかんふたつ）：公文書として明治6年（1873）1月15日，太政官布達には「公園」の文字が初めて見られた。

公園緑地（こうえんりょくち）：都市公園などの範囲をやや広く解釈し，自然環境まで強調している。

公共緑地（こうきょうりょくち）：国又は地方公共団体が設置管理する緑地。これには公園，緑地，広場，運動場，墓園などが含まれている。

工事記録（こうじきろく）：工事経過に従って詳細に記録し，隠れてしまう部分の写真撮影などとともに，後日書類作成するために役立つ，細かい記録をとることが大切である。

工程管理（こうていかんり）：造園工事では，多くの工種が集中して行われることが多い。このため工程表によって，むらのない効率的な管理を適切に行わなければならない。

戸外室（こがいしつ）：1945年ごろからアメリカで発達し，屋根のない戸外の部屋として庭園を位置付ける場合の呼称。観賞本位の日本の住宅庭園に，実用的な屋外空間としての，生活の場として要素を加えるようになった。

小堀遠州（こぼりえんしゅう）：小堀政一（1579～1648年）近江国坂田郡小堀村（現・長浜市）に生まれる。幼名は作介，秀吉に仕えた後，家康に仕えた。慶長13年（1608）遠江守に任じられ，1万石の城主となり，自ら小遠又は遠州と称した。元和9年（1623）から伏見奉行となり在職25年に及ぶ。茶を古田織部に学び，後に遠州流茶道を創め開祖となる。家光の茶道範士。書道，歌道，花道，陶芸，建築，造園に秀で，仙洞御所，二条城，南禅寺・金地院などの作庭を行う。京都で有名な孤篷庵はその住居である。正保4年（1648）2月6日，69歳で没した。

【さ 行】

サイプレス：イタリア庭園に見られ，葉はヒノキに似た針葉樹で種類は多い。樹形はポプラに似ている。ろうそく状，枝垂性があって，刈り込みに耐える。暖地の洋風庭園に調和する。

西芳寺庭園（さいほうじていえん）：鎌倉時代の池泉舟遊・回遊式及び枯山水様式で，面積17,160㎡。一般に苔寺ともいわれ親しまれている。

作庭記（さくていき）：主として寝殿造りの建物にふさわしい庭の石組，滝組，遣水，野筋などの手法を述べた書物で，平安朝時代に書かれたもので日本最古のもの。鎌倉時代には「前栽秘抄」と呼ばれていたものが，江戸時代になって「作庭記」と称されるようになった。著者は，後京極摂政藤原良経（1169～1206）といわれている。また，橘俊綱（1028～1094）が著者という説もある。

山水並野形図（さんすいならびにのがたず）：作庭記の同時代のころで，これと並び称される庭園の書である。巻末には文正元年（1466）7月吉日とあるが確かではない。編者は，僧，円僧正となっている。内容は陰陽五行，相剋説，石組，池泉，樹草に及んでいる。

三尊石（さんぞんせき）：昔の役石。現在は名称のみで，三尊とは釈迦，阿弥陀，不動をいう。三石でまとまりのある石組を構成するとした基本。

刺繍花壇（ししゅうかだん）：ツゲ類を列植して刺繍状の模様をつくり，中に花を植える。ベルサイユ宮苑には，各種の花壇がつくられている。

慈照寺（銀閣寺）庭園（じしょうじていえん）：室町時代の池泉回遊式様式で，面積22,337㎡。

自然環境保全地域（しぜんかんきょうほぜんちいき）：自然環境保全法に基づいて指定された地域で，現在（2007）原生自然環境保全地域5箇所，自然環境保全地域10箇所，都道府県自然環境保全地域536箇所がある。

自然環境保全法（しぜんかんきょうほぜんほう）：自然環境の保全を目的とする他の法律とともに，適正な保全を総合的に推進することによって，広く国民が自然環境の恵沢が享受でき，かつ将来の国民に継承できるようにすることである。自然環境保全地域等の指定，自然地域の調査などはこの法規に基づいている。（昭和47年（1972）6月法律85号）

自然景観（しぜんけいかん）：自然の風景が主体となる景観であり，最近その貴重さが認識されはじめている。特に自然地域で生存する，多様な生物の生息にまで配慮に入れている。

自然公園（しぜんこうえん）：国立公園，国定公園，都道府県立自然公園のように，優れた自然の風景地を保護するとともに，その利用の増進を図り，国民の保健，休養，教化に資するように指定された地域（自然公園法：昭和32年）である。

自然保護憲章（しぜんほごけんしょう）：昭和49年（1974）6月に制定された自然保護に対する国民の合意文。

修学院離宮庭園（しゅがくいんりきゅうていえん）：江戸時代初期の池泉舟遊・回遊式様式で，面積86,731㎡（庭園のみ）。

樹冠幅（じゅかんはば）（枝張り）：樹冠の幅で一番広いところの水平の長さ（直径）をいう。また枝張りともいう。造園樹木の材料規格では（W）で表し，単位はmとする。

樹高（じゅこう）：根ぎわから樹梢（じゅしょう）までの垂直高で，一部の突出した枝や，徒長枝は含めない。造園樹木の材料規格では（H）で表し，単位はmとする。

樹勢（じゅせい）：葉色，枝の伸び方で，健康状態などから樹木の活力度を調査，適切な手当をする。

須弥山（しゅみせん）：仏教思想の中で，世界の中心に立つ想像上の最高の山をいう。

掌状複葉（しょうじょうふくよう）：葉の先端を中心に放射状に小葉が着生した葉。3，5，7枚などのものがある。

新宿御苑（しんじゅくぎょえん）：旧皇居苑地の一環で，昭和24年（1949）5月から国民公園として一般解放された。面積583,016㎡で，和洋折衷式庭園であるが，現在のようになったのは明治39年（1906）からである。催物として観桜，観菊会は著名。わが国初めての温室がある。

寝殿造り庭園（しんでんづくりていえん）：平安時代，中国の唐から渡来した建築様式で，概して建築は左右対称で，南側は島を有する池を掘り，遣水，坪庭など建物との一体化がみられる。池には龍頭鷁首（りゅうとうげきす）の舟を浮かべ楽しんだ。1区画方1町（約120m）と壮大なものであったといわれ

ている。

シンメトリー：1つの軸を中心として，左右対称又は放射対称のように規則性が強く感じられる。安定感と統一が得やすい方式である。

生物生息環境（せいぶつせいそくかんきょう）（ビオトープ；独，ハビタット；英）：自然環境を考える場合，そこに生息する生物についても，生存するよい環境を保つような内容を配慮することが望まれる。ドイツとイギリスでは同様の表現ではないが，生物の生息環境について考慮を払う考え方には変わりはない。

設計の「設定条件」（せっけいのせっていじょうけん）：設計では，デザイン・ポリシーのほか，設計の対象地における各種の問題点が内在しているが，これらを抽出整理し，土地の有している可能性としての能力と設計目的とを結びつけ，実施に当たっての諸点を解決することである。「与条件」ということもある。

磚（せん）：中国庭園に見られる敷瓦の類で，色々な模様をつくれる。形によって塼（せん），甓（かわら），甃（いしだたみ），砌（みぎり）などに区分される。

セントラルパーク（米）：ニューヨークの中心につくられた東西約800m×南北4,000mの広さの都市公園である。1857年に計画された。

千利休（せんのりきゅう）（1522〜1591年）：本名は与四郎久明（1522〜1591），祖父は室町幕府に仕えた千阿弥，父は与兵衛，商家（屋号「魚屋（ととや）」）の長男に生まれる。家業は納屋衆（倉庫業）。剃髪し宗易（そうえき）と称した。古渓（こけい）和尚から利休の名を得て，茶は武野紹鴎（たけのじょうおう）について修めた。紹鴎は利休を信長に推挙し，信長の死後秀吉に仕え茶頭（さどう）となり，3,000石を領した。天正19年（1591）2月28日秀吉の怒りにふれ切腹を命じられた。

造園（ぞうえん）：明治以降欧米から Landscape Architecture の考えが日本に入り，日本で従来使われていた庭園の意味を含めた広い範囲を造園といい，Landscape Architecture の日本語訳とした。

造園施工（ぞうえんせこう）：図面に基づいて実施に移されるが，現在の微地形，その他把握し難いものなど予定外の事情などによって，工事の進捗状況の変化を受けて設計変更や，現場合わせが必要となるが，造園施工の場合，まま生じるものである。設計主旨，施工経過などを勘案して的確に進めることが要求される。

造園の手法（ぞうえんのしゅほう）：造園は工事によって実現してその真価が問われるものである。多くの手法に基づいて内容はさらに高められる。

造園の様式（ぞうえんのようしき）：各国，各時代それぞれ特色ある様式がある。これらの特徴を把握して役立てることも大切である。またその様式の根源を知ることも興味深いことである。

僧都（そうず）：ししおどしともいう。農作物を荒らすイノシシやシカを追い払うための器具であったが，庭に風流のために使用するようになった。

総苞（そうほう）：苞（ほう）の全体をいう。苞は全体の変形のもの。ハナミズキの花弁のように見えるものは苞である。

【た 行】

大気浄化（たいきじょうか）：森林などによって，大気の浄化機能を期待することが多くなっているが，むしろ大気汚染源を断ち，その上で浄化対策を行い，植栽もその一環として位置づける。

醍醐寺三宝院（だいごじさんぽういん）：桃山時代の池泉観賞式様式で，面積5,280㎡。

大徳寺庭園（だいとくじていえん）：大徳寺方丈の庭。江戸時代初期の枯山水様式で，面積1,145㎡。

大名の庭（だいみょうのにわ）：江戸時代，大名の屋敷でつくられた。この庭園形式は池泉回遊式庭園のものが多かった。

托葉（たくよう）：添え葉ともいう。葉柄の付け根にできる小さい葉をいうが，ないものもある。

タージマハール霊廟（タージマハールれいびょう）：インドの首都ニューデリーの南約190km，ジャムナ河に臨む平たんな土地に建つ美しい廟である。

単葉（たんよう）：1枚の独立した葉。例えばヤマザクラのようなものをいう。複葉に対する表現。

地域制公園（ちいきせいこうえん）：自然公園などに見られるような，行政主体としての国又は地方公共団体が優れた風景地の保護，又は利用のために一定の地域を指定する公園で，必ずしも土地物件の権原を所有していない。

池泉（ちせん）：日本庭園の池泉とは，井戸，滝，流れなどをいうが，表現として池泉回遊式，池泉観賞式，池泉舟遊式などといわれているように，池泉は重要なものとされている。

茶庭（ちゃにわ）：茶室に通じる路を中心につくられた庭で，茶会に叶うように造成されている。路地，露地とも称され，深山幽谷の茶の世界，没入する区域としてつくられている。

築山庭造伝（つきやまていぞうでん）：作庭記その他の古書を参考にし，自らの経験を加え，享保20年（1735）に刊行された。著者は，北村援琴である。この書物を参考にして，同名の庭造書を文政12年（1829），秋里籬島が刊行した。紛らわしいので後世の人は，援琴の著した本を「築山庭造伝 前編」と称し，籬島の著した本を「築山庭造伝 後編」と称した。秋里籬島は，寛政11年（1799）に，「都林泉名勝図会」を，また，文政10年（1827）に「石組園生八重垣伝」を公刊している。

庭園（ていえん）：個人が自由に利用，観賞し得る園路をいう。Gardenの日本語として使われている。中国では園林という。園は果樹を植えたところ，苑は獣を養ったところと区別していたが，現在では使い分けしてはいない。

デザイン・ポリシー：造園計画，設計を進めるとき，その当初に立てる方針，方策をいう。この方針に沿って計画・設計をとりまとめている。

テラス：建物に付随した露壇と呼ばれるものと，庭の中につくられた園壇と呼ばれるテラスがあるが，いずれもテラコッタ，鉄平石，タイルその他で舗装した空間である。

天龍寺庭園（てんりゅうじていえん）：鎌倉時代の池泉舟遊・回遊式様式で，面積3,960㎡。

都市公園（としこうえん）：都市計画法に基づく公園又は緑地で，住民の屋外における休息，観賞，遊戯，運動，教養その他のレクリエーションの用に供するとともに，都市環境の整備及び改善，災害時の避難などに資するために設けられた公共空地（都市公園法：昭和31年（1956））で

ある。

トピアリー：樹木をある形に刈り込むこと。最初イタリアで始められ，次いでイギリスでも盛んになっていったようである。刈り込みには動物の形がつくられ，ツゲ，イチイなどが用いられた。

【な　行】

二条城二の丸庭園（にじょうじょうにのまるていえん）：桃山時代末期の池泉回遊式様式で，面積4,455㎡。

躙り口（にじりぐち）：茶室の出入口のことで，にじりあがらなければ立って入れないのでこの名がある。武士は刀を外の刀掛けに掛けてから入った。千利休が，大阪枚方の漁人が舟の狭い苫の間から出入りするのを見て，茶室に取り入れたといわれている。

　　織部は，高さ約67cm（2.21尺），幅約61cm（2.05尺）
　　遠州は，高さ約66.0cm（2.18尺），幅約59.9cm（1.98尺）

根鉢（ねばち）：樹木の細根が十分に出て，土と根が密着し一定の大きさで土が落ちない状態のこと。移植に際して根の塊である鉢に付いた土が落ちないようワラ縄で巻き付けたもの。

【は　行】

パティオ：スペイン語で中庭の意味。スペインの気候に合うよう，乾燥，夏の暑さのため，噴水，壁泉，井戸の利用が盛んで，着色タイルで仕上げられていることが多い。

ハードウェア：現在では具体的に，施工以後の施設をいう。どのように使用するかのプログラムなどに従って，施設計画を考えることが大切で，その計画の基礎が明確でないと使用されないか又は規模に不適当な施設ができてしまうことになる。

パピルス，睡蓮（すいれん）：古代エジプトなどの池に植えられた水草である。パピルスは古代の紙の原料となっていた。睡蓮とともに古代庭園の池を飾っていた。

ハンギング・ガーデン（架空園，空中庭園）：遺構は壊滅しているが，発掘で調査し，ユーフラテス河から井戸を通して揚水した形跡が判然とした。王妃アミューティスを慰めるため，故国メディアの山地を思わせるようにつくられた。

ビスタ（通景線）：もとは眺望の意味があって，造園上では途中の「しぼり」の景が存在することが条件となっている。新宿御苑の敷地内で見ることができる。

ヒートアイランド現象：等温線を描くと，都市部が海に浮かぶ島のようになる現象で，現在は建物の密集や，道路舗装，各種の産業や人工集中や大気の汚染物質の排出などがあげられる。

日比谷公園（ひびやこうえん）：明治36年（1903）開園された日本初の洋式公園で，面積161,000㎡。

歩掛り（ぶがかり）：仕事の出来高を示すものである。1本の木を植えるために要する人数を働く量で表すと，造園工0.15人と同手伝い人夫として，普通，作業員0.1人というようになる。積算のためには必要な資料で，公共事業ではそれぞれの役所で取り決められている。

複葉（ふくよう）：小葉の集まり。羽状複葉，掌状複葉などがある。

プラタナス：落葉広葉樹でスズカケノキ，アメリカスズカケノキ，モミジバスズカケノキがある。葉の切れ込みで区別する。性強健，成長早く移植が容易。

フリーハンドによる作図：造園製図は，三角定規，T定規，各種の製図用具を用いて作図を正確にすることは，建築，土木などと同様である。しかし，部分的に定規などを使用せず引く線（フリーハンド）による場合，表現内容に合ったふさわしい場合がある。暖かみのあるよい線が引けるように常に練習が必要である。

噴水（ふんすい）：造園として必須のもので，近年大規模なものがつくられ，照明にも工夫をこらしたものが増えた。江戸時代末期（文政1819年着工）につくられた兼六園（石川）には，水の高さ約3.5mの噴水があり，わが国最初といわれている。

ベルサイユ宮苑：ルイ14世の時代，ル・ノートルが設計した庭園で，300haに及ぶ平面幾何学式と呼ばれる。大芝生，樹林，花壇，噴水，池，彫刻など豪華なものが計画的に配置されている。

飽石亭（ほうせきてい）：韓国慶州にあり曲水の宴が行われた。水の流れる部分を石渠といい，この全体の形が鮑状をしているのでこの名がついた。水を流入し，緩やかに回流したといわれている。

ポケット・パーク（米）：ベスト・ポケット・パークともいう。主として休養空間となっている。ビルの谷間の狭い敷地を活用した身近な小公園として増えている。

ボスケ（樹林）（英）：茂み，叢林をいう。例えばベルサイユ宮苑の樹林は狩猟林からのもので，設計上周辺を植栽によって飾られた全域として広大でユニークな公園のデザインとなっている。

ボボリ園（伊）：フィレンツェの西南隅，アルノ河畔にあるイタリア式庭園。ボボリ家が土地を所有していたのでこの名がある。

【ま 行】

幹周り（みきまわり）：地盤から1.2mの高さ（目通りの高さ）の幹の周囲の長さをいう。株立ちのものは同様にして，各幹の周囲の総和の70％をその寸法とすることが決められている。胸高，目通りとも同様の高さ1.2mの位置を表す。慣用語で「めぐり」ともいう。材料規格では（C）で表し，単位はmとする。

緑（みどり）：植物の生々と繁るさま。昭和52年（1977）緑のマスタープランとして都市の公園緑地計画がとりまとめられた。最近では，植物の空間，自然環境全般をいうようになった。

夢窓国師（むそうこくし）：建治元年伊勢に生まれる（1275～1351）。弘安元年（1278），父とともに甲州に移る。仏教を修め永仁2年（1294），建仁寺無隠禅師に師事する。号は智曜，諱（死後尊敬して送る称号）は疎石，字は夢窓。鎌倉時代から室町時代にわたる著名な禅僧で，各地を巡遊し寺を開基し作庭を行った。西芳寺，天龍寺，瑞泉寺，恵林寺，永保寺などは著名。臨川寺で76歳で入滅した。

無鄰庵庭園（むりんあんていえん）：明治時代末期，山県有朋（明治の元勲）の別荘としてつくられ，面積3,394㎡，借景の池泉回遊式で昭和26年（1893）名勝地に指定，東向きにつくられ南禅寺の山々の借景が有名。明るい日本庭園となっている。

明治神宮内・外苑事業（めいじじんぐうない・がいえんじぎょう）：大正4年（1915）着工，大正9年（1920）11月竣工，人がつくった森として，面積72万6千㎡の神社林となっている。外苑は大正11年（1922）完成。49万5千㎡に国立競技場，聖徳記念館その他がつくられている。造園界の大きな事業であった。

毛越寺庭園（もうつうじていえん）：平安時代の池泉回遊式庭園。岩手県西磐井郡平泉町にある。特別名勝指定で，面積146,202㎡。

【や 行】

遣水（やりみず）：平安朝から京都の庭園に多く見られるようになり，屈曲の多い小さな流れは京都の気候に涼を呼ぶのに最適のものであった。

誘致距離（ゆうちきょり）：公園への利用者の居住地からの距離のことで，公園来園者の80％程度の人々が居住する誘致圏の半径によって示す。日本で街区公園（児童公園）などの最小の距離は250mとしている。

葉序（ようじょ）：枝に葉がどのようにつくかということである。葉による分類では，大別して対生，互生，輪生，束生がある。

葉身（ようしん）：葉柄を除いた葉の部分をいう。

葉柄（ようへい）：葉の付け根にある枝についている部分で，長短があり，毛の有無がある。

葉脈（ようみゃく）：水分や養分の通る道筋でもあり，平らな葉に強度を持たせる役も受け持っている。形としては，羽状脈，掌状脈などがある。

【ら 行】

六義園（りくぎえん）：江戸時代の池泉回遊式様式で，面積87,809㎡。

龍安寺庭園（りょうあんじていえん）：室町時代の枯山水様式で，面積333㎡（101坪）。

緑化修景（りょくかしゅうけい）：植物などを用いて，積極的に美観を高めるために計画，実施することである。

緑被率（りょくひりつ）：平面的な緑量を把握する場合に用いる尺度で，地区の緑の環境条件を分析，評価するときに用いる。類似の用語に緑地率（都市や地域における公共的に担保された広義の緑地の占める割合のこと），緑視率（立体的な視野に占める緑量のこと）などがある。

ル・ノートル：祖父の代からの宮廷造園家（1613～1700）。フランス平面幾何学庭園の様式は世界に広がった。父の跡をついで多くの庭園を設計した。

鹿苑寺庭園（ろくおんじていえん）（金閣寺）：鎌倉時代と室町時代。池泉舟遊・回遊式様式で，面積93,076㎡（28,205坪）。

露地（ろじ）：茶庭のことで，世間の俗界を離れて，茶室に入るまでの周辺を指す。内露地，外露地に分かれている茶庭もある。また，露次，路地と書く場合もある。

露地聴書（ろじききがき）：江戸時代の茶庭書であるが，著者，写本，発行年など一切不明であ

る。茶道，茶庭についてまとめてある。

【わ　行】

和洋折衷式庭園（わようせっちゅうしきていえん）：洋風の開放された庭園と，日本庭園のきめ細かな部分とを融合させた庭園である。江戸時代後期から明治時代にかけてつくられた新宿御苑などに見ることができる。

練習問題の解答

<第2章>
(1) ② (2) ③ (3) ① (4) ③ (5) ① (6) ③ (7) ① (8) ②
(9) ① (10) ① (11) ③ (12) ② (13) ④ (14) ②

<第3章>
(1) ① (2) ① (3) ③ (4) ② (5) ①

<第4章>
(1) 自然式植栽（不整形式植栽）

(2) 灯籠控えの木

(3) 不等辺三角形

(4) 防風植栽

(5) ① 移植ダメージを回復する時間的余裕があること。
    ② 気温が低く，病原体などが活発でないこと。
    ③ 樹体内エネルギー蓄積量が多く，抵抗性が高いこと。

(6) 根回し

(7) 貝尻鉢

(8) 根巻き

(9) 芝付け

(10) 水極め

(11) みどり摘み

(12) 切り返し（切り戻し）

(13) 幹巻き

(14) 目土

(15) エアレーション

<第5章>
(1) 国土交通省

(2) 地山掘削作業主任者

(3) 玉掛け技能講習修了者

(4) 丁張り又は遣方

(5) 2つの機能：セオドライト・光波測距儀
　　　計測できる3つの値：水平角・鉛直角・斜距離

(6) 山石・川石・海石

(7) 石の正面のこと。

(8) 粒径10〜15cm

(9) 五色砂・五色砂利

(10) 火袋（火口）

(11) 寒中の茶会の際に湯を入れた桶を置く。

(12) 合端

(13) シュロ縄

(14) 繰り針

(15) モルタル

(16) スランプ試験

(17) モルタルの水分が奪われずによく硬化させるため。

(18) ガントチャート

(19) バーチャート

(20) 曲線式工程表

索　　引

索　　引

あ

アスファルト	168
アトリウム	16
アルハンブラ宮苑	17
安全衛生管理	174
案内図	60
イエローストーン国立公園	25, 28
石組	147
石灯籠	150
石張り	154
位置図	60
一点透視図	65
陰樹	86
海石	143
運動公園	43
運輸施設	50
衛生的効果	101
営造物公園	29, 38
エクステリア	141
エスキス	59
枝下	77
枝張り	77
円覚寺	6
追掘り	108
オープンスペース	38
岡山後楽園	9
屋上緑化	3

か

街区公園	42
懐風藻	5
街路の造園	30
カーポート	133
風除養生	111
カスケード	18
花壇用草花類	81
桂離宮	8
カナール	17
空極め	110
仮ベンチマーク	140
枯山水	7
川石	143
環境アセスメント	49
環境施設帯	30
環境耐性	76
環境適性	76
観賞効果	102
緩衝植栽	52
環状剥皮	106
緩衝緑地	44
ガントチャート	172
管理性	76
機械器具	137
基幹公園	42
球根草花	82
求積図	61
許可業種	134
供給処理施設	31
供給性	76
競争入札	132
曲水宴	27
曲線式工程表	173
近代造園学	3
近隣公園	42
クラインガルテン	23
グラウンドカバープランツ	81
呉橋	5
計画平面図	61
景観計画	41
景観法	41
景観緑三法	14, 41
形状寸法	61
形態美	89
契約図面	132
現況図	59, 60
建長寺	6
兼六園	9
小石川後楽園	9
広域公園	43
公園計画	47
公園施設	141
笄板	153
公共処理施設の造園	52
公館，事務所などの造園	31, 52
合目的性	76
工事請負契約	132
工事価格	132
工事原価	132
工程管理	171
工程計画	136
国営公園	30, 44
国定公園	29, 46
国定公園の成立	29
国立公園	28, 29, 46
国立公園の経過	29
互生	85
ごろた石	144
コンクリート	163
コンクリート縁石	166
コンセプト	40

さ

西芳寺	6
作庭記	1, 6
ササ	80
砂防施設	54
皿鉢	79
障り	56
散形花序	84
残山剰水	6
三斜法	61
散房花序	84
資格	135

敷石…………………………153	掌状葉………………………85	相関的………………………40
市区改正問題………………28	常緑広葉樹…………………79	総合公園……………………43
色彩美………………………91	植栽効果……………………101	総状花序……………………84
ししおどし…………………184	植栽単位……………………96	僧都…………………………184
獅子のパティオ……………17	植栽平面図…………………61	造成平面図…………………61
慈照寺（銀閣寺）庭園………7	植物生理……………………113	添……………………………97
施設計量計画………………47	寝殿造り……………………1, 6	側芽…………………………117
施設配置図…………………61	真木…………………………97	総苞…………………………83
自然公園…………………29, 39	針葉…………………………85	草本地被植物………………81
自然公園の成立……………28	針葉樹………………………79	束生…………………………85
自然式植栽…………………93	真・行・草…………………153	測量杭………………………140
自然樹形……………………123	シンメトリー………………100	存在効果……………………101
自然風景式の庭園…………21	心理的効果…………………101	
仕立て樹形…………………124	水琴窟………………………185	た
芝生の造成…………………170	スプロール…………………41	
借景………………………10, 55	スランプコーン……………164	タージ・マハール…………17
遮蔽植栽……………………52	寸法規格……………………77	対……………………………97
住区基幹公園………………42	生育性………………………76	耐火力………………………87
十字形の園路………………16	整形式植栽…………………100	大気汚染対策………………89
集団施設地区………………47	整形式庭園…………………124	大規模公園…………………43
修学院離宮……………………9	生物相………………………54	太湖石………………………25
主幹…………………………77	西洋芝………………………81	醍醐寺三宝院庭園……………8
樹幹…………………………90	生理的効果…………………101	対称…………………………40
樹冠………………………78, 90	積算…………………………132	対生…………………………85
樹冠角………………………77	施工管理……………………171	大仙院庭園……………………7
樹冠形………………………77	施工図………………………133	対比…………………………40
樹冠幅………………………77	施工性………………………76	タケ…………………………80
樹冠幅（枝張り）…………77	設計図…………………131, 132	竹葉…………………………85
樹芸…………………………123	設計図書……………………132	太政官布達…………………28
樹高…………………………77	設定条件……………………52	玉石…………………………144
主枝…………………………77	設備平面図…………………61	断根式………………………107
樹姿…………………………78	施肥…………………………126	単子葉樹……………………80
樹梢…………………………77	セメント……………………164	単独施設……………………49
樹勢…………………………78	全体計画平面図……………59	段取り………………………136
縮景…………………………55	セントラルパーク…………24	単葉…………………………85
宿根草………………………82	造園技能士…………………135	地域制公園………………30, 39
須弥山…………………………5	造園空間……………………75	地区公園……………………42
樹木類………………………79	造園計画……………………39	池泉回遊式庭園………………9
シュロ縄……………………156	造園工事業…………………134	地被植物……………………81
竣工図………………………60	造園工事の特徴……………133	茶庭……………………………8
竣工測量……………………133	造園設計……………………52	虫えい………………………86
書院手水鉢…………………186	造園製図……………………56	頂芽…………………………117
仕様書（スペック）………132	造園施工管理技士…………135	丁張り………………………136

潮風……………………… 88		変更設計書……………… 133
通景線……………………… 56	**な**	変更設計図……………… 60
突き極め………………… 110		ベンチ…………………… 167
蹲踞………………… 150, 186	生コン…………………… 164	扁平葉…………………… 85
土極め…………………… 110	並鉢……………………… 78	防音効果………………… 102
つる性樹木……………… 80	二条城二の丸庭園……… 8	芳香美…………………… 92
出合丁場………………… 136	日本芝…………………… 81	防火力…………………… 87
庭園砂防………………… 54	日本庭園の工作物……… 141	萌芽……………………… 75
庭園美の要素…………… 55	庭石……………………… 143	防風……………………… 88
摘芽……………………… 116	ネットワーク式工程表… 173	防風効果………………… 102
出来型管理……………… 174	根鉢……………………… 78	墓園………………… 32, 43
摘心……………………… 116	根巻き…………………… 108	保護計画………………… 47
デザイン・ポリシー…… 54	延段………………… 153, 187	本所離別………………… 96
テストピース…………… 164		
鉄筋……………………… 165	**は**	**ま**
鉄筋コンクリート……… 163		
テラス式庭園…………… 18	バーチャート…………… 173	前付……………………… 97
天龍寺…………………… 6	配筋図…………………… 165	巻尺……………………… 140
東京緑地計画…………… 12	配置計画………………… 46	万葉集…………………… 5
透視図………………… 59, 64	播種法…………………… 170	幹巻き…………………… 122
動・植物公園…………… 43	羽状葉…………………… 85	幹周り…………………… 77
動線計画………………… 40	パティオ………………… 17	見越……………………… 98
トータルステーション… 138	ハビタット……………… 54	水極め…………………… 110
凍土法…………………… 109	張芝法…………………… 170	水鉢……………………… 110
道路計画………………… 49	バルコニーの緑化……… 3	蜜腺……………………… 86
道路付帯の造園……… 30, 52	ハンギング・ガーデン… 15	見積……………………… 132
特記仕様書……………… 132	反復……………………… 40	みどり摘み………… 116, 119
特殊公園………………… 43	ヒートアイランド現象… 3	緑の基本計画…………… 14
特殊樹…………………… 80	ビオトープ……………… 54	緑のマスタープラン…… 12
都市基幹公園…………… 43	日比谷公園……………… 10	無鄰庵庭園……………… 10
都市公園……………… 30, 38	標準仕様書……………… 132	明治神宮内外苑の造営… 10
都市公園計画…………… 41	広場公園………………… 44	目土……………………… 127
都市公園の成立………… 28	風致公園………………… 42	毛越寺庭園……………… 6
都市公園法……………… 12	複合植栽………………… 98	木材……………………… 155
都市緑地………………… 44	複葉……………………… 85	門扉……………………… 133
都市緑地保全法………… 14	振るい掘り……………… 108	
都市林…………………… 44	プロポーション………… 100	**や**
徒長枝…………………… 77	噴水……………………… 168	
都道府県立自然公園… 29, 46	貝尻鉢…………………… 78	役所の木………………… 56
トピアリー………… 20, 124	平板……………………… 140	役木………………… 56, 93
飛石………………… 152, 187	平面幾何学式庭園……… 20	山石……………………… 143
トランシット…………… 138	ペリスティリウム……… 16	遣形……………………… 136
	ベルサイユ宮苑………… 20	遣水の流れ……………… 6

雪つり……………………… 122	立体都市公園制度…………… 46	類似………………………… 40
陽樹………………………… 86	栗林公園……………………… 9	歴史公園…………………… 43
葉序………………………… 85	龍安寺庭園…………………… 7	レクリエーション都市……… 43
養生………………………… 165	利用計画……………………… 47	レベル……………………… 139
葉簇……………………… 78, 90	利用効果…………………… 103	れんが……………………… 167
翼葉………………………… 86	緑陰樹………………………… 88	鹿苑寺（金閣寺）庭園……… 7
四つ目垣…………………… 156	緑化修景……………………… 31	露地……………………… 8, 152
	緑地…………………………… 2	
ら	緑道………………………… 44	わ
	輪生………………………… 85	
落葉広葉樹………………… 80	林泉………………………… 6	割付け平面図……………… 61
六義園……………………… 9	鱗葉………………………… 85	

【参考及び引用文献】

文献名	著者・編者	出版社
「庭園の設計」	永島　正　信著	理工図書
「西洋造園変遷史」	針ケ谷　鐘　吉著	誠文堂新光社
「造園設計のかんどころ」	永島　正　信著	加島書店
「緑の計画都市公園と自然公園」	福富　久夫・石井　弘編	地球社
「造園用語辞典」	東京農業大学造園学科編	彰国社
「垣・袖垣・枝折戸（上）」	上原　敬　二著	加島書店
「造園ハンドブック」	日本造園学会編	技報堂出版
「タイル・れんが施工法」	中島　義　明著	金園社
「造園技術必携② 造園植栽の設計と施工」	三橋　一也・相川　貞晴著	鹿島出版社
「改正都市公園制度Ｑ＆Ａ」	監修　国土交通省都市局公園緑地課編著	公園緑地行政研究会
「自然公園の手びき」	編集協力環境省自然保護局・編集	（財）国立公園協会
「造園入門講座・造園材料」	西　村　建　依著	誠文堂新光社
「公園管理ガイドブック」	国土交通省都市局公園緑地課監修	公園緑地管理財団

委員一覧

平成10年10月

＜監修委員＞

　永　嶋　正　信　　（前）東京農業大学

＜作成委員＞

　北　沢　　　清　　東京農業大学
　小　林　　　章　　東京農業大学

（委員名は五十音順，所属は執筆当時のものです）

厚生労働省認定教材	
認 定 番 号	第 59029 号
認 定 年 月 日	平成10年9月28日
改定承認年月日	平成21年2月20日
訓 練 の 種 類	普通職業訓練
訓 練 課 程 名	普通課程

造園概論とその手法　　　　　　　　　　　　　　　　　　　　　Ⓒ

平成10年10月31日　初 版 発 行
平成22年3月25日　改訂版発行
令和6年3月20日　5 刷 発 行

編集者　独立行政法人 高齢・障害・求職者雇用支援機構
　　　　職業能力開発総合大学校 基盤整備センター

発行者　一般財団法人 職業訓練教材研究会

〒162-0052
東京都新宿区戸山1丁目15－10
電　話　03（3203）6235
FAX　03（3204）4724

編者・発行者の許諾なくして本教科書に関する自習書・解説書若しくはこれに類するものの発行を禁ずる。

ISBN978-4-7863-1114-7